雅
理

劳动力市场上的参与者可能会相信，热爱自己的职业就会让工作时感觉不那么像在工作，但他们仍然是劳动者，仍然是有偿劳动的贡献者，与那些从事几乎没有机会表达激情的行业的劳动者是一样的，而雇主从他们劳动的双手中赢取了利益。

凡人三部曲

激情的陷阱

过度工作、理想工人和劳动回报

THE TROUBLE WITH PASSION

HOW SEARCHING FOR FULFILLMENT AT WORK FOSTERS INEQUALITY

[美] 埃琳·A. 契克 著
Erin A. Cech

金方廷 译

中国科学技术出版社

·北京·

序言

当我发现电气工程不是我的激情所在时，我正在离家六千公里之外的苏格兰爱丁堡，在那里的学生交流项目也才进行到一半。在蒙大拿州立大学，前三年作为一名工科生，我一直都很成功。我的成绩不错，有过几次实习机会，也最终掌握了在电路板上焊接微型电阻的技艺。不过在苏格兰期间，为了填补日程表，我选修了社会学课程，这门课里面的一些内容影响了我。我被课程材料所触动，并对社会理论深感着迷。社会学为我提供了工具，让我质疑所学习和设计的技术系统的结构性权力和文化权力，质疑困扰我许久的工科行业中那种明显缺乏种族和性别多样性的问题。一种感觉与日俱增：工科不适合我。除此之外，我做过的一系列服务业兼职工作（比萨饼厨师、洗碗工、服装店收银员、好市多的"食物样品小姐"）使我更加确信，我不能从事那些无法让我感到满足的工作。

我记得在国外的最后一年，我花了几个星期的时间准备将我的计划告知父母。我让他们坐稳了，深呼吸，然后告诉他们：我要完成工科学位了，但我想增加一门社会学专业；而且，我不打算从事工科生涯了。那次谈话的其余部分我记不太清了，但我确实记得对他们说："我想要追寻自己的激情。"几个月后，当我申请社会学研究生时，我在个人陈述中明确写道："我仔细考虑学位组合将采取何种形式，但最终促使我决定攻读博士学位的，是我对社会学日益增长且无可争议的热情。"

可讽刺却与我如影随形。

我撰写本书探讨"追随你的激情"所导致的问题，这不是因为我一直对追寻激情一事持怀疑态度。找一份令自己满足的工作是如此重要，我算是这一观点的信徒，甚至还算是个传道者。我撰写这本关于追寻激情的书，是因为我一旦在研究中注意到了它的问题，就不能视而不见。我开始注意到这种文化信念在许多地方的存在方式，例如当我早上在巴士里看到一些朋友探讨各自的工作时，当咖啡店招募新咖啡师时，当教授们在课余辅导时间与学生们交流时，当学生们站在午餐排队队伍中彼此交谈时。在我所从事的这项调查的促动下，我的朋友和同事们也开始注意到，这种信念无处不在。我撰写这本关于激情的书，因为它是一个重要因素，关乎许多人如何思考"好的工作"的标准，值得我们投入批判性的关注。

这本书的写作采取了一种不同常规的方法。在书中，我发展出了"激情原则"的理论概念——这是一种信念，认为自我表达与自我满足应当成为职业生涯决策制定的中心性指导原则——并用汇集了不同类型的数据来考查它。我将首先描述激情原则，广泛追踪这一文化模式对大学求职者和受过大学教育的劳动者有何突出影响，并解释为什么这种模式如此有诱惑力，即便相信它的人意识到了现代劳动市场的不稳定性和不确定性。其次，尽管激情原则看似对个人层面有所裨益，但我将解释它是如何在更大范围内巩固了社会经济方面的不利因素，并强化了职业不平等的。在本书的最后，我将探讨对于学者、高等教育从业人员和管理人、求职者来说，关于什么是"好的工作"和"好的人生"这种问题背后更广泛的文化理解而言，激情原则意味着什么。

在这本书中，我主要关注的是上过大学和受过大学教育的劳动者，因为激情原则在拥有大学学位的人身上有着最鲜明的体现，并对他们产生着直接的影响。但我将表明，这种情况并不专属于他们。还存在许多其他的经验性途径，我将在本书中加以探索：激情原则在蓝领工人中是如何发挥作用的？在K-12教育*或职业教育的叙事中又是如何？在其他经济、文

---

* 学前教育至高中教育阶段，泛指基础教育。——译者注

化或全国性背景的叙事中又如何？在那些激情原则也许会被放大或受到挑战的社会领域，以及关于激情原则在其身上表现更突出或更不突出的人群，读者将不可避免地产生自己的观念。但这项对于激情原则的探索必须从某个地方起步，而我选择了从最显著体现了这一原则的群体开始这项工作。我希望它将激发出更多的研究，以探索激情原则在许多其他社会领域中的效果。

这本书没有遵循大多数社会学作品的标准方法（如果有的话），但它确实属于社会学：我使用了社会学工具，因为我将严肃的文化信念与实践，视为合法且强有力的社会力量，我不把任何事物看作过于神圣而不能被学术所检验的东西。我抛弃了拘泥于特定经验性方法或数据来源的学术规范。相反，我围绕着激情原则的文化模式，采取了最适于问题的数据来源和分析程式。本书中的章节是按专题编排的，所以我在论证过程中，会经常从采访跳到调查数据，再跳回到采访。对于支撑每个论点的经验性发现，我会尽可能用不止一个数据源进行多重核验。

我不得不撰写本书是因为，作为一个对微妙且不断产生不平等的文化过程感兴趣的社会学家，我知道那些被广泛吹捧为具有道德"善"的东西，常常也有其黑暗面。作为一个离开了工科领域，转而投向社会学的激情求职者，我在许多时候会质疑这么做的意义，质疑"追随我的激情"为何在当时如此重要。作为一个教育工作者，当我告诉所有那些对我的学科感兴趣的学生，去追寻你们的激情，以后再考虑"就业"问题时，我也曾对一种本能般的冲动感到不安。作为一个谨慎的观察者，随着过去二十年来劳动力市场的变化，我愈发想知道，从社会学和哲学的角度看，"我爱我的工作"这句话究竟意味着什么。本书给出的更多是问题而非答案，但我希望它能够成为一片肥沃的土壤，让学者、教育工作者、求职者和劳动者们严肃思考"追随你的激情"这一文化理想对个人和社会的影响。

目　录

序言／i

引言／1

第一章　什么是激情原则／49

第二章　激情原则的黑暗面／112

第三章　激情的特权？
　　　　并不是每个人都能从追求激情中获益／173

第四章　激情原则如何"洗白"了劳动不平等／244

第五章　剥削激情？
　　　　雇主为什么更喜欢有激情的劳动者／282

结论／316

后记／344

致谢／349

附录A：研究方法／353

附录B：2020年大学生调查的补充分析／371

附录C：支持数据／377

译后记　朝不保夕的个体与自作多情的激情／387

注释、索引／397

引言

2005年6月一个阳光明媚的下午，在一群斯坦福大学的新毕业生和他们的家人面前，苹果公司首席执行官史蒂夫·乔布斯做了一场愉快的演讲。乔布斯分享了他关于工作的意义的想法，给毕业生们提供了一些建议：

你的工作将会占据你生命中的很大一部分，唯一让你真正满意的办法，就是做你认为伟大的工作。而做伟大工作的唯一方法，就是热爱你所做的事。如果你还没有找到它，就继续去找。不要安于现状。就像所有发自内心的事一样，当你找到它的时候，你就会知道它才是。[1]

面对这些既兴奋又焦虑的求职者听众，乔布斯主张，最重要的事是追寻他们热爱的工作。不到这种程度，便是安于现状。

乔布斯的哲学引起了听众的共鸣，数十家报社转载了他的演讲。[2] 但乔布斯并不是第一个提出这一点的人。"做你所爱之事"的建议，或是更常见的"追随你的激情"，被广泛地印刷在牙医候诊室海报、抱枕、马克杯以及手机壳上。[3] 它是一种观念的简写，即那些要做出职业决策的人，应当优先考虑他们在满足感和自我表达方面的个人感觉，而不是为了唾手可得的东西或提供最高薪水的职业而安于现状。

在我与新近大学毕业生的许多谈话中，乔布斯的建议在持续回响。例如，在一家自然历史博物馆做兼职的休斯敦大学毕业生克莱尔说，热爱自己的工作不仅对她的事业成功很重要，也是她生活质量的关键。[4]

> 我想追求我真正关注的、认为非常有趣的、可以从中学习的东西。我不想只是因为一个领域非常受欢迎，有很多工作机会而选择它。因为，没错，找到一份工作是非常重要的，但如果让我完全放弃获得更多的社会科学、人类学、通识教育背景，只是为了找到一份非常受欢迎的计算机科学工作，或者进入商学院或什么地方……只是为了找到一份能赚更多钱的工作，这只会伤害我……我觉得如果仅仅因为它是一份工作而不得不选择它，那么它对我来说就会很无聊，而且我也不可能真正在这方面有所建树，因为我对它没有激情。（中产阶级白人女性）

如我在本书中展现的，在克莱尔的同龄人之中，她绝非唯一一个赞同基于激情的职业决策、反对"放弃"激情去寻找一份可能会有更多经济保障的工作的人。我发现美国许多受过大学教育的劳动者们，也赞同乔布斯的"做你所爱之事"的建议。

但是，如果我们更仔细地看乔布斯的评论，会发觉一种奇怪的张力。作为20世纪最成功的资本家之一，乔布斯也是对员工时间和奉献要求最高的人之一，他却建议受过大学教育的求职者追随他们的本心，而非寻求就业保障、职业声望或体面的薪金。[5] 他说，"热爱你的工作""不要安于现状"。

这种张力并不是乔布斯哲学所独有的。资本主义对专职工作的要求，与无处不在的对个人主义和自我实现的文化期许之间的张力，是许多后工业社会的特征。一方面，现代资本主义经济希望雇用那些愿意将组织和雇主需求放在第一位的劳动者。[6] 成为一个"理想的劳动者"，就是要将雇主的欲求和利益置于自己利益之上。白领工人还被期望制定"工作奉献"——或对工作的绝对忠诚——即便这种奉献并非出于真心。[7] 这种对理想劳动者的期望，在21世纪的劳动力市场广为盛行，即使雇主们越来越不可能对这种承诺作出回馈。[8]

另一方面，对个人主义式的自我实现的文化期望，也在后工业社会中无处不在。[9] 自 20 世纪 50 年代以来，对个人主义与自我表达的文化评价急剧增加，同时伴随着另一种期望，即个人应该有尽可能多的机会，对自己的生活方向和特点做出自主选择。[10] 其结果是，在美国这样的地方，对自我表达的自由要求已经扩大到几乎所有社会和生活领域，包括对工作和职业生涯道路的选择。[11]

在上述的乃至其他的张力和限制中，劳动者和求职者实际上该如何定义好的工作和好的职业决策？他们是否该在职业生涯选择中，寻求最大的经济稳定性和安全性？他们是否应当认同乔布斯和克莱尔的哲学理念？他们在自己的职业决策中，如何平衡上述考虑？为了满足自己的优先考虑事项，他们愿意牺牲掉什么东西呢？

职业决策是事关整个人生的严肃决定。早期的职业道路会对个人人生轨迹中的薪酬、流动性和社会地位产生持续性的影响。[12] 如同其他重大人生决定一样（例如，是否搬迁到一座新的城市，是否生孩子），职业决策是极为复杂的，很少有正式的制度化指导。以及，如同其他重大人生决定一样，关于"好"或"正确"决定的公共文化含义，对于人们如何寻求自身定位、确定优先事项而言都很重要，即使身处最受约束的生活环境中也是如此。[13] 我要论证，这些文化含义不仅塑造了人们在职业生涯道路上所做出的决定，也塑造了他们总体上对劳动力的理解——例如，他们是否认为劳动力市场程序大体上是公平的，以及他们是否会赞扬或批评其他人的职业决策。

在社会科学家考虑这些文化观念的有限范围内，大多数学者都假定，人们在做职业决策时，会优先考虑经济稳定性、就业保障以及职业地位。对艺术家和音乐家的调查表明，文化产业的从业者理所当然地期望，能处理好艺术自主性和就业不稳定性之间的张力，并且他们往往愿意牺牲掉稳定的工作和丰厚的薪金，来追寻他们的激情。[14]然而，这种对激情的优先考虑，被视为一种自成一体的例外。学者们通常认为，求职者总是在寻找自身职业水平之上所能得到的报酬最丰厚、最稳定以及最有声望的职业道路。[15]

但这种观点是有问题的。随手翻阅一下畅销的职业建议书籍和流行的建议专栏就会发现，诸如《做自己的力量》[16]和《下一步如何？追寻你的激情，找到你梦想的工作》[17]这样的标题，它们听上去更像是史蒂夫·乔布斯演讲中的话，而不像追求最大化经济潜力的劳动者心声。求职者们（如在劳力市场中准备全职就业的大学生个体们）和劳动者们在做职业决策时看重什么？总体而言，他们用什么样的文化叙述来理解职业决策，从而设立他们的优先选择？这些文化信念是如何反映在他们实际决定中的？

在本书中我将论证，自我表达及个人化的意义创造的机会，对于许多劳动者和求职者（特别是受过大学教育的人）而言，是在当代后工业化的劳动力市场背景下定义何为好的工作的核心。尽管大多数求职者和受过大学教育的劳动者们意识到经济保障的重要性，也对现代劳动力市场中的诸多挑战保持着清醒认识，却还是有很多人会将一份有意义的工作排在这些考虑之前。许多人甚至愿意牺牲掉更好的薪金和更高的就业稳定性，为了追寻他们认为更有意义的工作。

我采用了一种扎实的多重研究法，包括超过170次对求职者和职业顾问的访谈、对美国劳动者的4次调查以及1次实验，来说明我所说的激情原则正是关于职业决策的强大文化框架。激情原则是一个带有道德底蕴的文化图式，它将自我表达和自我满足（其形式是与职业的智力、情感和个人化的关联）提升为职业决策的核心指导原则，它特别体现于那些受过大学教育的人群身上，但又不限于此。它要求个人寻找有意义的工作，并将个人对工作的精力投入最大化。作为对比，这种图式将那些旨在最大限度提高个人经济和社会地位的决策，框定为在道德上成问题的决策，部分原因是它们使人们偏离自我实现的道路。

什么是激情，以及谁会看重追寻激情？

激情，我在此使用这个词，指的是对某个职业领域（例如社会学、公司税法）或生产任务领域（例如婴儿护理、计算机编程）的个人化的深刻热忱。[18] 虽然有着潜在的关联性，但激情与另一些满足是不一样的，如个人对工作的组织、对一起工作的同事以及对监管者的满足。[19] 它是关于个人与他们的实质性的职业领域的关联和满足感。

虽然激情看起来是高度个人化和特异性的，但在根本上，它们植根于人们所处其中的结构性位置和环境。我们的激情是自我概念（亦即我们的自我认知）的一部分，而这些自我概念并非任意出现的：我们认为自己是谁，在部分程度上是由我们的社会地位和我们接触的经验与环境所决定的。[20] 在阶级化、性别化、种族化和有性化的社会制度中经历一生的社会化过程，我们的自我概念以及延伸而来的那些我们所认为有趣味性、激励性、意义性的任务，是通过这些可以被归因的过程而模式化的。[21] 因此，我们对事物产生激情，这既不是随机的，也并不完全独特。[22]

某人对工作有激情，这里有几个相互关联的维度：智性方面的关联（认为工作有吸引力或有趣）、情绪或情感方面的关联（发现兴奋因素，愉悦或快乐），以及一种私人性的关联

（某人出于自己独特的个性而找到了适合自己的东西）。例如，斯坦福大学数学专业的泽维尔，解释了他在情感和智力方面与数学的关联，以及数学与他个性的紧密结合。

我：所以，你以前就用过"**激情的**"这个词。它的意思是？

泽维尔：数学就是，我爱它。当你找到了某些对的事情，你就会知道它对极了，因为你就是会明白它的来龙去脉……我只是去做一系列的谜题，很酷的谜题。这很有趣，但它也是给我的精神带来实实在在挑战的东西……所以，它是，我认为它就是激情。它是我看到自己的余生都在做的事情……我想它一定就是我的个性。（中产阶级拉美裔和白人男性）

6　　对工作的激情，并不来自工作可能带来的名誉或声望，也不来自由个人收入所支撑的非工作活动。激情也不等同于为工作本身而努力的奉献。对自己的职业生涯领域充满激情，意味着对该工作有一种深切的个人化的和真实的关联感。

威尔是蒙大拿州立大学工商管理专业的毕业生，他暗示追寻激情一事中蕴藏着道德价值，并解释为什么他拒绝了像朋友们那样追求职业生涯机遇最大化的道路，而选择了他所热爱的领域。

> 我有一位挚友，他在工科学位上浪费了四年时间。他讨厌工科。他不想用工科做任何事。太过常见的情况是，人们会围绕某种职业或毕业后的机遇，来裁制自己的兴趣、爱好以及他们想做的事情。我不想这样，因为我不想花四五年的时间和金钱，来学一些我根本不在乎的东西……我不可能只是去上个大学，浪费四年时间在工科上。我知道工科或许可以给我带来更好的工作，但我不想再做数学了（**大笑**）。我想做一些我为之充满激情的、想学的东西。（中产阶级白人男性）

我问过一些学生和受过大学教育的劳动者，他们觉得人们在做职业决策时最重要的考虑因素是什么。在我采访的三所大学的 100 名学生中，超过四分之三的人解释说，激情应该是职业决策的核心要素，而只有 9% 和 21% 的人认为，收入和就业保障才是最重要的优先项。这些受过大学教育的求职者，在对追寻激情的评价方面并不是孤立的：在我的调查中，大体上超过 75% 的受过大学教育的美国劳动者，将追寻激情放在职业决策中的重要位置，超过三分之二的人将基于激情考虑的重要性，排在薪酬和就业保障的重要性之前。

等决定自己职业生涯的时刻到来时，求职者和劳动者们就会变得更务实一些。然而，数量惊人的大学生和受过大学教育的劳动者在做自己的职业决策时，会优先考虑有充实感的、自我表达性强的工作，而不是那些提供更多安全感或更高薪酬的领域。许多人愿意在经济上作出牺牲，以确保从事有意义的工作。

这些求职者和劳动者发现，激情原则是一种令人信服的职业决策方法，因为他们坚信，激情原则可以让他们与工作中可能出现的苦差事隔绝开来。以赛亚，一位休斯敦大学医药学专业毕业生，解释了他认为拥有一份"真正热爱"的工作的要义。除非热爱自己的工作，否则他害怕会过上不幸的人生。

> 我从来没有真正喜欢过"时间就是金钱"这种想法或这样的图景，好吧，相当于我想挣钱的唯一途径就是去工作，而如果我真的去工作了，服务八小时，然后回家，然后有一定的时间和家人们一起享受生活，然后周而复始地重复这一过程。我长期思考过这个问题。除非我真的热爱我的工作，否则我不会觉得自己真的快乐。（上层阶级黑人男性）

尽管追寻激情有时候意味着要冒经济不稳定性的风险，

这些对职业生涯有志的求职者常常相信，这种牺牲是值得的。例如休斯敦大学学生布里安娜，从会计专业转到新闻业，为的是追随自己在广播新闻业的激情。

> 当记者是我一直想做的事。当我还是个孩子的时候，我曾经穿上妈妈的外套，假装自己在播报新闻。我最初去学校学会计，因为我想，好吧，做会计能赚这么多的钱……等我去了学校，我想，算了，这不是我要做的事。我没法想象自己余生都在做会计。我对自己说，行了，忘了这一切吧。我要做自己想做的事。忘记做会计的事。去做记者吧。（上层阶级黑人女性）

毕业之后，布里安娜获得了广播新闻学硕士学位，并进入美国中西部一家小型新闻电视台。正如我在后面所展示的，其他那些为了自身激情而转变职业生涯道路的求职者并不总是如此幸运。激情原则对相信它的人而言，往往显得是导引性的和积极的：它预期提供长期的自我表达和满足的机遇，同时为参与有偿劳动中的潜在的生活困苦提供缓解。然而，正如我下面将要论证的那样，它也有黑暗的一面。

激情原则的基石

尽管本书表明，对追寻激情的重视十分普遍，但在漫长的工业和后工业资本主义就业历史中，这种观念的流行相对晚近。从19世纪末到战后时期*，稳定性和经济保障在职业决策中乃是最被重视的考虑因素。[23]对于那些能够获得白领工作的人（典型的中产阶级白人男性），理想工作的文化概念就是：提供长期的就业稳定性、舒适的工作条件、体面的薪酬，甚或有一份退休金。[24]

这种理想反映在20世纪中期的职业生涯建议书籍中。[25]例如一本1958年的书《做生意的个人规划》，由詹姆斯·盖茨和哈罗德·米勒撰写，建议求职者在做出职业决策时，要深思熟虑地平衡他们的技能、身体与经济需求："决定应该建立在对求职者所掌握的尽可能多的事实、环境的研究基础之上……决定必须基于逻辑，避免情绪化、偏见性或根深蒂固的思想。"[26]对盖茨和米勒来说，经济保障是良好的职业决策的基础，因为"就业保障满足了重要的心理需求"。[27]一个人在开始工作之前，不需要对工作有天生的兴趣。兴趣是"我们利用足够的好奇心去探究工作中的潜能，是可以在任何工作

＊ 战后时期，postwar era，指第二次世界大战结束后的一段时间，这一时期通常以和平、重建和经济增长为特征。——译者注

中培养出来的"。[28] 盖茨和米勒告诫那些可能在实用主义范围外做梦的人："我们的社会看上去特别青睐这样的人，他们会为自己选择一种合法可及的职业，大胆而有力地投入所需的准备工作中。"[29] 尽管"令人全神贯注投入而又有前途"的工作会是额外的加分项，但盖茨和米勒强调，一份枯燥的工作也比没工作要好得多。[30]

这种观点与一种近几十年愈发主导职业建议的书籍中的决策制定建议形成强烈的对比。例如，奥伦·尤里斯在1974年的《谢天谢地，今天是星期一》中写道："一种完美的工作，会让你有可能在一个很棒的周末后醒来，但还是高兴地说：'谢天谢地，今天星期一。'"[31] 他将自己的理想化人格称为"自我实现者"，对比了他称之为"霍雷肖·阿尔杰（Horatio Alger）型人格"（对应1860年代至1945年代），即只为自己取得了物质上的成功的人；又对比了"组织型人格"（对应1945年代至1965年代），即被卷入激烈竞争（rat race）且对公司的效忠高于一切的人。尤里斯阐述了关于自我实现者的信条。

> 我有志于在工作中寻求满足。
> 我不会为了钱而出卖自己的灵魂。再多的钱也无法消除沮丧、呆滞和无聊。

> 我不会停留在一项我无法从中获得足够乐趣和满足感的工作中。
>
> 我不会为了工作需要而牺牲个人价值或便利。[32]

尤里斯建议一个人应当离开一项无法获得满足感的工作，与盖茨和米勒二十年前的建议形成了鲜明反差。

到了2010年代，对自我满足和自我实现的强调，成为职业建议书籍中的标准内容。[33] 例如，2013年出版的罗伯特·史蒂文·卡普兰的《领导最好的自己：成就自我理想与梦想的职涯旅图》（What You're Really Meant to Do）一书中提出："实现抱负的关键不在于'成为一个成功者'，而在于在工作中努力发挥你独特的潜力。"[34] 他论证说，一个人必须首先考虑自己的激情，而不是工资或保障性之类的实际考虑因素。只有在这之后，才适合去操心更加实际的问题。

> 联系到你的激情，可能需要你让恐惧和不安全感得到片刻休息，并更多地关注希望和梦想。你不需要立即决定该采取什么行动，或评估你的梦想是否会实现……同样，它令你在担心该如何做一件事之前，让自己专注于这件事本身。[35] ……如果你忠实于自己的信念和原则，我知道你会很有可能**感到自己大获成功**。总之，这种感觉是

一切的关键。[36]

在卡普兰的书以及其他类似的书中，他们通常都没有意识到，那些甚至可以从这种冒险想法中感到快乐的人，通常都已经享受到最大的经济、种族和性别特权。[37]

是什么增进了在职业决策中对自我表达和自我满足的强调？尽管对激情原则的历史起源的全面研究，不在本书的研究范围之内，但正如我在第二章和以下回顾中所探讨的，在20世纪70年代到20世纪90年代，一些关键的经济和文化进程彼此碰撞，它们为激情原则被扩展为职业决策指南的现象提供了肥沃的土壤。

第一个变化是美国劳动结构中的一个主要转变。在过去四十年里，劳动体制变得更加不稳定，企业主将更多的企业所有权和利润制造的风险推给了劳动者。在过去几十年中，"资本-劳动协议"，或是组织和它们的长期劳动者（白领）员工之间建立起的彼此承诺与效忠，乃是一种规范：员工被期望致力于他们为之工作的组织，反过来，组织也将承诺保留甚至提升这些员工的地位，只要他们证明自己的熟练性和可靠性。[38]

今天，组织对员工的这种自愿奉献是十分稀少的，正如员工对一家公司持续奉献几十年也十分罕见。[39] 积极的放松管制、全面的技术变革、全球化和公司管理的变化，削弱了员工的力量，侵蚀了组织曾经对忠诚员工所表现出的承诺。[40]结果是，21世纪的劳动带有"不确定的平等"的特点。[41]对于那些没有大学学位或无法获得体面报酬的销售员工而言，工作的稳定性从来不是理所当然的。现在，即使是最有特权、受过良好教育的白人白领专业人士，也面临着工作不稳定和经济无法保障的可能性。[42]对这种不稳定的认识是很普遍的：员工们认为阿里森·皮尤（Allison Pugh）所说的"单向度荣誉体系"是理所应当的，在这种体系中，雇员们被期望履行道德义务，从而为雇主努力工作。除了薪金，雇主几乎不可能被期望提供任何回报。[43]

随着过去四十年来劳动者方面不稳定性的升高，出现了巨大的文化变更。政治领域出现了新自由主义的崛起，这种政治和经济意识形态主张激进的自由市场资本主义，它基于一种假设，即经济和社会幸福的最佳实现方式是削减政府监管，并抵制那些可能限制自由市场的再分配过程。[44]新自由主义提倡的理念认为，个人对自己在经济和社会方面的成败负全责，政府的协助与社会福利项目会削减人们的动力，因而是非必要的。[45]新自由主义秉持着个人对生计与职业成果负责的信条，这在20世纪80年代和90年代渗透到了政治领域，渗透进美国的几乎每一个机构。

新自由主义政策和观点的激增，伴随着美国和其他后工业化国家对个人主义和自我表达文化期望的急剧上升。长期以来，个人主义一直是美国的核心价值观，但第二次世界大战后，特别是在20世纪80年代和90年代，对自我表达的决策要求，几乎扩展到生活的每一个领域。[46] 在过去的半个世纪里，高等教育的大规模发展和课程的扩展充分反映了这一点，并且可能助推了这件事。[47] 不仅我们的鞋子、汽车和餐具应该表达我们的个性意识，我们对宗教、邻里、大学专业和职业生涯的选择也应该如此。自我表达现在是对自己和他人的一种道德期望：它塑造了人们对他人行为的期望，并成为一种指导人们想要如何感知自我和自身处境的"感觉规则"。[48]

社会理论家认为，这些连同其他20世纪末的结构和文化变革，给许多人的生活带来了深刻的生存不确定感——不知道我们应该成为什么人，应该如何生活，以及在哪里可以找到意义。与过去几个世纪在共同体中寻找意义不同，后工业时代的公民倾向于在"反身性过程"* 中寻找意义——关于作为个体的我们究竟是谁、我们朝什么方向前行的不断发展的个人化叙事。围绕这种叙事，我们在生活中持续性地努力并反思我们的人生轨道。[49] 对许多人而言，尤其是在社会人口统计学

---

* reflexive project of the self，社会学术语译法是"反身性过程"，可通俗理解为"自我反思计划"，反映的是持续不断反思与检视所形成的自我轨迹。这一概念来自吉登斯。——译者注

中处于最有利地位的人,这种自我反思的计划成为后工业社会生活的核心目标。

所以,我们一方面有一种个体化的、自我表达的行动文化评价,另一方面面临一个日益不确定却又坚定主张工作伦理的劳动力市场。当个人主义占据主导地位,工作越来越不稳定,职业劳动者被期望以更长时间工作时,现代的求职者和劳动者该如何决定他们的职业方向?正如我所认为的,过去几十年的历史、经济和文化背景意味着,对于那些有足够优势的人来说,激情原则是一种特别诱人的职业决策途径。

激情原则的重要地位

在这本书中,我将解释什么是激情原则;谁相信它;对个人的求职和劳动者来说,遵循它意味着什么;以及它对创造美好生活的存在意义有什么样的作用。但激情原则的后果远远超出了它对个人职业决策者的影响。我将论证,这种文化模式有更阴暗的一面。虽然激情原则可能对个体劳动者有好处,能够鼓励他们在劳动力市场中寻找令人满意的位置,但从总体上看,它实际上有助于复制社会经济不平等和职业隔离的过程。不是每个人都有经济、教育或社会资源,将他们的激情转化为有报酬的就业。我发现,在社会经济上享有优势的激情追求者,更可能最终从事与他们激情相关的稳定、高薪工作,而来自低层阶级家庭、受过大学教育的激情追求者，更有可能最终从事远离他们激情领域的不稳定工作。此外，激情原则有助于将职业隔离和不平等的模式框定为个人追求激情的良性结果，支撑那些漠视就业不平等并且阻滞了结构性解决方案的观念（如功利主义意识形态和个人责任的说法）。[50]最后，激情原则在需求方的显现，意味着它助长过度工作的文化，激励激情式的从业者忍受临时或低报酬的工作，并允许雇主以最低的底线成本剥削工人的激情。宽泛地说，本书不仅试图将激情原则作为一种指导个人职业决策的图式来研究，还试图研究激情原则如何促进了社会不平等的结构和文化进程。

激情原则的文化图式

本书所关涉的是一种文化图式（schema）。文化图式是一种共享的文化框架，用于"观察、过滤和评价我们认知为现实的东西"。[51]我们通过终生的社会化经验来学习图式，并通过图式来理解我们自己、我们的经验以及更广泛的社会和机构进程。[52]图式不仅是理解现实的认知框架，它们也有其道德和情感维度。简而言之，图式帮助我们理解复杂的社会世界，并为我们在社会中的行动定下方向。[53]

本书的前半部分将激情原则确立为一种文化图式，并说明它在求职者和劳动者中的普遍性。本书的后半部分将探讨，追寻激情的优先性是如何影响个人职业追求者的,并将之与总体结构和文化进程相衔接。激情原则被用作个人职业追求者的指导原则,被用作劳动者应该如何做决定的更广泛的文化处方,而它如何帮助延续了社会人口统计学上的不平等过程?虽然对追求激情的文化评价似乎无处不在,但这一概念尚未在社会科学研究中作为社会再生产的一个场域得到系统化研究。

一些学者认为图式太过于虚浮,过于薄弱,无法在社会世界中发挥任何实际作用。毕竟,它们只是信念而已。社会科学中的传统结构主义方法,倾向于淡化文化信念和实践的地位,认为它们无关紧要,尤其是与法律、制度和实实在在的资源相比。[54] 个人可能会看重对激情的追求,但他们最终会受到自己身处其中的结构化力量的摆布。一些文化学者进一步认为,文化信仰在个人的头脑中太过转瞬即逝,无法对他们的生活产生多大的影响。此外,人们对同一事物秉持的意义往往相互矛盾。[55] 所以,为什么要针对文化图式写一本书呢?

个人化的作用确实是受限的;如果不承认人们在经历学校和劳动力市场时所面临的巨大的结构性限制,就无法对个人职业生涯决策展开研究。[56] 而且,个人确实对劳动力市场及其在其中的位置,秉持并怀揣着相互矛盾的理解。然而,文化图式在好的职业和好的职业生涯决策方面还是发挥着作用。[57]在一些行动不太取决于习惯的情况下，比如长远且需要深思熟虑的职业决策，文化意义很可能通过塑造人们认为可用和可欲的行动策略来影响行为。[58]决策者之所以如此行动，是因为他们对自己讲述世界的方式深信不疑；当人们试图制定对未来自我和未来生活的愿景时，文化意义可有助于塑造行为。[59]

我认为，在有据可查的结构和文化约束之下，好的职业和良好职业决策的文化图式，对个体求职者和劳动者的生活是有影响的。它们会影响到，诸如，职业决策者为自己追求或排除了哪些机遇，他们愿意承担哪些风险，需要哪些经济和文化资源来提升自己，以及判断成败的基准。超出这些个人层面的结果，职业决策的主导性图式，可以巩固社会经济不平等的总体进程。这些图式可能假定了一些分配不均的经济、文化和社会资本，这样一来，根据这些模式所做出的职业决策，将使一些求职者长期处于有利地位，而其他人则长期处于不利地位。关于良好职业决策的道德化信念，也可能为劳动力市场的不平等模式提供文化层面的合法性，从而影响求职者和劳动者对他们的同伴、雇主以及整个劳动力市场的期望。

虽然我在此重点讨论美国，但激情原则在其他地方（特别是英语国家和西欧国家）也可能很突出，这些国家类似地崇尚个人主义化的自我表达，高等教育扩张发达，且新自由主义理念的劳动力参与力量占据着主要地位。[60] 在这些背景下，激情原则可能会在受过大学教育的成人青年中站稳脚跟，并有助于塑造有关职业决策的更广阔的文化叙事。

大学在读生和大学毕业生中的激情

激情原则可能存在于人生的各个阶段，其显著程度各不相同。在完成正规教育并进入劳动力市场的成人青年中，它可能是最具象化的，但这些对好的工作和好的职业决策的文化考虑，可能延伸至整个人生进程。追求激情的概念可能出现在小学和中学关于职业的课堂讨论中，也可能出现在高中辅导员关于高中毕业后有哪些出路的建议中。它很可能在学生的入学论文中被人鹦鹉学舌般地重述，并在整个大学期间被反复琢磨。一旦人们进入劳动力市场，激情原则可能在更换工作或行业时再次变得特别突出，无论这种更换是否出于自愿。它可能在白领劳动者中最为明显，但也可能存在于某些蓝领职位，例如作为"文化时尚引领者"的调酒师、咖啡师和理发师。[61] 它也存在于关乎"再就业"的叙事中，抑或存在于退休后找到充实工作的理想里。[62]

因为"追寻你的激情"是一种具有文化价值的人生目标，也是一种职业目标，它很可能是个人在职业生涯启动之前和之后的很长一段时间内自我激励的核心。当我们询问孩子长大后想做什么,激情原则的显著性和后果可能已经融入了我们的预设,甚至体现在"退休后的职业"这一概念中,因为在退休后,个人"终于"可以去做他们一直想做的事情。[63]

出于划定研究界限的需要,本书最有意关注的是,作为美国大学青年成人正常生活进程中的重要部分的激情原则:他们完成了大学学业,正在进入劳动力市场。我还关注贯穿整个大学教育和劳动力市场更广泛的样式和影响。正如我在结论中所说的,激情原则之所以成为一种有共鸣的文化模式,是因为它与个人主义、自我实现目标的规范性理想如此完美地契合。因此,我也可以较容易地研究高中生对抉择的信念,或研究即将退休的人如何创造意义和构建自我身份。我猜想,所有这些都会为深入理解激情原则提供深刻见解。

不过重要的是,只有少数成年青年有接受大学教育的特权。目前,美国的劳动力中只有约三分之一的人拥有大学学位。在过去的三十年里,大学的学费和杂费激增,学生贷款的债务也随之膨胀。[64] 正如我所表明的,寻求与自我意识相一致的充实工作,在整个劳动力市场都备受重视。然而,目前美国劳动力市场的结构性现实,以及蓝领和服务部门工作的不稳定性,意味着越来越少的未受大学教育的劳动者,拥有能让他们将自我表达和充实感置于稳定性和工资之上的结构性岗位。[65]

比起大多数人而言，大学在读的求职者更能将激情原则在职业决策中的细微差别展现出来。毋庸置疑，他们拥有最多的文化资源、结构性机遇和时间，可以用多样化方式来构想好的工作，也有最大的灵活性来根据这些构想做出职业决策。这种自由和灵活性受到高等教育制度化期望的支撑，即学生对职业生涯的深思熟虑，将在几个月或几年时间内逐步展开。[66]尽管蓝领工人和服务业工人可能有着相似的职业决策模式，但他们通常没有那么大的自由度来将自己的文化优先选择与就业决策结合起来。[67]此外，大学生在进入研究生阶段工作或工作场所之前，就已经在为自己的职业决策而努力了。这有助于将他们对职业决策模式的评估与他们对具体工作或雇主的评估区分开来。

虽然我的分析主要限于受过大学教育的人，但我讨论的文化图式的后果却并不限于此。正如我所论证的，当激情原则被用于规范性和解释性的目的时，它可能会淡化蓝领工人和服务业工人所面临的结构性挑战，并将职业不平等视为在一个看似公平的劳动力市场中由于个人失败所导致的结果。此外，激情原则在受过大学教育的劳动者中的显著地位——他们中的许多人负责监督蓝领和服务业的劳动者——可能意味着，对表达工作激情的期望，会强加给服务员、保安、清洁工和公共汽车司机以及白领同事们。激情原则是一种规范性甚至是道德性的要求，因为作为一个标准，它对于其他劳动者来说，他们知道自己无法达到。[68] 关于激情原则在其他行业劳动者中的表现形式，我留给其他学者来探讨，但我怀疑它在那些群体中也同样突出。

向激情原则投射批判性目光，尤其是处在那些有幸追随自身激情并找到充实工作（或热情地鼓励他人这样做）的人中间，可能会令人感到不适。鼓励年轻人"努力加油"并追求他们的激情，看起来显得十分正确。故事中的特立独行者冒着风险追寻他们的激情，即使不算是陈词滥调也很受欢迎。在一个人的工作中优先考虑意义，有什么不好呢？对一种被广泛重视的文化模式（尤其是在学术界）进行质疑，必然会挑战一些读者可能认为理所当然的观点。我的目标不是为了挑衅而挑衅。相反，我感兴趣的是拉开一个受人喜爱的文化模式的帷幕以揭示它意味着什么，揭穿它如何可能只对某些人有利，以及它如何可能掩盖和帮助再现了其他人的不利条件。

数据来源

我对激情原则的探索借鉴了许多资料。本研究的数据是逐步得到的，而且每一个数据的收集都激发出下一个数据。作为一个方法论上的实用主义者，我的宗旨是收集尽可能多的有用信息，以便在本书范围内理解激情原则的具体维度和结果。

对求职者的采访

这项计划的最初灵感来自我对斯坦福大学本科生的采访。我当时正在试行一项关于职业决策的计划，立即因学生们对自我表达和自我实现的中心化追求而深感冲击，这些追求出现在关于抽象的良好决策之中，也出现在自我职业决策的更具体化的讨论中。根据这些试验性访谈，我设计了一项跨三地的访谈研究，对象是在三所综合性四年制院校就读的100名大学生：斯坦福大学、蒙大拿州立大学和休斯敦大学。这些高校因所处地区、竞争力和人口构成的差异，具备了富有意义的多样性。学生访谈样本由斯坦福大学的35名受访者、休斯敦大学的30名受访者和蒙大拿州立大学的35名受访者组成。样本中的有色人种学生比例偏高（14%拉美裔，25%黑人，14%亚洲人或亚裔美国人，11%其他种族或少数族裔，53%白人）；52%性别认同为女性，48%性别认同为男性。50%的学生主修科学、技术、工程和数学（STEM）领域。19%的学生来自工人阶级背景，50%来自中产阶级背景，31%来自上层阶级背景。[69] 为了更好地把握激情原则在更广泛的四年制院校大学生中的意义，我通过MTurk任务平台*对522名学生进行了补充性调查。这些调查结果在第一章和第二章中进行了总结，并在附录B中展现。

随着分析的展开，很显然，我需要追踪这些求职者在离开大学后经历了什么。他们最终是否追随了自己的激情？他们在职场尝试期发生了什么事？我对35名最初的学生受访者在离开大学后的两年到五年内进行了跟踪调查，试图了解他们在大学里的其他经历、他们在大学毕业后的转变，以及他们早期的劳动力市场经历。

我还进行了四项实证调查：与职业顾问和辅导师的访谈、对美国受过大学教育的劳动者的调查、一项实验性的调查，以及对现有全美代表性调查的二次分析。关于每个数据来源的抽样和分析的更详细信息参见附录A。

与职业顾问和辅导师的访谈

职业顾问和辅导师是一类对职业建议具有指导权的部分专业人员。[70]他们的建议，以及他们在提供建议时所调动的文化框架，可能会对客户的决策产生深刻影响。为了了解职业

---

* MTurk即Amazon Mechanical Turk，是一个众包市场，可以让个人和企业更轻松地将流程和工作外包给可以虚拟执行这些任务的分布式劳动力。这包括从进行简单的数据验证和研究，到参与调查、内容管理等主观性更强的任务。——译者注

咨询专业人员的观点和方法如何增进了激情原则或提供其替代方案，我借鉴了对不同背景下的 24 位职业顾问的访谈。7 名为斯坦福大学、蒙大拿州立大学和休斯敦大学学生服务的职业顾问，7 名为其他学术机构工作（密歇根州立大学、莱斯大学和休斯敦社区学院）的顾问，以及 10 名私人职业辅导师，他们在正规大学环境之外为学生和就业客户服务。

美国劳动者的调查数据

19　　尽管我采访的学生通常都拥护以激情为基准的职业决策，而且职业咨询专家也常常对此异口同声，但激情原则总体上究竟是否在受过大学教育的劳动者中同样突出，这是一个开放性的问题。因此，我对美国受过大学教育的劳动者进行了一次有比例代表性的抽样调查。我通过调查平台 Qualtrics 对 1750 名受访者（包括 665 名招聘经理）进行了关于激情原则的实际调查（PPS）。按照性别、种族/族裔、年龄组和 14 类职业的衡量标准，该样本按比例代表着美国受过大学教育的劳动力状况。激情原则调查包括关于劳动者对待职业决策和对待劳动力市场态度的一系列量身定做的问题，这使我能够进行统计分析，对访谈数据中确定的模式进行多重核验。有了这些调查数据，我不仅能够了解激情原则在美国受过大学教育的劳动者中的普遍性，还能够了解它在不同人口群体中的差异程度。

2020年10月，在新冠病毒大流行的背景下，我在经济和政治的不稳定时期进行了关于激情原则的调查。在调查时，经济已经从当年早些时候自由落体般的萧条状态中部分恢复，但数百万美国人仍然感受到了经济压力。[71] 而我曾在2018年进行过关于激情原则的调查，当时的经济和社会环境大不相同。我决定在经济不稳定时期重新开展对激情原则的调查是有目的的：如果即使在这样一个不稳定的时期，激情原则在受过大学教育的劳动者中也很突出，我怀疑它将在更"稳定"的时期继续突出。附录A中的图A.1比较了2018年和2020年两个版本调查中的重点数据，这些数据的使用贯穿整本书。自2018年以来，激情原则的突出性变化甚微。这两个时间段的结果一致性，强调了这种文化图式的黏性。

关于激情原则的调查有一个缺点，即由于其抽样策略，它不能完全代表美国受过大学教育的劳动者。为了探索激情相关因素在受过大学教育的人群内外的普遍性，我分析了几个现有的具有全美代表性的调查数据：2008年全国劳动力变化调查（NSCW），2016年功绩原则调查（MPS），以及1989年到2006年的数次一般社会调查（GSS）。有关这些调查的详细信息可见于附录A。

调查实验

最后，我借鉴了 2018 年一项调查实验的数据，该实验探索了激情原则可能的需求方。激情原则实验（PPE）中的受访者，被随机分配到评价四份虚构工作申请中的一份，这四份申请要么是一家 IT 公司的会计工作，要么是一家社区非营利组织的青年项目经理工作（一项 4×2 的设计）。申请人的求职信略有不同，其中一封求职信表达了工作激情，另外三封则表达了对城市、组织或薪酬的兴趣。这种设计使我能够试探，充满激情的申请人是否比受其他因素激励的申请人更受欢迎，以及评估者的偏好是否与他们对申请人志愿努力工作的评估有关。

以下数据组合，使我能够从多个角度审视激情原则：正在做出重要职业生涯相关抉择的学生，在此过程中为年轻人提供建议的职业顾问和辅导师，还有已经进入劳动力市场的受过大学教育的劳动者，以及潜在的雇主。访谈数据有助于描绘一套详细的文化叙事，以及人们如何解释追寻激情并在自己的决策中运用激情原则。调查数据使系统检验激情原则在社会人口变化和就业人群中的普遍性成为可能。实验数据对激情原则的需求方的某种特定论点做了可控检验。

小结

本书第一章详细描述了激情原则的概念,探讨了它在大学生和美国受过高等教育的劳动者中的突出地位。通过对学生的采访,以及对美国大学教育劳动者的调查,我调查了受访者用以理解良好职业决策的文化图式。我发现大多数学生(如克莱尔、泽维尔和布里安娜)和受过大学教育的劳动者,在对于良好职业和良好职业决策的抽象认知上,会优先做出基于激情的考量。他们承认薪酬和工作保障是重要的考虑因素,但大多数人认为,这些因素不应该以牺牲有趣、充实且有意义的工作为代价。

各人口群体对激情原则的坚持程度也普遍较高。在每个性别、种族/族裔和阶级类别中,超过70%的学生认为,激情应该是职业决策中的核心因素。在激情原则调查的定量数据中,我发现来自富裕背景的受过大学教育的劳动者,比来自工薪阶级背景的劳动者,更有可能强调对激情的追求。亚裔和黑人劳动者也比白人受访者稍逊一筹,他们认为激情在职业决策中比较重要。[72] 然而,在对追寻激情的评价方面,阶级背景、最高学位或受访者是否在美国出生,并没有系统性的差异。在这些受过大学教育的劳动者中,不同职业类别对激情原则的坚持也没有什么差异。只有少数受过大学教育的劳动者

（22%）认为，在他们对良好职业决策的抽象概念中，金钱和就业保障等更实际的考量，要比激情相关因素更重要。总的来说，虽然激情原则是受访者在文化上可以利用的诸多模式之一，但它在他们对良好职业决策的文化概念中是非常突出的。

这些结果反映了受访者关于良好职业决策的抽象文化图式。那么，当涉及他们在自己职业道路上优先考量哪些因素的时候，情况又如何呢？与一些社会科学文献的预期相反，激情原则是许多学生做决策的核心。与激情相关的因素是大多数学生选择大学专业和大学后规划的核心。虽然大约三分之一的学生在选择专业和规划毕业后的道路时，将高薪或稳定的工作置于激情之上，但其余三分之二的学生将找到有意义且充实的工作提升为他们的首要任务，通常优先于最大化薪酬或工作保障的考虑。许多学生认为，大学学位将为他们竖起一道经济门槛，使他们无论选择什么专业或从事什么职业，都能获得高于该门槛的舒适生活薪水，而且他们不太可能低于这个门槛。而且，正如后面一章所显示的，这些求职者中，有许多在大学毕业后继续优先考虑追寻激情，因为他们要在劳动力市场上找到一席之地。

对于受过大学教育的劳动者如何考虑自己的职业道路，寻求满足感和意义也很重要。近一半的激情原则调查受访者（46%）在考虑是否接受一份新工作时，将与激情相关的因素列为他们的首要关注点（相比之下，分别有21%和13%的人将薪酬和工作保障列为他们的优先考虑因素）。那些受过大学教育的劳动者，在生命某个时刻自愿转换职业道路，近一半的人表示，这样做是为了在工作中寻求更大的意义或满足感。

此外，对反映整体美国劳动力市场的全国劳动力变化调查数据的分析显示，那些没有大学学位的人和有大学学位的人一样，在是否接受一份新工作的问题上，会重视与激情相关的考虑（此调查称之为"有意义的工作"）。然而，没有大学学位的劳动者（他们往往被挡在劳动力市场上最高薪和最有保障的工作之外）在考虑是否接受一份新工作时，对薪酬和就业保障的重视程度通常高于与激情相关的考虑。简而言之，第一章详细介绍了激情原则在大学生访谈样本和全国劳动者调查样本中的突出地位。但是，这种图式从何而来，为什么它的追随者认为它如此有说服力？第二章提供了激情原则的历史背景，特别是描述了在后工业经济时代，雇主需求同无处不在的对个人主义和自我表达的文化期望之间的紧张关系，[73]记录了追随者们被激情原则吸引的原因。

根据对大学生的访谈数据和关于激情原则的调查数据，我描述了受访者认为这种模式如此有说服力的两个原因。首先，大多数追随者认为，激情是职业成功的一个重要驱动力。与金钱和工作保障不同，激情被认为提供了内在动力，使人们投入到成功白领事业所需的长时间艰苦工作中。受访者将激情提供的动力与金钱提供的同种动力不足进行了对比。例如，一位主修生物和英语的休斯敦大学学生说：

> 如果你除了金钱之外没有任何其他的激励，（那么）……它不会给你带来任何动力。……它不会给你激情或动力，而你真正需要的是在某件事情上取得成功。你必须真正感受到它，你必须真正想要它，而仅仅想要钱……并不足以推动你做到最好，成为最好。（上层阶级西亚女性）

更有甚者，求职者们坚持认为，追寻激情不仅能带来更好的工作，还能带来更好的生活。他们表达了劳动力市场的生存焦虑，并认为，拥有一份自己热衷的工作，是在参与劳动力市场时使自己免受苦役的一种可能方式。例如，蒙大拿州立大学的一名化学工程学生认为，如果一个人"害怕"自己的工作，可能会出现健康问题。

> 要是你害怕某种工作，那么这个信号意味着，你不应该花二十五年做这件事，因为我想你很可能为此而罹患心脏病。我的意思是，没错。我想说，要是你害怕什么东

西，就应该努力追寻（追寻你的激情）。改变你的生活。现在就去做，而不是等到十年以后。(工人阶级白人女性)

这种推论方式并不局限于求职者：关于激情原则的实际调查表明，受过大学教育的劳动者，将类似的益处归功于对一个人激情的追寻。

作为一项指导原则，追求激情被认为使求职者和劳动者符合他们的理想劳动者期望，同时减少他们所认为的在劳动力市场中普遍存在的自我异化风险。因此，对于求职个体来说，激情原则似乎可以解决资本主义劳动力市场对理想劳动者的要求与自我表达的文化期望之间的矛盾。

至于一小部分对追求激情持批评态度的受访者，他们批评的是，如果人们把自己的激情放在第一位，可能会潜在地牺牲掉金钱、就业保障和家庭时间。而对于激情原则所倡导的强烈的个人主义，却只有很小的批判声音。即使是对激情原则最激进的批评者，也没有对"有偿工作应该是一个人自我实现的核心部分"这一前提提出质疑。

第二章还提到了一些可能会放大或挑战激情原则的制度和结构因素。尽管有许多因素可能会影响求职者接受激情原则所需的基本假设，但访谈显示，有三个背景因素对激情原则在学生决策中的突出性尤为重要：来自家庭的压力、与同龄人的互动，以及职业顾问和辅导师的引导。

富裕家庭和工人阶级的学生，往往比他们的中产阶级同龄人更多地表示，他们的父母鼓励自己在寻求职业时优先考虑稳定性。富裕学生的父母给他们施加压力，让他们走能维持生活水平的道路，而许多工人阶级和"第一代"学生*受到来自家庭的压力，会让他们追求稳定、高薪或有声望的职业。然而，值得注意的是，许多学生原则上拒绝这些家庭压力，争辩称要过他们自己的生活。与这些来自家庭的压力相比，这些学生的同学们被全面鼓励去基于激情来思考。

尽管只有少部分大学生会从职业顾问和辅导师处寻求建议，但我采访的职业咨询专家往往会更频繁地重申激情原则，而不是提出可行的替代方案。有些人甚至质疑那些把薪酬和就业能力放在首位的客户，鼓励他们追问自己"究竟需要多少钱才能生活"。总的来说，在求职者的同辈间，在其大学环境中，激情原则更有可能被放大，而不是受到社会环境的挑战。

这两个经验性内容的章节，将激情原则作为一种文化图式来阐述，解释哪些文化和制度因素吸引了受过大学教育的求职者和劳动者，并将其作为职业决策的优先事项。在本书的

---

* 指那些在家庭中第一个上大学的学生。——译者注

第二章，我将探讨激情原则的黑暗面——对激情的追求和对激情原则的文化评价，可能加剧社会人口不平等的延续。

第三章追踪的是我最初采访过的 35 名学生，以理解对激情的追寻在他们大学毕业后的职业道路上发挥了什么作用，以及这种追寻激情的行为，是否对一些毕业生造成了过度的不利影响。与前几章的结果一致，我发现，追寻激情这件事规划了许多受访者在离开大学后的职业决策：超过 75% 的人在最初寻找工作或高等学位项目时，将基于激情的考虑放在与工作安全或薪金考虑同等或更高的位置。60% 的人报告说，他们从事的工作或学位课程，与自身的激情相一致。例如凯特琳，一位蒙大拿州立大学的上层阶级出身的毕业生，选择追随其激情而进入高中教学的岗位；德文，一位蒙大拿州立大学的中产阶级市场营销学毕业生，追随其激情进入空军；卢皮塔，一位休斯敦大学的工薪阶层社会学毕业生，追随激情选择成为一名兼职社工。

这种对激情的追求往往需要牺牲时间、金钱和稳定性。有些人花了几个月甚至几年的时间，来寻找与自身激情相匹配的工作；有些人为了进入他们所期望的职业道路，接受了低薪、临时或合同工职位；有些人离开或拒绝了高薪选项，而选择了他们认为更充实的工作。

关于谁才能够成功地走上既有意义又有经济保障的职业

道路，我发现这里存在着重要的阶级差异。来自社会经济地位较高的家庭的受访者，更有可能拥有强大的经济安全网（safety nets），这使得他们能够驾驭追寻激情所带来的就业不稳定性。他们也更有可能获得文化、教育和社会资本方面的跳板（spring boards），帮助他们与所热爱的稳定工作绑定在一起。这些大学毕业生获得与其激情相一致的安稳工作，或进入有前途的高级学位项目的能力，既不是从天而降的，也不是源于公平的分配。

这些结果还揭示了追寻激情和社会经济特权之间的另一种联系。不但"第一代"和工人阶级的学生，通常不太可能获得合于激情且报酬丰厚的工作，追寻激情更有可能使这些受访者陷入不稳定的就业，甚至许多人还要应付数以万计的学生贷款债务。对于工人阶级和"第一代"大学毕业生来说，在大学毕业后寻求自己的激情之路是特别有风险的，尤其当追随激情涉及职业轨迹的转变。例如，来自工人阶级家庭的斯坦福大学毕业生基娅拉离开了医学预科奖学金项目，追随激情进入在线视频创作领域。尽管在一家大型网络媒体公司完成了令人羡慕的六个月实习，但基娅拉只能设法在该公司成为临时合同工。相比之下，基娅拉在斯坦福的一位同班同学，来自中产阶级上层家庭的杰思敏在毕业后也同样不确定自己的激情所在，但她用了三年时间去旅行、做志愿者和打零工

(由父母提供经济支持），最终搞清楚了自己的想法。在家人的指导下，杰思敏最终申请并进入了一个著名的公共卫生硕士项目。

对于那些有优势的毕业生，他们即使试图追随自己的激情，未能就此直接找到工作，最终也往往可以获得相当好的报酬和稳定的职位。相比之下，对于那些努力寻找合乎激情的工作的工人阶级学生，他们的结果往往是低效就业或不稳定就业，且远离其激情所在的领域或岗位。

这些趋势在针对美国劳动者的全国劳动力变化调查数据中得到了呼应，这项数据具有全国代表性：来自上层阶级背景的受过大学教育的劳动者，比来自工人阶级背景的受过大学教育的同龄人，更有可能从事与激情高度一致的稳定工作。相比之下，来自工人阶级背景的受过大学教育的劳动者，比来自上层阶级背景的劳动者，更有可能从事与激情无关的不稳定工作。

虽然不论求职者在寻找工作时优先考虑什么，安全网和跳板对他们来说都很有价值，但这些资源对激情追寻者来说尤为重要。与那些优先考虑经济保障或工作稳定性的人相比，以及那些愿意抓住经济有利的就业机会，即使这些机会并不令其感到充实的人相比，那些致力于寻求激情的人，往往要经历几个月甚至几年的失业或临时工作，才能找到符合他们兴趣的安稳工作。由于工人阶级的受访者较难获得可以帮助他们渡过难关的跳板和安全网，寻求激情对他们来说尤其冒险。

第三章由此阐明，并不是每个人都能以同样的方式从追寻激情中获益，其部分原因在于，并非每个人都有同样的安全网和跳板，来获得既充实又稳定的工作。尽管第三章主要关注社会经济差异，但种族/族裔和性别不平等也有影响。因为女性主导的领域往往比传统上男性主导的领域收入更少也更不稳定，所以对女性来说，寻求激情可能会带来比男性更大的经济风险。[74]此外，由于有色人种学生比白人学生更有可能出身于更具劣势的社会经济背景，这些模式可能会加剧大学毕业后就业结果在种族/族裔方面的悬殊。[75]

这些模式提出了重要的问题：在高等教育中，那些把金钱和工作安全放在首位的求职者面临着潜在的贬值。这种贬值不仅有可能阻碍许多出身低收入家庭和"第一代"学生的流动前景，还破坏了高等教育流动目标的道德合法性，而高等教育被誉为美国最强大的社会平等机制之一。除此之外，第三章还提出，对于来自工人阶级背景的学生而言，如果没有足够的财政支持或可负担的学费，高等教育所推动的对激情的追寻，实际上加剧了学生和毕业生中的阶级不平等。

第四章将激情原则作为指导个人职业决策的因素，转而视之为一种更广泛的意义创造层面的叙述。在此，我将探讨激情原则可能会支撑一种辩护性叙事,即将更广泛的职业不平等模式,解释为个人选择的良性结果。

我要特别追问的是,激情原则除了作为个体自己的决策指南之外,是否还可以作为人们相信劳动力市场应当如何运作的一剂处方(即个人应该追随自己的激情,而不顾其可能带来的牺牲),并将其作为存在职业隔离和不平等现象的首要解释?根据关于激情原则的实际调查数据和对求职者的跟踪采访,我将探讨激情原则是如何与关于劳动力市场更广泛的信念纠缠在一起的,特别是优绩主义的意识形态和新自由主义的个人责任论。这些都否认了结构性劣势因素的存在,将责任归咎于个人在劳动力市场中的失败。[76] 我发现,那些坚定地奉行激情原则的人,更有可能相信劳动力市场是公平运作的,并倾向于将个人在社会中的地位仅仅视为个人的责任。激情原则的拥护者也更有可能相信,只要有足够多的基于激情的投入,性别、种族/族裔和阶级这类劳动力的结构性障碍是可以被克服的。

从这些经验模式中,我将论证激情原则可能会加剧"洗白"(choicewash)职业不平等的社会模式,也就是说,把它们解释为在一个运作公平和机会丰富的社会背景下的个人选择的良性结果。通过将职业决策描述为追求独特激情的结果,而不是结构性和文化性的结果;通过将成功和失败个体化为个人努力工作的结果,激情原则可能推动将这些持久的职业不平等模式,"洗白"为激情追求的合法且公平的结果。我将论证旨在减少职业不平等的政策以及计划的必要性和合法性的公共讨论,这些模式如何对其有着重要影响。

在最后一个经验性章节(第五章),我追问的是,到底存不存在一个激情原则的需求方。来自各种社会经济背景的受访者表达了类似的意愿,愿意牺牲薪酬或稳定性以换取有意义的工作。例如一些受访的学生阐述了想要长时间工作、晚餐"吃泡面"、成为"一个二十多岁的穷人"的期望乃至意愿,只要所做的工作是他们的激情所在。更有甚者,根据调查数据,我发现受过大学教育的雇员如果对自己的工作有激情,更有可能报告说,他们为雇主提供的比工作要求的要多,也更不愿意离开这些工作。

这就提出了一个问题:雇主是否可能从雇员的激情中受惠,是否会偏好于这种激情,甚至剥削雇员的激情?为此我主导了一项调查实验。从四份申请书中,受访者将随即分配到一份,这些申请面向两份虚构的工作,一份是一个IT公司的会计岗位,另一份是一家非营利性机构的项目经理岗位。每个岗位的申请书都是基本相同的,除了介绍信中解释他们为什么对这项工作感兴趣的那一行有区别。在其中一份里,申请者表达了对该工作的激情。而在另外三份中,申请人表达了他们对该机构的兴趣、对该工作所在城市的兴趣，或是对丰厚薪酬的兴趣。而结果就是，受访者们更有可能相信，那个富有激情的申请者会比那些以薪酬或组织承诺为动机的申请者更加努力地工作，且将会承担额外的责任。然而，评估者们——包括那些在自己工作场合中拥有招聘权的人——并没有为富有激情者提供更高的薪资。这一发现体现在两种非常不同的工作类型中：青年项目经理工作（我们可能会期望激情成为这项招聘中的一个因素）和会计工作（其中激情的地位看似不如在招聘项目经理时那么重要）。

这些模式在美国国家统计局关于全国劳动力变化调查的代表性数据中也得到了响应。在人口统计学背景和工作特征不变的情况下，对工作充满热情的员工并不比对工作缺乏热情的同龄人享有更高的薪水，尽管对工作充满热情的员工的参与度明显更高，并且更有可能表示，他们对工作的投入超过了工作的要求。

总而言之，激情原则可能有一个属于需求方的优势：与那些表现出对组织承诺或对工作报酬感兴趣的劳动者相比，雇主更喜欢有激情的劳动者。这种偏好部分来自潜在雇主的预期，即充满激情的劳动者会为了同样的薪水而更加努力地工作。我将解释这一点如何表明，激情原则本身在一种劳动力的剥削机制中发挥着作用。

结论部分探讨了前几章中的发现对工作与劳动力市场的社会科学理论，对大学教育者、管理者和政策制定者的行动，以及对职业决策者自己的影响。

本书提出了一些社会学的见解。有关职业生涯进程中一个未被充分研究的核心，本书推进了相关的理解：关于职业决策的主流文化图式，它位于资本主义对顺从工人的要求和对自我表达的普遍文化期望的交汇点上。本书论证了激情原则应允由工人个体解决这种紧张关系——同时将劳动者与资本主义生产模式更紧密地结合起来。此外，由于它是求职者普遍信奉的突出图式，激情原则可能加剧了过度劳动的持续，并强化了对理想劳动者的期望。激情原则将追求令人充实的工作视为拯救过劳和不稳定性的救命稻草，并鼓励个人对有偿工作进行投资，这可能会阻碍求职者考虑其他参与劳动力市场的观点，例如优先考虑支持自我表达爱好的工作、使人能够最大限度地与家人和朋友相处的工作，或受社区需求而不是个人兴趣驱动的工作。

从政策角度来看，激情原则可能会加剧正在上大学和受过大学教育的劳动者在社会经济方面和其他方面的劣势。我呼吁在高等教育中制定政策并提供资源，能为工人阶级和第一代学生提供与更具优势的同龄人一样的就业机会和手段（无论他们是否追寻激情）。此外，教育机构和职业咨询专家需要慎思，他们所提供的信息，可能会贬低那些将金钱或流动性目标置于激情之上的求职者，或者将追寻激情作为职业决策在道德上唯一的合理选择。

在美国的劳动力市场上，追寻激情对于求职者的风险极大，因为劳动者可以得到的支持结构十分有限。福利项目的削减、全民医疗保健的缺失，以及最低工资与体面薪酬之间的巨大差距，意味着那些为符合激情而工作并自我牺牲的人，在美国面临的风险比在其他福利更健全的后工业国家更大。[77] 换句话说，追寻激情的风险之高，部分原因是稳定、高薪的工作更稀少，对那些没有安全网和跳板辅助的激情追随者，他们得到的社会保护也更稀缺。[78]

更宽泛地说，激情原则是一个范例，说明一种被认为理所当然的、看似良性的文化信念，实际上可能推进了资本主义进程。追求激情被吹捧为一种个人层面的解决方案，以应对劳动力市场中潜在的苦役和过劳，它似乎是在支持着个体求职者希望从中逃出来的那个系统。在具有潜在自我异化性质的工作中，追寻激情作为一种找寻意义的方式，也同时使雇主获益。许多充满激情的求职者似乎对长时间工作或牺牲薪酬的想法感到舒适，只要这意味着他们能找到自己喜欢的工作。充满激情的员工更加努力地为他们的组织工作，却没有得到更多的报酬。追求激情并不是一个面对劳动力问题的集体解决方案；它是一个个人主义的解决方案，也符合新自由主义叙述中所谓的个人责任论调。

最后，对激情原则的质疑将挑战流行话语中一种重复的说法，一个在专栏文章、杂志文章、激励大会和励志书籍中反复回响着的说法。通过对该说法提供批判性视角，本书提出了关于良好职业决策走向复杂叙述的可能性。为了让这些叙述变得具体，需要重新考虑激情是否应当成为我们衡量好工作的尺规。其他类型的工作也可以让个人处理好劳动力市场中潜在的苦役和自我异化：被规整地涵盖在可预测的时间内且有稳定收入的工作；提供自由的时间和资源来探索创造性的活动或志愿服务的工作；提供充足时间来投入家庭和朋友圈的工作。后工业时代的资本主义劳动要求劳动者听话、专注甚至过度劳动；然而，激情并不是劳动者应对这些要求的唯一方式。

在后记中，我并没有提出关于职业决策的另一种伦理，而是提供了一些指导性的问题，以帮助求职者和支持他们的家庭、教育者和机构，松动激情原则与美好职业想象的束缚，并考虑一套更全面的决策制定要点。特别是，我敦促求职者和劳动者：既要意识到激情原则所假定并加剧了的社会人口特权，也要对此有所反思；在超越有偿就业的领域，寻求意义创造集合的多样性，并寻找其他方式来推进自我更新的项目；支持集体化而不是个人化地解决有偿劳动力问题的方案。

通过研究好的工作意味着什么,以及人们如何为获得这种工作而定位自己的生活,本书遭遇了棘手的道德和生存论问题。从根本上,本书提出了这样一个问题:在有偿工作中追寻激情是否真的是通向好的工作和好的生活的普世化的可取途径。半个多世纪前,赫伯特·马尔库塞写道,美国人经常期望在购买汽车和厨房用具时"找到自己"。[79]但激情原则的拥护者也期望在生产这些商品时找到自己——在汽车营销或厨房用具的设计中。劳动力市场上的参与者可能会相信,热爱自己的职业就会让工作时感觉不那么像在工作,但他们仍然是劳动者,仍然是资本主义经济的贡献者,与那些从事几乎没有机会表达激情的行业的劳动者是一样的,而资本主义经济从他们劳动的双手中赢取了利益。与其鼓励求职者追随他们的激情,以此来容忍白领劳动力市场中的艰辛,我们更愿意提倡他们投身于更多结构性和集体性的解决方案——那些更有潜力去重整工作体制的解决方案。

但是,激情原则不仅是一种影响职业决策的文化图式,它还与更深层次生命意义的文化创造息息相关。对我们的工作抱有热情,既可以为我们如何花费时间提供方向,也是我们确立自我身份的延伸。对于个人来说,"追随你的激情"为韦伯提出的那个恒久的问题提供了一个具有高度文化价值的答案。他引用了托尔斯泰的话："我们应该做什么，我们应该如何生活？"[80] 激情原则不仅可以作为一个载体，让自我创造的计划沿着这个方向发展；它还为我们应该成为什么人的问题提供了一个答案。

我并不试图加入对这些问题的论辩行列。我所能凭着良心去做的就是指出，做出一个退一步的理解是有价值的，要理解激情原则是一种关于好的职业决策的可能理想，它产生于特定的社会经济环境，并会反过来巩固这些既有的环境。通过理解这个文化图式，我们可以武装好头脑，以便更好地设想它的替代方案——为了我们的组织、制度，还有我们自己。

第一章
什么是激情原则

考虑一个新的职业……是要和你的内心对话的。它应当说出这样的话：把握这次机遇，让它不仅是一次寻找工作的机会，还是一次寻找生命的机会。追寻一种更有深度的生活，满载胜利的生活，令你引以为豪的生活。目前世界上充满了这样的劳动者，他们每周的抱怨是："周末什么时候来？"他们的工作只为餐桌提供面包，但……他们却无聊得要命……这个世界不需要更多无聊的劳动者。做点梦吧。多做梦。世界上最可悲的建议之一是："拜托，现实一点吧。"这个世界上最好的部分不是由那些"现实"的人创造的。

——理查德·N. 鲍利斯，《你的降落伞是什么颜色？》

上述建议来自迄今为止最受欢迎的职业建议书《你的降

落伞是什么颜色?》(*What Color Is Your Parachute?*),该书在全球范围内已售出超过 1000 万册,作者理查德·鲍利斯(Richard N. Bolles)自 1972 年以来每年都会推出新版本。《你的降落伞是什么颜色?》一直是 20 世纪 70 年代以来与职业相关的励志书籍标杆,[1] 现在每月仍能卖出 2 万多册。

当然,劳动力市场远比鲍利斯描绘的情况更复杂。劳动者面临着越来越多的不稳定性、雇主可信度下降以及在许多工业生产中的去技能化[2]——即便他们拥有大学学位也不例外。他们经历着更严峻的收入不平等,他们被期望工作更长时间。但与过去几十年相比,他们得以依靠的保护机制更少了,[3] 例如稳健的失业保险。在这一章中,我想问的是:在实际面对劳动力市场的这些复杂性时,正在上大学的求职者或受过大学教育的劳动者是否认同鲍利斯的观点?在决定如何驾驭劳动力时,求职者和劳动者是否真的将那些来自内心的召唤放在最优先的地位?他们是否追求最"现实"的、最有经济可行性的或财务最稳定的可选职业道路呢?还是他们优先考虑其他因素,例如闲暇时间或家庭?

为了研究这些问题,我利用了一些大学生的深度访谈,以及关于激情原则的实际调查和全国劳动力变化调查中的美国劳动者的量化数据。我探究了求职者和受过大学教育的劳动者如何抽象地考虑良好职业的决策,以及他们在自己生活中做出职业决策时会优先考虑哪些因素。

结果就是,许多人把降落伞的颜色放在首位。一些求职者在做职业决策时,希望最大限度地发挥他们在经济安全和财务成功方面的潜力。但更常见的指导性信念是激情原则。许多求职者把个人的成就感和自我表达放在抽象的职业决策之中,并且在考虑自身专业和大学毕业后的职业时,将与激情有关的因素放在首位。如鲍利斯那样,一些人淡化了薪酬和稳定等经济方面的考虑,认为这些东西不可取,甚至在道德上都有问题。对良好职业决策的抽象评估中,甚至在许多人于资深职业道路上所做出的决策中,我们也可以看到这种对激情的高度重视。[4]

我将在本章末尾论证,除了为助力个人职业决策提供信息,激情原则还在劳动力市场的社会人口分化中扮演着更广泛的角色。追寻激情被赋予的文化价值,不仅会加深性别、种族/族裔方面的职业隔离,甚至还会沦为再造阶级特权或阶级劣势的通路。

求职者如何制定职业生涯决策?

记录资本主义劳动力市场中的动态力量,以及劳动者在其中所面临的各种各样的优势和负担,从一开始就是社会学作为一门学科的核心关注。然而,相对而言,很少有学者会如我所做的那样,直接调查求职者如何创造其职业决策的文化意义。相反,许多社会科学文献都依赖于学者所提供的人们如何做出决策的假设,他们从社会层面的经济模式或从关于劳动力市场如何运作的制度层面提炼出个人的动机。

例如,社会学和经济学的经典文献通常假设,资本主义经济中的劳动者,会单方面优先考虑他们可获得的最有利的经济就业机会。[5] 在马克思看来,劳动者的动机是寻找能使劳动获得最大经济回报的工作。[6] 韦伯认为,劳动者对经济发展的兴趣通常决定了他们的职业决策。[7] 这种对经济发展的追求,与韦伯对新教伦理中所包含的"召唤"(calling)概念相联系,早期美国新教徒相信,世俗的经济成功是精神救赎的标志。[8] 尽管"召唤"一词在今天被用作激情的同义词,但韦伯对这个词的概念化,还是精准捕捉到了个人为自身利益而努力工作的献身感,以及他们利用自身才能为共同体利益做出贡献的道德责任感。[9]

理性的行为者和新古典主义经济理论家,特别是人力资本的理论家认为,[10] 人们是在理性的成本-收益计算的基础上做出职业决策的,即哪些教育和训练方面的投资可以获得最大的经济收益。[11] 这些学者假定,求职者们清楚地知道,在特定的技能水平下,有哪些职业道路可以选择,他们通过优先考虑将其技能转化为获取经济地位的最佳路径来做出职业决策。

此外，社会学中的社会流动性理论认为，除了金钱方面的考虑，经济发展的机会也是激励职业决策者的主要因素。这种研究特别关注劳动者与父母相比是否具备提高生活水平的能力。[12] 社会流动性研究通常假定，求职者在他们的培训和技能水平范围内，会尽可能地在社会经济阶梯上寻求攀升。[13] 例如，对学生按社会经济阶层选择大学专业的研究发现，来自工人阶级背景的学生和"第一代"学生，比同龄人更有可能关注在大学毕业后立即找到工作的能力，因此更有可能报名参加专业学位课程，如工程或护理，而非哲学这样更深奥的学科。[14]

另一些学者认为，求职者可能会优先考虑一份工作的声望，以维持或提高他们的社会地位。例如，劳伦·里韦拉（Lauren Rivera）研究的精英专业服务公司招聘的许多常春藤联盟的学生，都是被"美好生活"（good life）的愿景所吸引。[15] 艾伦·拉蒙特（Ellen Lamont）采访的一些受过大学教育的年轻人也有类似的动机，希望寻找旧金山地区有声望且报酬高的工作。[16] 伊丽莎白·阿姆斯特朗（Elizabeth Armstrong）和劳拉·汉密尔顿（Laura Hamilton）在学生宿舍的民族志研究中遇到的一些女性，志在时尚、媒体和体育领域从事富有魅力的工作。[17] 对这些求职者而言，理想的职业道路是那些同时能让他们在社会和经济阶梯中向上攀登的道路。

然而，正如艾利·威尔森（Eli Wilson）所指出的，"某项工作的吸引力只是部分地体现在其物质利益上"。[18] 除了经济、流动性和地位方面的考虑，社会科学家们还认为，求职者可能会有意将突出社会身份的考虑纳入其职业决策中。一些学者认为，性别化的家庭规划，可能导致女性和男性依据传统的性别分工方式做出职业决策。他们认为，准父亲们会寻求经济上可行的"供养者"工作，而准母亲们则寻求"灵活的"工作，她们认为这将便于育儿活动。[19] 更近的研究表明，家庭规划和其他显著具有性别导向的考虑因素，推动了当代求职者的职业决策，特别是在职业生涯早期。[20] 年轻的异性恋女性越来越希望她们的伴侣能够重视和鼓励她们的职业抱负，并分担抚养孩子的责任，而男性则越来越远离传统的养家糊口期望。[21] 然而，性别通常是职业决策中的一个隐含因素。一旦进入劳动力市场，有孩子的妇女就会面临结构性和文化性的挑战，即如何整合性别化的工作和家庭需求。母亲，甚至是那些全职工作的母亲，在异性恋家庭中都承担着大部分照顾责任，并且在文化上被期望将养育孩子放在事业之上。[22] 因此，一旦求职者进入劳动力市场，性别化的工作与生活平衡问题就会成为职业决策的中心，即使这些限制因素不是职业启动决策的一部分。

职业决策也可能明确包含求职者的种族和族裔身份因素。例如，非洲裔美国人和美国原住民学生，和他们的白人同龄人相比，更有可能重视并优先考虑那些在结构上受压迫且服务不足的少数种族/族裔社区里的机会，以及导向集体福利的职业道路。[23] 这些求职者可能会从社区和社会运动领袖那里得到暗示，了解推进社区福祉所最需要的技能（例如，法律证书、医疗保健培训），并相应地指导了他们的职业道路。[24] 相反，白人求职者更经常地否认结构性种族主义，这可能导致他们避免一些职业道路（例如社会工作），这些职业需要人们对社会人口压迫有细微的认识，反抗那种对种族意识形态视而不见的态度。

除了在求职者的决策中明确或隐含地说明社会身份，最近的社会学研究还探究了，通过求职者看似特立独行的兴趣和价值观，如何将性别化、种族化和阶级差异化的优先事项，隐含地交织进决策之中。[25] 这方面的学者认为，由于自我是一种社会建构，而这种建构又是由自我发展的社会机构所塑造的，因此当求职者在自我意识和职业道路之间寻求一致时，他们最终会不知不觉地再现社会人口学方面的区分，如性别隔离。这也与职业心理学的工作相吻合，后者研究了"人职匹配"在人们的职业选择中的作用，或者说一个人的兴趣在多大程度上与职业的日常必要任务相一致。[26] 这项研究强调了个人价值观和兴趣作为职业决策动机的重要性，并认为我们不能忽视自我表达目标作为职业决策的可能因素。然而，对于求职者和劳动者而言，关于其职业决策中优先考虑什么因素，却并没有什么共识。目前还不清楚这些决策者是如何将自我表达与经济、流动性或社会人口等方面的考虑相提并论的，甚至不清楚这样的自我表达的决策，在行动中会是什么样子。本章研究了求职者和受过大学教育的劳动者在理解抽象的"好"职业时优先考虑的因素，以及他们在对自己的职业道路做出决策时，如何利用这些优先事项。

为了理解求职者的这些决策过程，我从三所在地理和社会人口学方面有较大差异的高校中，对100名大学生进行了深入的访谈。这三所大学是斯坦福大学、休斯敦大学和蒙大拿州立大学。附录 A 提供了关于抽样设计和数据分析的信息。

然后，我利用关于激情原则的实际调查的定量数据，调查这些学生所阐述的优先事项，是否在受过大学教育的劳动者那里得到体现。我还利用全国劳动力变化调查的数据来了解，这些优先事项是否反映在未受过大学教育的劳动者之中，而他们不享有白领工作同等的特权。关于这两项调查的详细信息，可见附录 A。

可以肯定的是，求职者和劳动者关于良好职业决策的文化模式，并不是决定他们职业道路最终走向的唯一因素。并不是所有人都平等地拥有类似能力，可以将关于职业的优先事项付诸实际行动。要获得稳定和高报酬的职业道路，部分地取决于个人和家庭网络[27]、文化和社会资本[28]，以及经济资源。[29] 性别、种族、阶级、性身份和其他方面的系统性歧视，也仍然影响着人们能得到什么样的工作，以及他们在工作中如何表现。[30] 尽管如此，调查求职者和劳动者用来理解和优先考虑其职业决策的文化模式仍是很重要的。如激情原则这样的文化模式，可能会塑造求职者们和劳动者们寻求机遇的路径，以及他们可能会为自己有意关闭的机遇。正如我在本章末尾所要论证的，这些模式也对职业隔离和求职者经济特权的延续等因素有影响。

良好职业决策中的文化优先项

为了理解受过大学教育的求职者对良好职业决策的抽象概念的重视程度，我向受访学生提了一系列有目的性的、宽泛的开放式问题，例如"选择一门学术专业的好的理由是什么？"、"哪些考虑是不好的?"，以及"你认为在做职业决策时，什么才是最重要和最不重要的考虑因素？"。我没有规定什么能说、什么不能说，只是让他们以自己愿意的任何方式来定义什么是"好"。他们的回答往往是复杂且多维度的，也是谨慎而深思熟虑的。我在此感兴趣的是他们关于职业领域决策的评价,而不是关于哪个行业或公司工作最好,或者让哪类人来做同事最好。

这些访谈显示,在学生对好的职业决策的理解中,一个突出的因素是与职业领域存在着的个人的、自我表达的联系——我称之为激情原则(passion principle)。言归正传,激情原则是一种文化模式,它将自我表达和满足个人的特殊兴趣与独特的人格感,提升为职业决策中最有价值和道德上最合法的考虑。[31] 对于我采访过的大多数学生而言,激情是他们构思好的职业决策的前提因素。正如我以下将要讨论的,财务和就业保障方面的考虑,在学生的回答中没有缺失也没有被忽视,只不过它们也不曾频繁地作为首要的考虑因素。

一位蒙大拿州立大学人类学专业的学生解释道,基于激情的工作意味着:"你喜欢它,你热爱它,它吸引着你,它时时刻刻让你的脑子转起来,让你教育自己、学习更多,并进行思考。"她为那些没有找到自己激情的人感到遗憾,仿佛他们的生活是不完整的:

> (选择一个职业领域)因为你热爱它。(大笑)这就是它的短处和长处。我认为有些人在头脑中有些不同的想法,这很可能是因为他们没有找到自己所热爱的东西。他们没有寻觅自己的激情。而这对我来说是十分难过的。

（上层阶级美国原住民和白人女性）

什么是"激情"

在流行词典和学术词典中，激情有很多含义。在这里，我把它定义为一个人对某个职业领域（例如建筑或顾问行业）或某项工作任务（例如雕刻或项目物流）的深刻个人奉献（commitment）。我用"激情"这个词来捕捉这一概念，因为在流行文化中，这是个人与一项职业或任务之间存在联系的简略表达，也因为我所采访的求职者们反反复复地使用这个词。这种个人化的联系，可以是认知性的、情绪性的或是道德性的，抑或是这些层面的组合。但要成为一种激情，这种联系必须是真挚的，并且是由个人体验到的。

当我要那些学生解释他们提到的"激情"到底是什么意思时，他们的典型回答，就如这位密歇根州立大学的建筑学学生所述的：

> 这是个好问题……我对激情的定义，我想，应该是每天都能在某项事情中体验到成就感，也许并不是你每天的工作都真的充实，但随着时间的推移，你会感到一种好奇和对事物的热爱，一种想在学习和工作中进步的渴望。
> （上层阶级白人男性）

与之相似,引言中提到的斯坦福大学数学专业的泽维尔解释说,他对数学的激情与他的兴趣和个性是紧密结合的:

> 这很有趣,但这也是我觉得真正在精神上挑战着我的东西……这就是激情。这就是我看到自己余生都会去做的事情……我认为这一定就是我的个性吧。(中产阶级拉美裔和白人男性)

受访者将激情描述为独特人格感的真实而特异的延伸和表达。

因此,激情是一种自我表达的特征,它植根于并反映了一个人的自我概念。[32] 这种自我概念化是我们个体特征的核心:它们是我们在深刻的个人主义文化中对自己作为独特个体所形成的理论。[33] 我们的自我概念在生活过程中形成,随着我们遇到新的文化和制度环境而改变和调整。诸如追求激情那样的自我表达行为,是我们贯彻个人主义的方式。

尽管自我概念似乎从根本上是独特的,但它却是被我们的社会环境和背景所深刻塑造的。我们的自我意识——即我们认为自己是谁——乃是社会塑造的。它在部分程度上由例如性别、种族、阶级这样的描述性范畴所决定,我们从出生到社会化都要进入这些范畴；它也由我们的社会地位所带来的限制和资源所决定。[34]贯穿一生的社会化以及各种性别化、阶级化、种族化的社会期望，使我们倾向于发展出由这些描述性范畴形塑并影响的自我概念。[35]

此外，我们认为有趣且令人兴奋的活动，高度依赖于我们的结构情境和文化环境。通常只有在长期接触这些主题，并且兴趣得到周围人的鼓励和肯定时，我们才会对这些主题产生兴趣。[36]比如，如果有人对芭蕾很好奇，但既没有机会也没有受到鼓励去钻研它，那么芭蕾不太可能成为其激情所在。因此，我们对什么东西持有激情，既不是任意的，也不是完全独特的。

在我采访过的学生中，激情包含了三种与职业或领域相互关联的自我表达式的联系。第一种是与该领域的知识内容相联系，发现它"有趣"、"有吸引力"，或"在智性上有驱动力"。一位蒙大拿州立大学的机械工程学学生解释道："我认为选择一门学科的最佳理由，在于好奇心和游戏，就是任何让你想要思考的事物，仔细钻研你所知的东西。"（中产阶级白人男性）

第二种成分是情感联系，即一个人的职业任务唤起积极感受反应，例如"兴奋"、"快乐"和"喜悦"。正如一位斯坦福大学计算机科学专业的学生解释说："你必须喜欢这门学科。它类似于一个关卡（gateway）……这是一个必要的先决条件。"（上层阶级亚裔男性）有几位受访者用了浪漫爱情的比喻，例如蒙大拿州立大学的商科学生指出："你只是想选择一份能让你快乐的工作……就如同，做你所爱之事。我认为你应当尽可能多地选择课程，以便找出你所钟爱的东西，这就有点像约会。"（上层阶级白人男性）

激情所包含的第三个成分，是职业领域和一个人的独特经历与个人品位、价值观之间的"匹配"。一位蒙大拿州立大学英文教育专业的学生解释道："如果你觉得（你的职业决策）很适合你，而且你从头脑到心灵都这么感受，那它就是合适的道路。"（中产阶级白人女性）她的同学，一位人类学专业的学生也这样认为，即"完全合适"意味着有一种命运感："你发自内心地相信，你就是应该做这个……这就是会发挥你最大潜力的事。"（工人阶级白人女性）

在学生的回答中，这三种成分是相互交织且相互加强的。大多数学生在阐述他们关于激情的理念时，都会至少提到三者中的两个。重要的是，一个人对职业的激情，不同于个人对某项特定工作或某个雇主是否满意。例如，一个新生儿科护士或许对新生儿护理充满激情，但却不喜欢他的同事，且对他所处的医院十分失望。他也许会换一家新的医院，有新的同事，但他依然充满激情地工作。[37] 激情也不同于一个人把努力工作作为一种道德美德的承诺，或是某人为了名声、声望或薪酬而对一个职业领域的奉献。[38]

此外，受访者通常会在一种二元对立中理解激情：一个人要么对某个职业充满激情，要么没有。求职者假定，某人就是"知道"某件事是他们的激情，就像假定某人就是"知道"他/她陷入爱河一样，就像史蒂夫·乔布斯所说的："当你找到它时，你就会知道。"[39]（但正如我在后面的章节中所展示的，激情的发展其实并不完全是一个二元对立的过程。）

对于哪些领域最值得拥有激情，学生们没有什么判断力。追寻激情并不一定意味着选择创意写作或音乐这样的领域，在这些领域中，个人的体验和观点可以明确地融入实质性的工作中。如果一个有抱负的数学家（如前文提到的泽维尔）在数学计算的优雅和逻辑里找到成就感，那么像数学这样高度形式化的领域，也仍可以被视为具有自我表达的特性。[40]

学生们对激情的理解也为一个人的激情主题随时间而变化留出了空间。他们的叙述不仅包括关于"寻找到"自身激情的讨论，还包括意识到自己激情已经"改变"或"转移"到其他方面的叙述。那么，追随一个人的激情，并不一定意味着一生都在追求同一个职业。作为一种文化模式，激情原则通常对这种激情主题持不可知论。追随一个人的激情，意味着将追求自我表达的、有成就感的职业道路提升为职业决策的核心指导原则,无论这个激情是什么,也无论一个人的激情主题是否随着时间的推移而改变。

有意思的是,那些不知道自己激情是什么的学生,会感到这种缺失相当令人沮丧。他们经常报告说,对自己的职业决策感到"不妥"、"崩溃"和焦虑。例如,严某进入斯坦福大学的时候是学药学预科的,但她不确定那是否真的是她的激情所在。

> 所以我进来时感觉是,"也许我想做药学预科",但后来我听说了 CS(计算机科学),我想,"也许那会很酷"。所以我在这一季度尝试了 CS,我觉得"很有趣,但我不知道这是否是我可以做一辈子的事情"。所以好吧,我想我现在会坚持学药学,但即使如此,我也不确定我在其中的地位如何。我知道自己喜欢科学。我只是不确定到底想做什么……。所以现在对这个问题有点抓狂了。(中产阶级亚裔女性)

严某的语调急促而紧张,表明她因为不知道将来自己想做什么而感到焦虑。[41]

这些焦虑说明了激情的文化显著性,它既是一个人自我概念的反映,也是自我概念的表达。即使一个人没有在职业决策中将激情彻底优先化，但只要缺乏一种明确的激情，就意味着没有接触到自我意识的核心部分。

激情的重要性

为了评估激情相关因素相对于其他职业考虑因素的普遍性，我研究了求职者在选择学术专业和在更广泛地进行职业选择时，认为应该优先考虑的问题时所强调的指导原则。我发现，激情是最常见的优先事项：89%的受访者说，在学生选择大学专业时，与激情有关的考虑应该是核心；84%的人说，在学生选择职业领域时，激情应该是核心指导原则。四分之一的受访者表示，经济保障和工作机会应当与激情相关的考虑有同等重要性，甚至更加重要。但是，超过一半的人在谈到良好的专业选择和职业决策时，将与激情相关的考虑提升到了第一位。

激情原则的突出性在样本的各个人口统计学分组中出奇地一致。表1.1列出了按学校和人口统计学范畴划分的学生比例，他们将激情相关因素作为自己对好的专业选择和职业决策的首要考虑因素（学生们可以给出一个以上的最优先项，但只有26%的学生这样做了）。尽管在人口统计学范畴中，给出与激情相关的回答比例上有一些差异，但在每个范畴中，近80%的受访者都将与激情相关的考虑，作为关于专业与职业良好决策的最优先项。

表 1.1 在大学生受访者中，表示在专业选择和职业决策时，激情、经济考虑和就业机会应是最优先考虑的比例（N=100）

	N	激情相关的考虑	经济考虑	就业机会
	专业选择时首选			
总体	100	89%	9%	21%
女性	56	92%	8%	26%
男性	44	88%	10%	17%
斯坦福大学	35	100%	3%	21%
蒙大拿州立大学	35	79%	14%	22%
休斯敦大学	30	86%	10%	21%
白人	53	85%	15%	21%
少数种族/族裔	47	93%	2%	20%
黑人	25	91%	0%	17%
亚裔	14	93%	14%	21%
西语族群/拉丁裔	14	85%	14%	14%
低社会经济地位	19	89%	11%	33%
中等社会经济地位	50	89%	6%	11%
高社会经济地位	31	88%	12%	27%

续表

	N	激情相关的考虑	经济考虑	就业机会
职业决策时首选				
总体	100	84%	20%	11%
女性	56	85%	16%	11%
男性	44	84%	26%	11%
斯坦福大学	35	94%	11%	6%
蒙大拿州立大学	35	79%	18%	18%
休斯敦大学	30	84%	33%	6%
白人	53	82%	21%	10%
少数种族/族裔	47	88%	20%	12%
黑人	25	91%	7%	9%
亚裔	14	71%	29%	14%
西语族群/拉美裔	14	78%	14%	11%
低社会经济地位	19	75%	25%	16%
中等社会经济地位	50	84%	16%	7%
高社会经济地位	31	94%	24%	16%

注：如果受访者认为，两个或更多的首要因素同等重要，他们可以给出一个以上的首要因素（只有26%这样做）。受访者可以确定为一个以上的种族/族裔类别。为保密，表中没有单独列出答复者少于10人的种族/族裔类别。

与财务和就业相关的指导原则

我采访的学生讨论了职业决策的另外两个核心指导原则：财务考虑和就业机会。大约五分之一的学生（21/100）认为，就业方面的考虑，如一个领域所能提供的工作机会和安全感，应该是职业决策中的优先考虑因素。[42] 一位蒙大拿州立大学工程系的学生解释说，在做职业决策时，就业的稳定性和获得福利的机会应该排在首位："我会说安全和福利。你想寻找某种工作，为你提供某种长期驻足施展的能力。因为我们把获得医疗服务或价格合理的医疗服务，与就业联系在一起，所以你要寻找这种服务。"（工人阶级白人男性）

其他几个受访者（9/100）解释说，在选择职业时，薪酬应该是首要考虑因素。例如，一位华盛顿大学通信专业的学生说："很不幸，是钱。你知道，你必须考虑钱的问题，考虑你的生活处于什么位置。你知道，……一般人，不管他们喜欢与否，他们都很看重钱。"（西亚中产阶级男性）同样，一位休斯敦大学会计专业的学生也指出了薪酬的重要性，因为它能够养活自己，并在将来供养家庭。

> 我的意思是，我想，其中一个主要原因……是钱。比如你必须能够养活自己。你必须能够支持你想要的家庭。

就像你所做的事情，它们上面都有一个美元符号。我想更真诚的答案，特别是对我来说，我只是想能够以不同的方式体验生活。(中产阶级亚裔和白人女性)

与之前的研究一致，学生在经济考虑方面的优先次序有一些人口统计学上的差异。亚裔学生比同龄人更经常面临着来自父母的压力，去追求经济上可行的学位，[43] 与这些文献相呼应，对比白人、黑人和拉美裔的同龄人，更多的亚裔学生(29%)在他们有关良好职业决策概念中以经济考虑为中心。然而，正如表1.1所示，每个人口统计学类别中至少有70%的学生认为，激情原则在对良好专业和良好职业决策的抽象概念中处于核心地位。

上文回顾的文献预期求职者把经济利益的机会放在首位，与之相反，明确否定财务和就业考虑才是一种好的指导原则的学生比例，高于把它们放在首位的学生比例。当我直截了当地问，财务考虑在人们的职业决策中应该扮演什么角色时，61%的学生表示，金钱是一个糟糕的指导原则，主要是因为它不能保证自我实现的机会，而这正是激情原则的核心。一位斯坦福大学经济学专业的学生解释说，为了金钱而追求职业，会使激情原则所承诺的成就感受到威胁。

> 我认为钱不是追求事业的好理由。……你可能会发现在质疑自己的存在，或者在以后的生活中不能了解自己；而且，真的，我希望每天回家能够知道我做了一些我喜欢的事情。……我认为金钱是追求事业的一个非常糟糕的理由。（中产阶级白人男性）

其他学生质疑将职业决策建立在就业机会上的合理性。一位休斯敦大学生物系的学生认为，根据就业机会选择一个领域是没有意义的，因为工作的安全性永远没有保障："如果你对它没有真正的热情，你会害怕去工作，也会害怕苦熬到深夜，你只是被金钱驱使。如果你被解雇或者公司倒闭，那么你就会一无所有，因为你从未追求过自己想要的东西。"（中产阶级白人女性）对这位学生来说，即使一个充满激情的劳动者被解雇了，至少这个人还能保持他们自己的激情。

对优先考虑经济或就业因素持批评态度的学生承认，正如一位学生所说，"我们显然生活在一个资本主义社会，所以你必须赚钱"，但他们认为，这些考虑不应该成为职业决策的核心动机。一位休斯敦大学人类学系的学生解释说："金钱并不足以成为职业选择的理由。"

> 我想钱是很重要的……我的意思是，你知道，没有钱

你就无法过活……但我也认为，如果你喜欢某样东西，你知道的，有时你必须为了热爱的东西牺牲金钱。(中产阶级美国原住民和白人女性)

我将在下文和后面的章节中讨论，当学生离开学校进入劳动力市场时，他们是否真的愿意做出这种牺牲。

这个访谈样本比较大，包括了在三所人口和地区不同的大学就读的学生。但这个样本之外的大学生呢？正如我在附录B中讨论的，我对在美国不同类型的四年制院校就读的522所大学生进行了补充调查。在这些数据中，我发现了非常相似的优先选择模式：78%的学生同意寻求激情应该是专业选择的核心，77%的学生同意它应该是职业选择的核心。在他们对良好职业决策的抽象概念中，平均65%的人将激情评价为比财务和就业更重要。与受访者一样，亚裔学生和工人阶级的学生在评估好的职业决策时，不太可能将寻求激情放在首位。然而，在不同类型学校就读的学生中，不存在人口统计学或其他层面的差异。

大学生以外人群的激情原则

访谈样本中的大多数学生认为，自我表达和成就感是他们在抽象的良好职业决策观点中最重要的指导原则。不同年龄段、不同阶级背景、不同职业的受过大学教育的劳动者，是否对寻求激情表达了类似的热情？也许学生们的文化传承植根于他们所在特定机构的位置（高等教育）、生命过程中的特定阶段（职业启动）或他们所处的特定的代际群组（千禧一代）。在流行媒体[44]、励志书籍（如《你的降落伞是什么颜色？》）[45]以及职业咨询和辅导实践中[46]，与激情有关的职业决策叙事普遍存在。这表明，重视与激情有关的职业决策，可能并不局限于大学生群体。

为了更广泛地了解激情原则的显著性，我转向了关于激情原则的实际调查中的美国大学教育劳动者样本。[47] 我向这一调查中的受访者提出了两组问题，旨在挖掘他们关于大学专业和职业道路的良好决策的抽象文化信念。第一组问题是让他们给一个假想中的一年级大学生提供建议，这个学生正试图选择专业。一个专业"有趣"、"有个人意义"或他们对之"有激情"，到底有多重要？第二组问题是，当某人选择职业时，这些相同的因素应该有多重要？这些衡量标准的平均值可以参见图1.1。[48] 这五项衡量标准共同捕捉到个人与工作的联系，以及"激情"这一直接概念的多个方面。我把这五个标准的平均值加在一起，形成了一个强大的坚持激情原则的量表。[49] 这个量表由图1.1中的倒数第二条柱状表示。

与学生一样，这些受过大学教育的劳动者普遍赞同以下观点：人们在选择大学专业和职业道路时，应该优先考虑与激情有关的因素。受访者对激情相关因素的评价，平均介于"不那么重要"和"非常重要"之间。(激情原则量表的平均值：4.46分，共5分)。

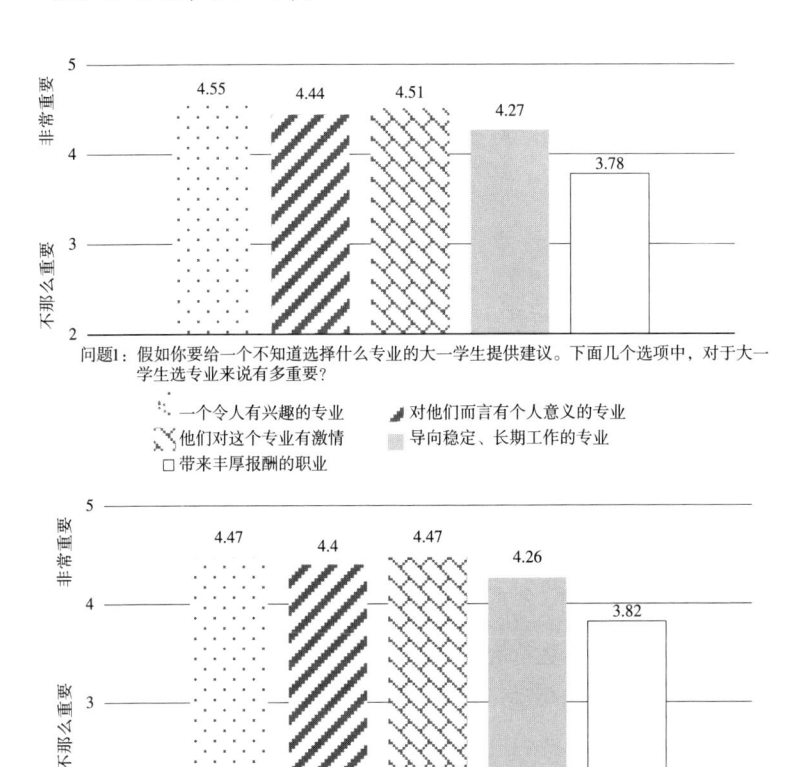

问题1：假如你要给一个不知道选择什么专业的大一学生提供建议。下面几个选项中，对于大一学生选专业来说有多重要？

- 一个令人有兴趣的专业：4.55
- 对他们而言有个人意义的专业：4.44
- 他们对这个专业有激情：4.51
- 导向稳定、长期工作的专业：4.27
- 带来丰厚报酬的职业：3.78

问题2：人们基于多种理由作出职业选择，通常而言，下面几个选项中，在人们选择职业领域时的重要程度如何？

- 他们觉得有趣：4.47
- 对他们而言有个人意义：4.4
- 是他们的激情所在：4.47
- 导向稳定、长期的工作：4.26
- 带来丰厚报酬：3.82

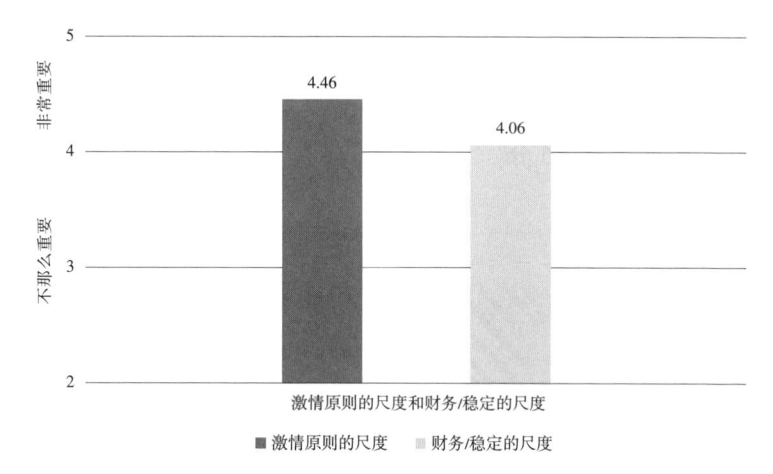

图 1.1 受过大学教育的劳动者对良好的大学专业和职业决策的信念中，与激情有关的考虑以及财务和工作稳定性的平均重要性（关于激情原则的实际调查数据）

图 1.2 按人口组别对激情原则的平均数进行了分类。这里最明显的模式是各群体对激情原则的坚持。[50] 所有人口群体的平均数都在"不那么重要"和"非常重要"之间（4 分和 5 分），所有的平均数都在 5 分制的四分之一之内。[51] 补充回归模型证实了这些相似性。在预测受访者按性别、年龄、种族/族裔、社会经济背景、教育水平以及是否出生在美国等因素分别对激情原则评分的模型中，我发现，他们在坚持激情原则方面没有差异。[52] 我还发现，受过大学教育的年长受访者与年轻受访者一样有可能坚持激情原则，这与激情原则只和千禧一代的职业追求者有关或只属于最年轻或最缺乏经验的人的假设相反。

然而，与学生的数据一样，阶级背景也有明显的差异。可能是由于他们有获得高薪和稳定工作的特权（见第三章），在富裕家庭长大的受过大学教育的劳动者，比来自工人阶级家庭的劳动者更有可能坚持激情原则。[53]

这里还有明显的种族/族裔差异。首先，亚裔受访者对激情原则的坚持程度低于他们的白人同龄人。[54]虽然很少有研究直接关注个人如何将良好职业决策加以概念化的种族差异，但一些研究推测，正在上大学和受过大学教育的亚裔求职者，比他们的白人同龄人更有可能将社会流动性置于其他职业相关问题之上，因为许多第一代亚裔学生经历了来自移民父母的流动性压力。[55]受过大学教育的黑人劳动者对激情原则的坚持也略低于其白人同龄人。[56]这与研究表明黑人职业追求者可能比他们的白人同龄人更有可能优先考虑在经济上帮助家庭和社区的就业轨迹相一致，也与研究表明黑人劳动者与具有相同教育和经验水平的白人同龄人相比，在确保高薪工作方面面临相当大的劣势相一致。[57]在种族/族裔不变的情况下，受访者是否出生在美国，并不是坚持激情原则的一个重要的预测因素。

尽管有这些统计学上的差异，但不同人口群体对激情原则的平均认同度有显著的相似性（见图1.2）。因此，考虑到受过大学教育的劳动者在遵守激情原则方面的人口变化时，询问哪些群体最相信激情原则，比询问哪些群体倾向于遵守激情原则或哪些群体不遵守激情原则更为管用。

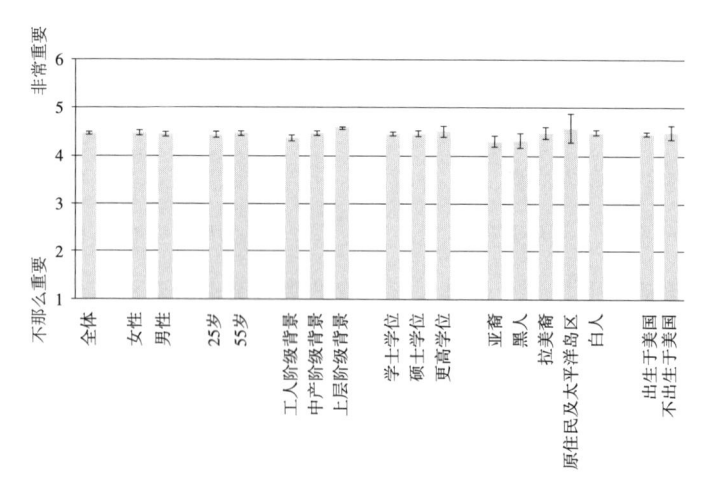

图1.2 激情在受过大学教育的劳动者对良好职业决策的信念中的重要性，按人口统计学类别划分（关于激情原则的实际调查数据）

与不同人口群体对激情原则的坚持相呼应的是，受访者的职业或就业部门，在这一指标上也没什么差别。尽管在对激情原则坚持程度最强烈和最不强烈的职业之间，其成员对激情原则的承诺强度有大约7%的差异，但不同职业类别对激情原则的坚持也有惊人的一致性（见附录C，图C.1）。[58]此外，受访者是否受雇于营利性的、非营利性的、政府或教育部门，对激情原则的坚持也无显著差异。

前文所描述的大学生，在他们对良好的职业决策进行文化概念化（cultural conceptualizations）的时候，经常把同激情有关的考虑，置于财务和工作稳定的考虑之上。然而这些求职者很少是全职劳动力。那么，受过大学教育、有丰富劳动经验的劳动者呢？即使他们同样重视寻求激情，他们是否更倾向于重视工作稳定和工资收入，而非激情？

关于激情原则的实际调查的数据表明，实际情况并非如此。当受过大学教育的受访者被要求评估选择能带来"稳定、长期的工作"或"高薪工作"的大学专业的重要性时，这些因素的平均评分明显低于激情相关因素的重要性均分（见表1.1）。当被问及有关选择职业领域的相关问题时，受过大学教育的劳动者对激情相关因素重要性的平均评价，也高于他们对工作保障或薪酬考虑的重要性评价。

此外，从这一调查受访者自己的排名来看，在这些受过大学教育的劳动者中，绝大多数（67%）对激情相关因素的平均重视程度，高于他们对工作保障和薪酬等经济因素的评价。关于对良好职业决策的评估，图1.3显示，在每个人口统计学类别中，个人对激情相关因素的评价高于对经济因素重要性的评价。[59]同样，还有一些人口统计学上的差异。与白人受访者相比，受过大学教育的黑人劳动者，对激情的评价低于对经济因素的评价，这与图1.2中的模式一致。男性比女性更不可能把激情看得比经济问题更重要，这可能是由于，对男性阳刚之气的要求，阻碍了他们把工作的情感联系放在经济考虑之上。[60]

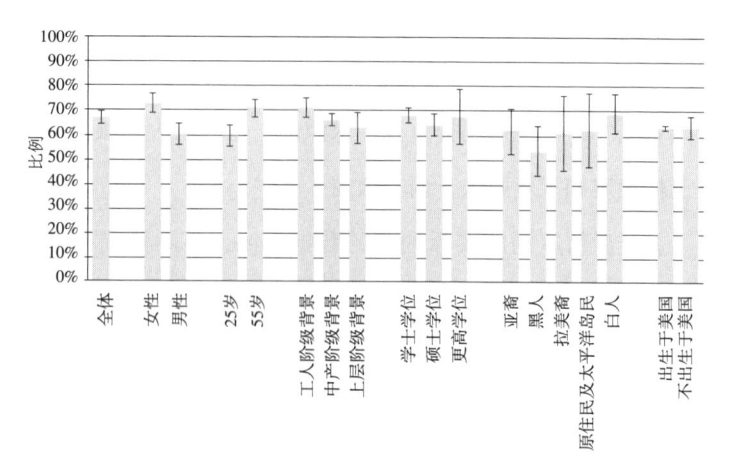

图1.3 在良好职业决策中，认为激情比薪酬和工作保障更重要的大学毕业生比例，按人口统计类别分列（关于激情原则的实际调查数据）

这里还有一个有趣的年龄变化：尽管年轻和年长的劳动者可能同等坚持激情原则（见图1.2），但年长的劳动者比年轻人更有可能将激情考虑提升到经济考虑之上。这可能是由于，年轻受访者在开始选择职业和组建家庭时，相对于年长者更关注经济的稳定性，而年长的劳动者则会考虑在劳动力市场上几十年来的经验。[61] 然而，这种因年龄而产生的变化是非常小的：对激情原则的平均坚持度，在各年龄组中仅有大约5%的变化。

除了这些差异，我还发现，受访者将激情因素置于经济因素之上的可能性，在社会经济地位、教育水平或移民身份方面并无差异。总的来说，在每个人口统计学类别中，超过一半的受访者在他们关于良好职业决策的想法中，对激情的评价都要高于经济因素。

总的来说，这些调查结果与许多大学生对关乎激情的决策标准的评价相吻合。认为激情应该是职业选择核心的信念，并不只是被特定社会人口群体所认可，也不只是被某些年龄段的人所认可，甚至不只是被劳动者所认可。在关于良好职业决策的文化概念里，大多数受过大学教育的劳动者都会着重考虑激情。

激情原则是否为个人的职业决策提供参考

"追随你的激情"是否只是一句空洞的陈词滥调——抽象地听一听是很不错，但在不稳定的劳动力市场中，当有求职者和劳动者对自己的职业道路做出决定时，激情会否被现实的或经济方面的考虑所掩盖？为了研究这个问题，我首先回到了学生访谈。他们是否按照激情原则来决定自己的专业，并规划了大学毕业后的职业重点？这批求职者对劳动力的认识不算天真；他们普遍意识到就业的不确定性和不稳定性，以及各职业领域收入的巨大差异。[62] 我采访的大多数学生都是在经济大衰退期间上的高中，许多人目睹了家庭成员和邻居因失业或房屋止赎而挣扎。[63]

然而，尽管学生们正在努力解决未来的就业问题，但激情原则不仅主导了大多数学生如何在抽象意义上将良好的职业决策问题加以概念化，它也是决定自身职业道路的典型优先选择。大多数的受访者（80%）解释说，知识的魅力、乐趣和/或跟某一职业领域的个人联系，是他们个人选择学术专业的核心因素。例如，一位斯坦福大学的学生解释说，她寻找的专业与她的激情相一致："我觉得自己想要真正地享受其中，并切实发现自己对它感兴趣，而不仅仅是一件我必须要去做的事情。我想我在心理学专业里找到了这一点。我真的很喜欢它。"（工人阶级拉美裔女性）休斯敦大学的一名学生指出，他曾在数学和政治学之间挣扎，但最终选择了后者，因为它能"满足"他。

好吧，进来的时候，我真的不知道我到底应该主修什么……政治学是唯一能吸引我的东西，还有数学。但后来我不得不选择，我觉得搞政治学更有成就感，所以我选择

了政治学。(工人阶级黑人男性)

另一位休斯敦大学的学生解释激情在其决定专业时的作用：

> 不能诚实面对自己是谁（是有问题的）。……不是每个人都能做所有的事情，比如……你知道，不是每个人都要去治疗乳腺癌。所以我认为你的工作应该是，这就是我想做的事。……我觉得很多人……不喜欢自己的职业，因为他们不快乐——他们这样做，是因为他们需要钱，需要这个，需要那个。——不，你不需要任何东西也会很好。你只是必须遵循你的直觉，你的胆量……（这就是）我现在所接受的教训，并带着它去寻找一个新的专业。(中产阶级黑人女性)

但也有一些学生在选择专业时将职业稳定作为首选，比如雅娜：

> 我：那么请告诉我，在你的专业中，什么对你最重要？
> 雅娜：我想应该是如果我在大学毕业后能找到工作，你知道，因为——如果我要为我的专业付出所有的努力，我需要确定这里面有一些……我不想说保证——但

是……我的学位会帮助我真正地到某个地方去做某件事，而不能只是我真的不知道它能做什么的那种不确定感。因此，这就是我也修读生物学的原因，因为英语专业……因为，机会（是）如此的不同，你知道，我的生物专业……我一直都知道，如果我这样做，那么我在最后会有一份工作，我会……（知道）我有一个路径目标。（上层阶级西亚女性）

56　　即便雅娜对英语专业怀有激情，她仍决定去主修生物学，为的是在毕业后增加她获得稳定职业的概率。

　　图 1.4 按性别、学校、种族/族裔地位和社会经济地位划分，显示了在选择专业时优先考虑激情相关因素和经济及就业相关因素的受访者比例。如果受访者在选择专业时，对两个或更多因素同等重视，那么他们可以自由说出多个优先选择，大约有四分之一的人这样做了。每个人口统计学类别的受访者都为他们选择专业的原因给出了与激情有关的解释（图 1.4，A 栏），比经济考虑（图 1.4，B 栏）或与就业机会（图 1.4，C 栏）有关的因素更为常见。在不同的人口统计学类别中，优先考虑激情的学生比例基本相似（约为 80%）。[64]

　　我还问学生，在他们考虑毕业后做什么时，哪些因素是最重要的？仍然有近四分之三的受访者解释说，与激情有关的因

A栏：激情相关因素

类别	比例
女性 (N=56)	80%
男性 (N=44)	80%
斯坦福大学 (N=35)	83%
蒙大拿州立大学 (N=35)	80%
休斯敦大学 (N=30)	80%
少数族裔 (N=47)	83%
白人 (N=53)	79%
下层社会经济地位 (N=19)	79%
中层社会经济地位 (N=50)	84%
上层社会经济地位 (N=31)	77%

B栏：经济考虑

类别	比例
女性 (N=56)	27%
男性 (N=44)	27%
斯坦福大学 (N=35)	37%
蒙大拿州立大学 (N=35)	17%
休斯敦大学 (N=30)	27%
少数族裔 (N=47)	34%
白人 (N=53)	21%
下层社会经济地位 (N=19)	21%
中层社会经济地位 (N=50)	28%
上层社会经济地位 (N=31)	30%

C栏：就业机会

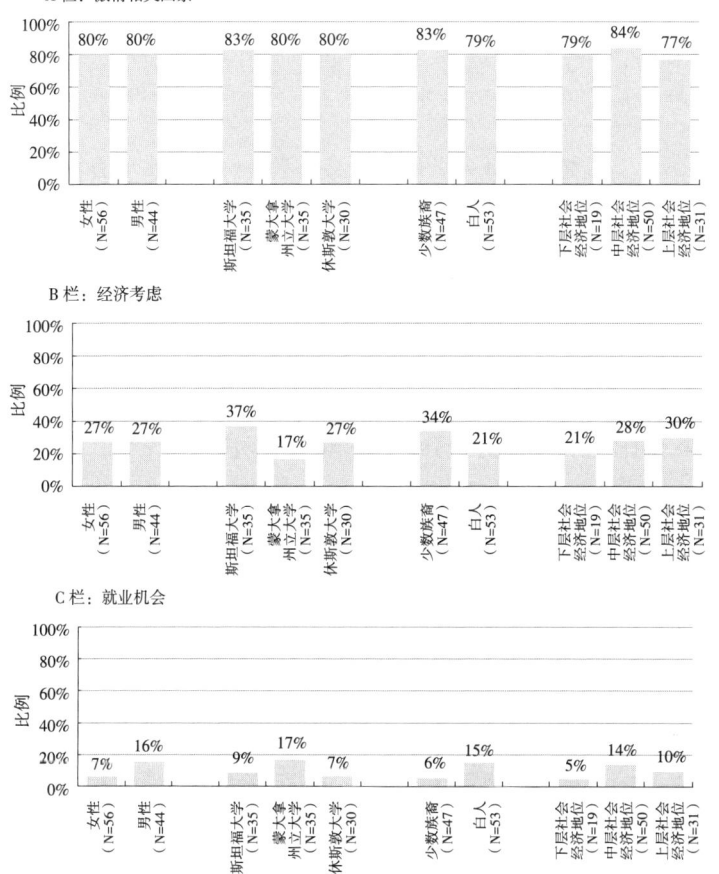

类别	比例
女性 (N=56)	7%
男性 (N=44)	16%
斯坦福大学 (N=35)	9%
蒙大拿州立大学 (N=35)	17%
休斯敦大学 (N=30)	7%
少数族裔 (N=47)	6%
白人 (N=53)	15%
下层社会经济地位 (N=19)	5%
中层社会经济地位 (N=50)	14%
上层社会经济地位 (N=31)	10%

图1.4 大学生选择专业时的首要事项（访谈数据，N=100）

注：数字代表了在每个人口统计学类别中，学生将各个因素作为他们选择专业时最重要因素的比例。如果在他们的决策中，有一个以上的因素处于核心地位，学生可以说出多个。有几个学生提到的答案（例如，家庭生育计划）没有包含其中。因此，每一个人口统计学的群体，在三栏之中的比例相加结果可能多于或少于100%。

素是最重要的。斯坦福大学的一名工程学专业的学生是这样解释的：

> 我想对我每天做的事情感到兴奋。……我明白在工作中有些事情是有点烦人或乏味的，但如果总的来说，我所做的事情，让我感觉这是真正的我……而且这一切都很自然，那么这就是我真正想做的。（上层阶级黑人女性）

同样地，一位就读于蒙大拿州立大学商科的学生，除了寻求于激情之外，找不到其他回答这个问题的方法。

> 我：在你对毕业后的考虑当中，最重要的事情是什么？
> 受访者：除了对你所拥有的东西充满热情，还能有什么？我想，你只是有点（必须）喜欢你的工作。我真的不知道还能怎么回答这个问题。（中产阶级白人男性）

与选择专业的问题一样，更多的学生（72%）在他们毕业后的职业规划中，优先考虑与激情相关的因素，远远多于考虑薪酬（15%）或就业机会（21%）的学生，参见图 1.5，A、B 和 C 栏。这些相对优先的模式在不同性别、学校、种族/族裔和阶级背景下的学生那里大致相似。

A 栏：激情相关因素

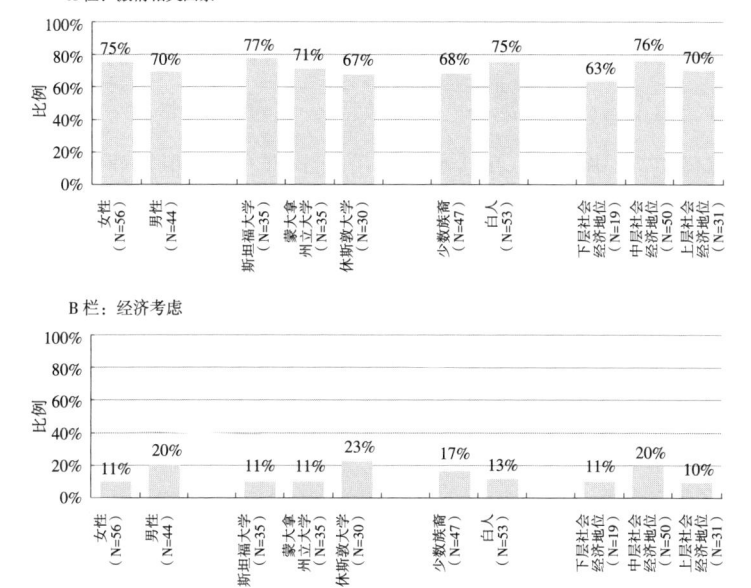

女性 (N=56): 75%
男性 (N=44): 70%
斯坦福大学 (N=35): 77%
蒙大拿州立大学 (N=35): 71%
休斯敦大学 (N=30): 67%
少数族裔 (N=47): 68%
白人 (N=53): 75%
下层社会经济地位 (N=19): 63%
中层社会经济地位 (N=50): 76%
上层社会经济地位 (N=31): 70%

B 栏：经济考虑

女性 (N=56): 11%
男性 (N=44): 20%
斯坦福大学 (N=35): 11%
蒙大拿州立大学 (N=35): 11%
休斯敦大学 (N=30): 23%
少数族裔 (N=47): 17%
白人 (N=53): 13%
下层社会经济地位 (N=19): 11%
中层社会经济地位 (N=50): 20%
上层社会经济地位 (N=31): 10%

C 栏：就业机会

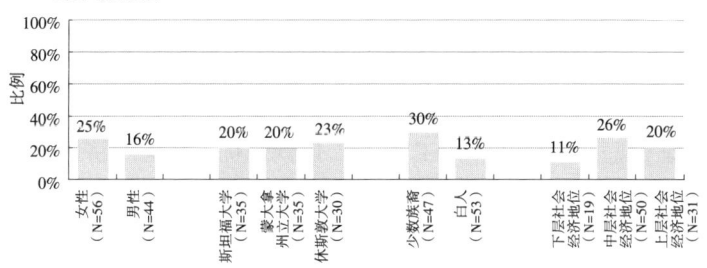

女性 (N=56): 25%
男性 (N=44): 16%
斯坦福大学 (N=35): 20%
蒙大拿州立大学 (N=35): 20%
休斯敦大学 (N=30): 23%
少数族裔 (N=47): 30%
白人 (N=53): 13%
下层社会经济地位 (N=19): 11%
中层社会经济地位 (N=50): 26%
上层社会经济地位 (N=31): 20%

图1.5 大学生在规划毕业后职业道路时的首选项（访谈数据，N=100）[58]

注：数字代表了在每个人口统计学类别中，学生将各因素作为毕业后选择职业道路时最重要因素的比例。学生们被允许提到一个以上的因素，有一些因素（例如，地点）没有包含其中。因此，每一个人口统计学的群体在三栏中的比例相加结果可能多于或少于100%。

相比于讨论选择专业，学生们谈论起他们毕业后的计划时，更有可能优先考虑财务和就业问题，这反映了他们为进入劳动力市场所做的准备。[65] 例如，一名蒙大拿州立大学学生解释说："毕业后，我认为有一份稳定的工作是很重要的，这样收入才会稳定。"（中产阶级亚裔和白人女性）斯坦福大学生物工程专业的斯蒂芬也在寻找毕业后的工作保障。

> 我想至少在毕业后，我希望有某种计划，使我在未来可以有工作保障，我不必担心被解雇或职位短缺。所以我更希望，如果我有机会回去拿到硕士学位，那会让我对公司更有价值，那样我在那里待多久都行。（中产阶级亚裔男性）

少数学生被豪华汽车和美好假期的诱惑所吸引，寻找能保证这些"奢侈品"的工作。[66] 但其他优先考虑经济因素的学生是为了更温和的经济目标——能够养活自己或偿还学生贷款。

一些受访者指出，薪资范围和就业保障对他们来说特别重要，因为他们想在未来的某个时候养活一个家庭。华盛顿大学社会学专业的亚当解释说：

我总是要把我的家庭放在心上。我想成为一个父亲和一个丈夫。如果你要扮演这些角色，有一些事情是你必须处理好的……我不希望有一个为钱而烦恼的家庭，因为家庭不应该是这样的。我过着幸福的生活，而且从来没有担心过钱的问题，因为我的父母总是做得很好，我想为我的孩子做同样的事。……所以，是这样，家庭始终是我心中最重要的事情，因为所有为我自己设定的目标和我认为要去做的事，都是为了我的家庭。（中产阶级白人男性）

亚当计划在联邦调查局申请一个法医分析员的职位。他认为在那里可以"每年赚到很可观的7万美元"[67]。

其他学生将经济和稳定的考虑与激情放在同等重要的位置。这听起来像是蒙大拿州立大学护理专业的伊维特的说法。

我：那么，告诉我，在你对毕业后要做什么的想法中，什么是最重要的？

伊维特：可能是做一些能为我的职业生涯打下基础的事情，所以，不一定非要一步跳到我梦中的职位，但我想或许可以让我实现这个目标。所以，我的意思是，我显然不期望找到一个入门级的护理职位,可这是我想永远做下去的事情,也许会朝向我想一直从事的领域方向发展。所以这对我来说是最重要的事情。(中产阶级白人女性)

伊维特认为,她在护理领域稳定就业,是朝着她的长期目标——成为一名重症监护护士的"梦想工作"迈出的一小步。在回答同一个问题时,她在斯坦福大学的同学说,他在毕业后的职业道路上的首要任务是"在我的兴趣和未来的稳定性之间取得平衡"。

五名学生描述了选择专业的步骤,他们首先确定的是认为能提供最大经济保障的领域,然后决定哪个领域最让他们感兴趣。但更多的情况是,对经济问题和激情的考虑是以相反的顺序进行的——决定自己感兴趣的领域,然后再从这些领域中选择经济上最稳定的途径。例如,休斯敦大学的一名运动学学生热衷于体育,但她的职业目标从体育教练转向了体育管理,因为她认为后者有更高的薪酬潜力。

我想成为一名教练……因为我喜欢运动和与此有关的一切。因此,当我入学后,我打算做健康选择或运动健身,或成为一个教练之类的。但后来我开始思考——因为

像现在，教师和教练并没有真的赚很多钱，所以我决定我想去做体育管理。（工人阶级黑人女性）

区分学生们对职业领域的考虑，以及他们对这些领域中特定组织或工作的偏好是很重要的。当学生们讨论特定公司或部门的特定工作时，对薪酬和稳定的考虑更为普遍。与我交谈的大多数学生认为，应该让激情因素来驱动个人的职业道路，而经济和就业问题，应该以后在特定领域当中面对特定工作或组织时再考虑。

到头来，有一半的受访者在选择专业时，只给出了与激情相关的理由，并将其作为规划职业道路时的核心因素，而对就业或收入方面的考虑只字未提。[68]

这些优先考虑的模式在附录B所描述的大学生补充调查中得到了回应。在该样本中，超过70%的学生部分或强烈同意"追求我的个人兴趣或激情是我选择大学专业最重要的因素"。在采访中，工人阶级的学生比富裕的同龄人更有可能优先考虑薪酬和工作保障，而亚裔学生比他们的白人同龄人更少在职业决策中优先考虑激情。激情原则的遵守情况，没有因人口统计学类别（性别、种族/族裔、班级背景、专业类型）而出现其他显著差异。

补充调查还询问了在大学期间某个阶段改变专业的学生

(约三分之一的样本），以及他们为什么这样做。42%的学生改变了专业，选择了"我更感兴趣或更有激情的科目"，相比之下，22%和17%的学生改变了专业，选择了他们认为有更多工作机会或薪酬潜力的学科。

作为经济底线的大学学位

为什么金钱和工作保障的考虑，未能主导更多学生的专业选择和毕业后的职业规划？学生们对劳动力市场的结构性现实并非一无所知。他们明白，就业是没有保障的，而一些领域比其他领域有更大的薪酬潜力。然而，大多数人认为，大学学位提供了一个经济底线，他们不太可能跌落到这个底线之下——无论他们追求什么学位或职业道路，大学学位提供了一系列的工作机会，为中产阶级生活提供足够的金钱和工作保障。许多人解释说，从理论上讲，"任何专业都是有利可图的"，也都可以找到工作，从而为舒适的生活水平奠定基础。一位休斯敦大学政治学专业的学生解释说："我听到很多人告诉我，你应该做出一些……你可以在毕业之后找到一份工作。但是，其实他们什么都能干，所以你或许要先得到想要的（学位）之后，再去考虑其他的事情。"

引言中提到的克莱尔清楚地认识到，她所期望的职业道路所能提供的财富积累机会有限（她的父母经常提醒她这一点),但她说,只要她热爱自己的工作,这就足够了。

我:那么,你认为钱的作用在哪里?

克莱尔:钱很重要。我的父母总是告诉我,我需要一份高薪的工作,但我宁愿有一份我喜欢的工作,而不需要得到那么多的报酬。我曾在休斯敦动物园作为志愿者与动物园管理员一起工作,他们热爱自己的工作。他们爱自己照顾的动物。我们开始讨论,因为他们就像这样……"我们没有得到很多报酬。我们得到的报酬足以支付我们的账单、购买食物和外出。"我当时想,"我也没问题"。我不习惯华丽的东西。我习惯于拥有够用的东西,而这对我来说绝对就够了。人们想获得这些学位,以便他们可以赚取数百万美元,但最终你会出卖灵魂,从而变得空虚。(中产阶级白人女性)

休斯敦大学的运动学学生特雷弗,也被要求直接比较职业的意义和"能赚"的重要性。特雷弗解释说,对他来说,高薪和购买"昂贵东西"的能力,并不像喜欢自己的工作那样重要。

特雷弗:我想做一些有意义的事情,一些我喜欢的事情。但我也希望能赚到钱。

我：你认为哪个更重要？

特雷弗：嗯……我喜欢的事情。

我：为什么这很重要？

特雷弗：因为我将长期从事这项工作。我不……我不喜欢——好吧，我喜欢昂贵的东西，但这对我来说不是那么重要。我只是想让自己舒服。我不希望有一堆豪华的财产，我只想能够照顾好自己，其中一部分就是做我喜欢的事情。我过去做过很多工作，而我喜欢的那些工作真的不同寻常。这让我知道，享受自己在做的事情是很重要的，因为我做过非常讨厌的工作，也做过自己非常喜欢的工作。（中产阶级白人男性）

蒙大拿州立大学的一名土木工程专业的学生 AJ 用类似的理由来解释，他很乐意牺牲更高的年薪，去从事能够满足自己的职业领域。

我认为，为了钱选择（职业领域）可能不是一个很好的理由，我想，如果你对它感兴趣或者它是你想做的事情，那么选择它的理由就很好。……因为，我的意思是，总的来说，在你的生活中，钱——你赚多少并不重要，你有多快乐，比如对职业的满意度，相比于 5000 美元或 10 000 美元的职业差异，可能比你所知道的还要重要。（中产阶级白人男性）

与这些访谈回答相呼应的是，三分之二（67%）的大学生补充调查的样本赞成"任何（大学）专业都能找到薪水足以维持舒适生活的工作"（见附录 B）。

当然，大学学位并不能保证经济稳定或安全，许多大学毕业生的工作不稳定，有些失业或就业率低，或拿着无福利的合同，从事着临时工作。[69] 最有可能赞同这种大学学位能保证"经济底线"的观点的学生，是那些来自劳动者和中产阶级家庭的学生；来自更优越家庭的学生，往往对白领劳动力市场有着更多的了解。我将在第三章讨论这种获取文化资本的阶级差异。

在这些样本中，当然也有把地位和财富积累放在首位的求职者；还有人认为，只有某些职业领域才能获得可持续的薪酬或稳定的就业。[70] 访谈表明，这些经济和就业方面的考虑即便在理论和实证研究中占主导地位，也绝不是唯一的，甚至更不是求职者在做出职业选择时最受欢迎的指导原则。[71]

将激情转化为劳动力

当这些求职者离开大学时，激情是否仍有意义？第三章利用对这些求职者的跟踪采访，描述了他们从大学到劳动力市场的转变。报告显示，许多受过大学教育的受访者，在离开大学后仍然被追求激情的想法所吸引。在此，我们只需提供几个例子，来说明大学毕业后是怎样坚持激情原则的。蒙大拿州立大学化学工程专业的毕业生安布尔，生动地描述了对工作怀有激情对她而言意味着什么。

> 我对工作中谈论的每件事都感到非常有激情。……我感到自己每天都在做一件特别好的事。……我觉得这几乎是一种爱好。我很享受解决化学工程问题的过程。……今天，我确实喜欢谈论我的工作和我们正在做的事情。我相信当我回家的时候，我肯定会把我的未婚夫烦死的。……我的意思是，这绝对是一个挑战，但我认为……我找到了一些好的东西，想让自己充满激情。（工人阶级白人女性）

许多有追求的求职者愿意让他们的职业道路做出重大改变，并可能牺牲长期的财务安全，因为他们把追求激情的抽象承诺变成了行动。阿利雅是一位舞蹈老师，我第一次见到她时，她在休斯敦大学主修数学，五年后她解释说，追随她的激情意味着"放下"对未来经济稳定的担忧。

有人总是告诉我，如果你是一个艺术家，你不应该主修艺术，因为你会成为一个饥饿的艺术家。……所以当我做出决定的时候，我不得不接受这种说法。……我当时想，"现在我知道，我是一个舞蹈家。这就是我"。我对此感到更加高兴了。……我想说的是，对未来如何谋生的担忧，……我不得不放下这些……我想如果你对自己所做的事情没有那种成就感，你就不知道自己能走多远，特别是当你正在从事一份天职，那你就在做自己应该做的事情。……我不觉得自己会去做另一份不喜欢的工作。这没什么意思。(中产阶级黑人女性)

最终，阿利雅说她"厌倦了追逐"经济稳定的承诺，并从数学转到了舞蹈。

激情原则是否仅是一种自圆其说的说辞

如果激情原则是影响职业决策的备受重视的文化模式，那么，那些私下里优先考虑经济或稳定因素的受访者，会不会用基于激情的话语来组织他们的访谈，以符合某种社会期望或避免一些尴尬？如果激情原则被广泛理解为一种解释自身决策具备道德合法性的方式，也许受访者会感到，必须将他们在决策中对财务或就业安全的实际优先程度加以淡化。尽管这在学生的访谈回答中肯定会起到一定的作用，但我采用了两种策略来减少这种可能性。首先，在问及他们的职业决策时，我尽可能地使用中性的语言表述。例如，我没有问："你是如何选择你的专业的？"而是问："你是如何进入你的专业的？"其次，如果受访者没有自己提出财务和就业安全方面的问题，我就明确地问他们。（这在前面几个访谈摘录中表现得很明显。）换句话说，我为他们打开了一扇门，让他们表达激情以外的替代项，或与激情相对的优先项。但很少有人走过那扇门。总的来说，在我采访过的大学生中，有一半人在讨论职业决策的优先选择时，在我的提示下，根本没有提到经济考虑或工作保障。[72] 此外，在匿名的在线学生调查（附录B）和关于激情原则的实际调查数据中，受过高等教育的受访者对激情原则的高度坚持表明，激情原则在受访者中强烈流行，并不仅仅是由于他们希望，在面对面采访中，能对我的问题给出"正确"的答案。

但这又提出了另一个问题：如果求职者在当前和未来的职业计划中会优先考虑寻求激情的表达是诚实可信的，他们基于激情话语来表述自己的决定，会不会是为了掩盖一些在文化上并不那么崇高的决策标准，而作出的自圆其说式的叙述？虽然可能有一些求职者，利用激情原则向他人和自己证明，他们最初可能出于其他原因（例如，由于经济考虑或学术表现不佳）而选择这些职业路径有其合法性，但从我上面的记录看，我毫不怀疑，激情原则是一种更为广泛的选择模式的驱动因素。首先，在本书中，有许多例子表明，求职者基于激情所向，决定了他们的大学专业和职业，同时拒绝了那些可以为他们提供更高薪酬和更多保障的工作道路。例如，布里安娜最初想成为一名会计，"只是为了能赚更多的钱"，但后来决定，"我不能看到自己的余生都在做这个"，于是转而追求广播新闻业。在这种情况下，求职者在知情的情况下牺牲了经济稳定，而把激情放在首位。

其次，即使求职者最初由于和激情无关的原因而改变了方向，但后来发现，他们目前的道路"一直"是他们的激情所在（例如，他们没有进入医学院的成绩，于是确定了他们实际上对护理工作充满激情），这仍然说明了激情原则作为解释生活经历的方式的诱惑力。无论一个人的激情所向是否部分地来自失去的或最初未被鼓励的机会，只要受访者现在仍把他们投身的新领域理解为激情所在，并以享有这种激情的方式来行事，那么这里的争论就不那么重要了。虽然我不能完全排除社会欲望和合法性框架对这些访谈者可能施加的影响，但我认为，如果受访者认为激情是一种社会理想的框架，以至于他们会被激励通过它来向陌生人解释自己的决策，这就表明，激情原则可能比我所认为的更加普遍。

受过大学教育的劳动者同样倾情于激情吗？

上面讨论的关于激情原则的实际调查结果表明，受过大学教育的劳动者，就像我采访的大学生一样，在他们为优质职业选择所塑造的抽象文化概念中，也会优先考虑与激情有关的因素。但是，当他们在自己的生活中做出职业决策时，情况又如何呢？

我研究了实际调查数据中的一组数据，询问受过大学教育的劳动者，当他们个人决定接受一份新工作时，各种因素的重要性如何。关于是否决定接受新工作一事，调查对象被要求对5个因素——薪酬、工作保障、福利、工作-家庭平衡以及对工作的兴趣或激情——按照从最重要到最不重要的程度进行排序（见图1.6）。[73] 我发现，在这些受过大学教育的劳动者中，有将近一半（46%）的人将工作热情列为他们在新工作中的首要选择。相比之下，只有21%和13%的受过教育的劳动者，将薪酬及工作保障列为他们的首要选择。[74] 如图1.6中的第二组条形图所示，在最重要的两项影响因素当中，61%的受访者将激情列在其中，而49%和36%的受访者分别将薪酬和工作-家庭平衡列为他们最优先考虑的两个因素之一。虽然这是关于受访者在接受新工作时将会优先考虑的事项的推测评估，但结果仍有一定的说服力，因为询问的是劳动者自己的职业道路，而不是关于在职业决策中重视什么这种更为抽象的问题。

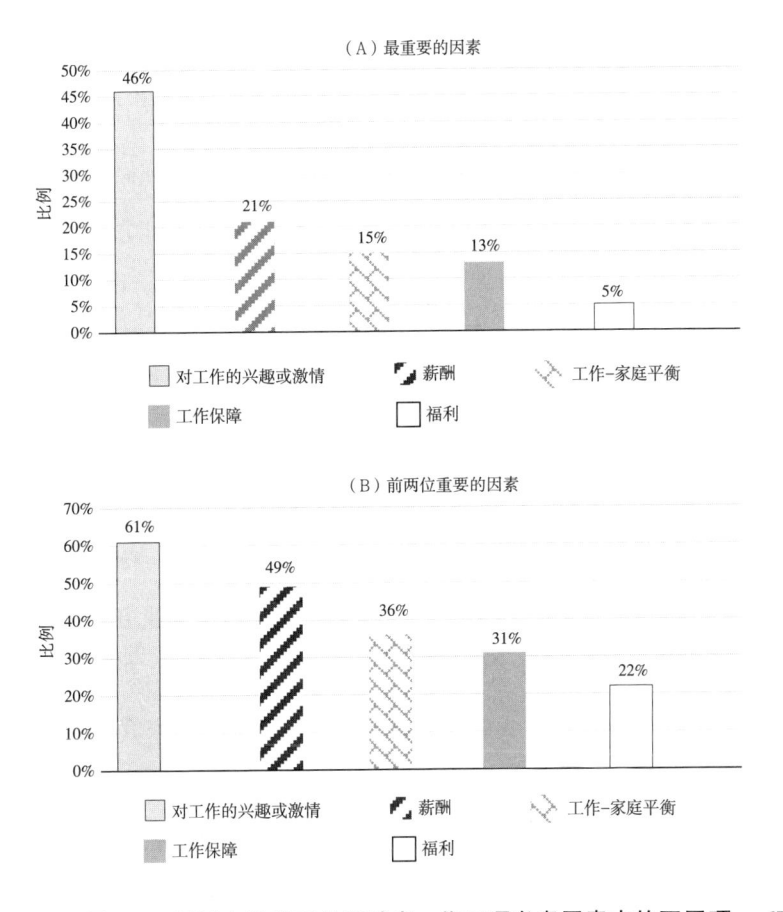

（A）最重要的因素

- 对工作的兴趣或激情: 46%
- 薪酬: 21%
- 工作-家庭平衡: 15%
- 工作保障: 13%
- 福利: 5%

（B）前两位重要的因素

- 对工作的兴趣或激情: 61%
- 薪酬: 49%
- 工作-家庭平衡: 36%
- 工作保障: 31%
- 福利: 22%

图1.6 受过大学教育的劳动者，将五项考虑因素中的不同项，列为在决定未来是否接受新工作时的选择比例：(A)最重要的因素和(B)前两位重要的因素（关于激情原则的实际调查数据）

那些真正实现了职业转变的劳动者呢？是什么推动了这些转变？在实际调查的数据中，约一半受过大学教育的受访者（50.2%）报告说，他们在职业生涯的某个阶段改变了职业道路。紧接着，我用一个开放式问题问这些受访者：你们为什么转行？[75]有21%的人是因为被解雇、行业关闭或由于身体及精神上的原因，非自愿地离开了他们原来的职业。比如说，"我曾从事仓库管理，但企业倒闭了""因医疗理由从工程领域退休；（我）选择了不需要考虑衰减智力的体力劳动"。另有16%的人解释说，他们转换职业是为了更好地平衡工作和生活需求。例如"花更多的时间和我的家人在一起"；"父母生病了，我需要一份时间和责任更灵活的工作来照顾她"。略高于四分之一的人（26.5%）解释说，他们改变职业道路是为了追求更高的经济稳定或经济机会："需要一份更高薪、未来更稳定的工作"；"我以前的职业道路没有为我和家庭提供足够的稳定保障"。

相比之下，42%的人报告说，他们离开以前的职业道路是为了追求更有意义或更充实的工作。"我以前的工作没有意义，我想找一份我喜欢的工作"；"看到公园护林员有空缺，那是我的梦想职业，所以我接受了"。换句话说，受过大学教育的劳动者自愿改变职业道路，与追求更有意义的工作一样，都是为了追求更高的薪水、更高的经济稳定性或工作与家庭的平衡。尽管这些都是对人们行为的回顾性描述，受制于他们想要创造当下意义的愿望，但在这些受过大学教育的劳动者中，有许多人报告说，为了寻找更有成就感的工作，他们放弃了已经建立的职业道路。

实际调查的数据的益处在于，这些数据包括直接询问激情原则的措施。然而，它们并不能严格代表美国劳动力的整体情况。因此，我转向具有全美代表性的全国劳动力变化调查数据，以研究整体劳动力中受过大学教育和未受过大学教育的劳动者，在激情相关方面和经济考虑方面的相对突出性。

就美国的劳动者是否会"决定在未来接受一份新工作"，全国劳动力变化调查向他们抽样调查了几个因素的重要性。调查结果证实了在关于激情原则的实际调查中，受过高等教育的劳动者的调查结果：在这两项调查中，受过高等教育的劳动者在考虑是否接受新工作时，对"有意义的工作"的评价，平均高于"工作保障"和"工资高"。[76]受过大学教育的受访者，对有意义的工作的评价也比"工作-家庭平衡"要高。见图1.7中最左边的一组条形图。

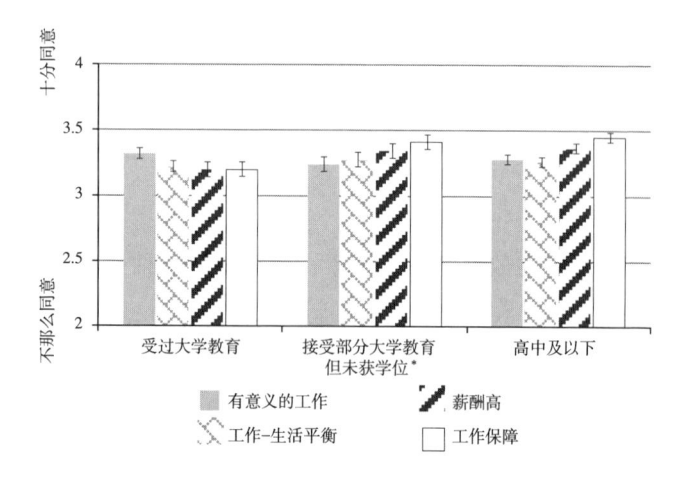

图 1.7　按受教育程度预测的美国劳动者是否会考虑接受一份新工作的四个因素的预测平均值（全国劳动力变化调查数据，N=2286）

重要的是，这一数据显示，这些项目因教育水平的不同而有差异。拥有高中及以下学历的劳动者（图 1.7 中最右侧组的条形图），在他们是否会接受一份新工作的问题上，平均认为工资和工作保障要比工作意义更重要。在那些接受了部分大学教育但未获得学位的人中（中间一组条形图），工作保障平均而言也比工作意义重要得多。这很可能反映了没有大学学位的劳动者，在获得稳定工作和可持续薪酬方面的结构性困难。[77] 缺少了向雇主要求承担健康保险这类薄弱的社会保障，

---

* Some college，译为"接受部分大学教育但未获学位"，指完成高中学业，但未完成同等学士学位的人。——译者注

连同不断减少的集体谈判机会,意味着在美国,没有大学学位的劳动者即便是全职工作状态,也更有可能跌落到贫困线以下。[78] 因此,没有受过大学教育的劳动者,想要获取一份包含体面工资和合理就业保障的工作,从一开始就处于结构性劣势当中。

然而,没有大学学位的受访者仍然认为工作的意义是重要的。[79] 虽然没有大学学位的人对工作保障和薪酬的评价,明显高于那些拥有大学学位的人,但对劳动者来说,拥有一份有意义的工作,其重要性并没有因教育程度的不同而有明显的差异。[80] 总体而言,有意义的工作在整个劳动力群体中均得到了高度重视,包括大学生、大学毕业生,甚至是那些没有大学学位的人。但是,工作保障与薪酬的重要性,却因不同教育程度所能为劳动者提供的稳定、高薪工作的数量多寡,而呈现出巨大的差异。

激情服务于/归属于优势群体吗?

接下来的章节明确讨论激情原则——作为一个指导原则和规定性叙事——如何助力并延续了不平等的结构过程和文化过程。在本书的其余部分,我考虑的是,专注追求激情本身的文化评价的普遍性,如何使职业追求者之间的社会经济差异得以永久化。

在我采访的大学生中，坚持激情原则的人，普遍贬低那些在职业决策中优先考虑就业机会和薪酬的同龄人。除了"金钱不能买到幸福"的评价，受访者往往认为，以经济考虑为基础选择职业道路是"浅薄"、"贪婪"或"自私"的。一位在斯坦福大学学习人类生物学的学生解释说，为了稳定而忽视激情，就等于"背叛了我们自己"。

> 我只是觉得，如果人们只是做他们真正想做的事，社会整体会更快乐。我认为，你知道，每当我们对自己撒谎说"我要做这个，因为这对我有好处，因为这将使我以后得到一份好工作"，我们在背叛自己，我们只不过就像是在到处增加悲伤。（中产阶级白人女性）

因此，受访者往往对来自工人阶级背景的同学不屑一顾，因为这种背景的学生会优先考虑经济流动性。一位斯坦福大学经济学专业的学生解释说：

> 如果（学生）来自……一个非常贫穷的家庭，那么也许就会出现这种渴望……去攻读能赚大钱的专业。……但在这一过程中，你会把自己累死的。这有什么意思？学校应该是令人愉快的。（中产阶级黑人男性）

一位休斯敦大学历史专业的学生也赞同这样的观点。

> 我感到社会太执着于钱，以至于很多人错过了重要的事情。比如，你真的需要赚取超过 10 万美元才能获得幸福吗？真的吗？我不这么认为。但人们会（选择有利可图的领域），只是因为他们想要那么多钱，我想，他们想要这种令人惊艳的生活方式，而这是他们以前没有的。我的意思是，因为我现在就认识这样的人，所以我不认为这是好的。因为……他们只是为了钱而做这些……到头来这样不会让他们快乐。(上层阶级拉美裔女性)

面对这种贬低，那些目标明确、想利用学位提高社会经济地位的工人阶级学生，有时会挣扎于追求流动目标和追求自身激情的主流期望之间。例如，前面讨论过的一名休斯敦大学的学生，在主修会计或政治学之间挣扎。他最初选择了会计，因为他认为这能提供经济保障。但他从同学和教授那里感到了压力，以及自己对激情原则的坚持，最终他改学了政治学，即他的激情所在，尽管他不确定如何以政治学学位找到工作。同样，一个工人阶级的蒙大拿州立大学学生解释说，她进入大学时对赚钱感兴趣，但由于与同学们接触之后，金钱问题现在在她的优先排序清单中"排在最后"。

> 我只在大学里待了六个星期，但我已经……我对未来的财务预期下降了很多。……当我刚进（大学）的时候，我想我会赚很多钱的，但现在我觉得这已经不重要了。……我不需要一吨的钱来购买快乐。（工人阶级白人女性）

鼓励"第一代"大学生和工人阶级出身的学生不去优先考虑经济流动性和工作稳定，而让他们去追求激情，可能会转移他们的流动性目标，使他们在求职方面的劣势在大学毕业后更为严峻。

虽然在我采访的社会经济背景各异的求职者中，表露出对激情的相似偏好，但出身工人阶级的学生一旦优先选择了激情，则更易陷入经济困境，而这是比他们条件更优越的同学无须去顾虑的。工人阶级的学生相比他们的同学更有可能预见到在追寻激情时会遇到障碍。一些学生希望在毕业后继续保持他们的激情，但缺乏足够的资源来维持，他们从而可能对自己的未来感到失望。例如，一位休斯敦大学社会学的"第一代"大学生就预判到，在继续从事她所热爱的社会工作之前，她需要找到一份工作以帮助她偿还学生贷款。

> 始终贯穿我的头等大事是学生贷款。……这很糟糕，因为你知道，我只是想在工作中获得快乐，但这就像，我知道我所拥有的所有东西，就是我必须支付和偿还，而你知道，这其实挺可怕的。所以希望我只是找到一份我能喜欢一阵子的好工作，让我可以坚持一段时间直到……还清了我的债务。（工人阶级拉美裔女性）

同样，一位斯坦福大学心理学专业的学生解释说，他可能需要暂停追求他的激情——小学教学，以帮助支持兄弟姐妹完成大学学业。

> 好吧，一两年内我可能会找到某种工作。（因为）……我还有弟弟们，他们需要钱来完成大学学业，所以我可能要帮助他们……（但）我想，只要能找到短期工作，在国外教书之类的，也是很好的。（工人阶级拉美裔和白人男性）

学生们在激情之外选择做这些工作，是为了帮助他们在经济上站稳脚跟，作为他们通往有意义工作道路上的临时弯路。当然，这些弯路可能压根就不是临时性的。特别是对于工人阶级的学生来说，作为行政助理或咨询公司的临时工，可能会被默认为是一条长期道路，因为他们发现改变方向既困难又难以维持。我在第三章中对离开大学后的职业追求者进行跟踪调查，以评估这种基于阶级的差异实际上发展到了怎样的程度。

谁对什么怀有激情？激情追求与职业割裂

正如我在本章开头所指出的，激情奠基于更广泛的自我概念，这种自我概念部分地被一个人所处的文化及结构环境所解释。因此，当人们通过识别看起来与自我感觉相匹配的东西来做出职业决策时，他们往往会选择遵循性别、种族/族裔和阶级背景所决定的职业隔离老套路。这在性别方面尤其明显。在过去的半个世纪里，公众对女性担任专业和领导职务的认可程度有了很大的提高。[81] 女性的家人和伴侣也比以往任何时候都更鼓励她们积极地追求自己所选择的职业。[82] 然而，女性和男性倾向于找到成就感和自我表达的东西仍有较大的性别差异，因为这种表达所基于的自我概念，部分是终身性别社会化的结果。在以前的研究中，我发现更多具备传统性别自我概念的女大学生和男大学生（例如，女性认为自己是感性的，男性认为自己是理性的），更有可能最终走上性别更为典型（由女性主导或由男性主导）的职业道路。[83] 换句话说，寻求激情有助于重塑这些职业中的性别不平衡,即使自我表达的寻求激情似乎本质上乃是性别中立的。[84]

其他研究表明,年轻人的自我表现兴趣也以类似的方式受到种族结构的影响。[85] 例如,玛雅·比斯利对非裔美国大学生的研究发现,许多学生所寻求的道路,与其推进种族正义的承诺相一致。[86] 这往往会吸引学生选择社会科学和政策导向的专业,而远离 STEM(科学、技术、工程和数学)领域。然而,学生们因被吸引而离开的领域,恰恰是那些平均收入最高、稳定就业机会最多的领域。

就阶级隔离而言,年轻的成年人接触到的不同职业道路,部分取决于他们在阶级环境中可以获得的东西:他们的父母、邻居、亲戚和社区成员的工作。[87] 要培养对某一职业领域的热情,至少需要接触到该领域的一些知识内容和特色任务。[88] 例如,马颖毅表明,工人阶级和"第一代"学生不太可能追求哲学和艺术史等领域,部分原因是,他们在 K-12 教育中对这些领域的接触有限,因此培养这些兴趣的机会较少。[89] 接触各种文化和社会领域方面的阶级不平等,很可能使那些"符合"个人兴趣和价值观的职业类型的阶级差异长期存在下去。[90] 虽说需要最多文化资本的研究领域(例如艺术史、国际关系)不一定是收入最高的,但这些职业可能会助长文化区分的过程,帮助富裕的学生复制他们的阶级地位。[91]

因此，当求职者选择与自我表达的激情相一致的专业或职业道路时，他们往往走的是一条映照并复写了由性别、种族/族裔和阶级造成的职业隔离模式的道路。[92]

展望未来

这一章追问的是，正在上大学的求职者是如何将好的工作和好的职业决策加以抽象地概念化，并在自己的职业决策中运用了这些概念化认知，[93] 从而考察这些概念化认知是否在受过大学教育的劳动力中得到了普遍的响应。我发现，求职者用来理解良好职业决策的主导指导原则——激情原则——抬高了个人主义在身份、价值和兴趣方面的表达，将之凌驾于明确的经济考虑之上，如就业机遇最大化或薪酬方面的潜力。通过劳动者的调查数据，我发现激情原则是美国劳动力中广泛流行的良好职业选择的文化模式，特别是在受过大学教育的群体当中。这种模式在不同阶级、性别、种族/族裔和职业中都同样流行。[94]

这些发现的宽泛理论意义不止于此。首先，文化上对激情的评价，以及对薪酬和工作保障最大化的贬低，与关于职业决策的经济理论相矛盾，这些理论认为，有志于职业的人会优先选择提高终身收入潜力或提升就业保障的人力资本投资。[95] 它也与关注社会流动性与个人地位获取的文献不同，这些文献认为，求职者在他们的职业决策中，通常优先考虑经济和社会地位问题。[96] 不仅大多数求职者看起来会轻视这些问题——他们认为大学学位可以提供经济底线，而且质疑这种明目张胆的实用决策背后的道德合法性。

其次，我认为，激情原则的流行在两个重要方面加剧了不平等：一方面，大学生从道德上贬低将金钱和工作稳定置于优先地位的做法，使得那些有流动目标的工人阶级和"第一代"学生，处于边缘化和备受贬低的地位，并可能促使学生偏离他们进入大学时的流动目标。此外，由于追求激情需要在职业决策中掺杂个人的自我概念，而这些自我概念却受到个人性别、种族/族裔、阶级和其他社会特征的影响，于是追随自己的激情，往往在总体上巩固了上述这些职业隔离的模式。然而，由于激情被概念化为一种天赋异禀的东西，它似乎并没有被阶级化、性别化或种族化，因此，激情原则可能会将持续性的职业隔离模式掩盖为个人追求激情的良性结果。

本书的其余部分用多种方式阐述了，虽然乍看起来激情原则在个人层面上是有益的，因为它为求职者提供了一种措施，以预防有偿工作生活中潜在的自我异化（self-estragement），但在总体上它却可能成为一种再造不平等的文化机制。

第二章
激情原则的黑暗面

> 我只是觉得你必须热爱它,并对你所做的(工作)充满热情,以便在你的余生去做这件事。……我认为这很重要,因为就像我说的,你要为你的余生去考虑,你不想被困在一个不喜欢的工作上,你也不想感觉自己仿佛每天都在犹豫要不要去工作。……当你对某件事情充满热情,你喜欢去工作,甚至对你来说它就不只是工作了。
>
> ——亚利安德拉,工人阶级拉美裔女性

休斯敦大学社会学专业的亚利安德拉,深思熟虑地解释了拥有一份与激情相一致的工作的价值。像许多同龄人一样,亚利安德拉对劳动力市场的复杂性并不单纯懵懂,她也焦虑于自己毕业后能否在社会工作领域找到工作。然而,她强调了基于激情的考虑在自己职业决策中的重要性。

在本章中，我将探讨求职者和受过大学教育的劳动者即使面临着不稳定的劳动力市场，却仍被寻求激情的想法所吸引的原因。我首先将激情原则置于一个更广泛的文化和历史背景中，可以看到，从20世纪70年代开始的经济和社会变革，为激情原则的延展创造了成熟的条件。然后，通过对求职者的采访和关于激情原则的实际调查的结果，我阐述了激情原则同那些受过大学教育的求职者和劳动者产生共鸣的具体方式。追求激情似乎解决了后工业资本主义经济中白领就业的核心矛盾之一：结构上要求员工在竞争激烈的职业环境中，付出漫长的时间和辛勤的工作，而文化上则期望他们过上一种个人主义、自我表达的生活。激情原则的追随者假定，激情将激发那种在劳动力市场上取得成功所必需的拼搏精神，同时也是在可能长达几十年的不情愿的、无聊的且不满足的有偿工作中获取意义的来源。

在求职者中，我发现激情原则的突出性，被学术机构的课程结构、学生间的同伴互动，以及服务于学生和受过大学教育的客户的专业职业顾问所放大。一些求职者讲述了他们感受到的家庭压力，这要求他们在做决定时必须优先考虑经济或就业因素，但许多人将这种压力视为对其个人精神（individualism）的侮辱而予以反抗。

最后，本章研究了那些怀疑激情原则作为职业决策指南

第二章　激情原则的黑暗面　　113

的观点。这种怀疑态度在求职者中相对罕见。而除了呼吁要优先考虑经济因素之外,这种怀疑的声音也没有凝聚成鲜明的反驳意见。因此,激情原则的部分突出性在于,缺乏在文化上同样受到推崇的替代方案,而这些替代方案也必须承诺,既可以激励人们努力工作,又能保护劳动者免受充满苦难的工作影响。

我认为,尽管激情原则可能会帮助个人求职者和受过大学教育的劳动者解决现代劳动参与的一些难题,但这种决策方式,可能将专业员工的过度工作要求予以合法化,而加剧了对白领工人的长期剥削。

激情原则的历史基础

资本主义劳动力市场通常理所当然地要求雇员将他们的工作努力导向雇主的利益和需求,而不关心雇员自己认为什么东西有趣或什么事情有意义。尽管在过去的半个世纪里,这种有偿就业的核心期望一直没有改变,但自20世纪70年代以来,经济、政治和文化的变化相互碰撞,改变了有偿劳动的结构和期望。[1] 随着时间推移,工作变得更加不稳定,劳动者的权力——劳动者与其雇主谈判以获得更好的工作条件和报酬的能力——在过去的四十年中逐渐减少。技术变革、政府监管减少和工会力量下降等因素,又从根本上改变了机构组织与所雇用的劳动者之间的关系。[2] 此外，在一个全球性的后工业经济中，商业风险已经越来越多地从组织所有者那边转移到他们的雇员身上。因此，美国打工人正经历着合同工、无福利兼职工和其他形式临时工（例如，像顺风车业务这样的"零工经济"工作）比例的急剧增长。[3]

与此同时，自新政以来，以往保护失业、就业不足和低收入劳动者的福利国家已经烟消云散。诸如有限政府、公共物资和服务的私有化等新自由主义政策日渐成为常态，工人被认为应该在包括商业枯荣周期、劳务外包和公司整合等充满不确定性的海洋中自力更生。[4]

这些经济和立法领域的变化，极大地改变了组织雇用和管理工人的方式，也改变了工人从雇主那里得到东西的指望。自20世纪70年代以来，公司对员工的忠实度有所下降，反过来，人们对职业生涯留在同一组织甚至同一岗位的期望也随之下降。[5] 时至今日，即使在受过大学教育的劳动者中，就业的不稳定和不确定性与其说是例外，不如说已经是常态。[6] 高等教育的扩张，意味着后工业国家越来越多的劳动力拥有了大学学位，但大学学位并不能保证必然获得一份白领工作。[7] 大衰退和新冠疫情后的经济复苏所导致的分配不均则加剧了这一趋势；相反，行政人员和高级管理人员的收入增加，进一步将前1%的收入人群与其他人分割开来。[8] 各个就业领域的人都敏锐地意识到了这种不稳定性,并日复一日地在生活中努力解决这些问题。[9]

尽管在过去的半个世纪里,就业环境的版图在劳动者脚下发生了惊天巨变,但定义"理想职业人"的文化规范却没有改变。[10] 所有劳动力部门的劳动者都被期望对雇主和工作做出奉献,无论他们是否在岗,又或者他们是否有照顾他人的义务。许多蓝领工人和服务人员必须随叫随到,只需提前几天(或几小时)通知就可以接班。[11] 白领工人经常被要求超时工作——工作时间超过法律规定的全职工作周期,还要在夜晚和周末守在电子邮件或短信旁边随时待命。[12] 这种"单方面的荣誉系统"(one-way honor system)要求雇员把努力工作视作一种道德义务,而市场经济的文化规范甚至是劳动者自己,也很少期望雇主对这种奉献作出回应。[13] 因此,专业和非专业工作都耗费了更长的时间,却反过来提供了更少的安全感,然而这些工作对工人的要求却越来越多——要求他们全身心地投入有偿工作中去,不管代价是倦怠、过劳还是不确定感,甚或是可自我维持的薪酬的匮乏。[14]

这些结构性现实为今天的求职者及劳动者创造了一个复杂的决策环境。如前一章所述,大多数社会科学研究都认为,收入潜力和就业能力是占据职业决策核心位置的——如果不是唯一的——优先考虑因素。许多学者认为,劳动者和求职者或多或少会以经济理性的方式对他们眼前的就业结构作出反应，尽可能地寻求机会，使他们的薪酬及经济保障最大化。[15]

然而，广泛共享的文化模式可能会引导人们在寻求有意义的生活方向时，偏离这种经济上的理性决策。人们经常以文化价值和道德期望为前提放弃经济上的理性决策。[16] 这在理论家和学者看来可能既不理性又不合理，但在个人决策者看来，鉴于他们所寓居其中的文化和道德情境，这种选择可能是无比明智的。

"个人崇拜"是美国最根深蒂固的文化信仰之一，它也与职业决策的背景息息相关。[17] 在过去的一个世纪里，"个体"已经成为人的主要身份。[18] 第二次世界大战后的经济增长，使得为更多人提供生存保障的结构性能力得到了前所未有的扩张，从而将广泛的文化焦点从生理、心理上的稳定生活目标（食物、住所、教育），转移到以持续的个人主义自我成就为生活目标。[19] 自20世纪50年代以来，对自我表达的文化评价急剧增长，随之而来的是对制度化机会的期望，即个人能够拥有属于自己的些许空间，来为自己的生活方向和生活特质做出自主选择。[20] 结果是，更强烈的想要自我表达的自由和个人选择的要求，已经扩展到几乎所有的社会和生活领域。[21] 对许多人来说，个人主义的自我表达就是安东尼·吉登斯所说的"反身性过程"——个人在其生命过程中培育、完善和制定的那种处在不断发展中的叙事。[22] 反过来，许多美国人利用这种自由来寻找社会环境和消费实践，以确认和推进他们的反身性过程。[23]

与自我表达机会的制度性扩展尤为相关的一个方面，是伴随着20世纪后半叶因高等教育发展而出现的课程选择面的扩张。后中学阶段教育的大众化，使精英人群以外的人第一次有机会接受高等职业培训。由于学院和大学急于招募新生，它们便扩大了所能提供的学术专业数量，并鼓励在这些专业中进行高度个性化的选择（而不是像其他国家所通行的那种考试模式的结构化选择）。[24]

与高等教育的扩张同步并助力于其发展的，是20世纪最后三十多年内妇女在教育和工作领域的权利提升。在《教育法修正案第九条》（Title IX）和《平权法案》之后，妇女涌入了以前由男性主导的职业，如法律、商业、医学和一些科学领域。[25] 在过去的四十年里，妇女参与劳动的人数不断增加，文化朝鼓励妇女自我投资和参与全职工作的方向转变。[26] 同时，出生率不断下降，妇女和男子都倾向于晚婚，生育年龄也有所推迟。对于许多受过大学教育的年轻人来说，大学—职业—家庭乃是一种合乎预期和规范的生活事件序列。[27] 过去人们普遍期望妇女在做出职业决策时要考虑未来的育儿责任，或者男子在选择领域时要考虑能否养家糊口，而与过去几代人不同，现在这种期望已经消失。[28] 即使是在全职工作的情况下，女性仍然承担着大部分的育儿责任，但拥有大学学位的青年成年人，通常期望并渴望女性有机会达到与男性相同的职业高度。现在，人们普遍鼓励求职者根据自己的个人喜好而非性别化职业角色的传统期望来优先考虑自己的职业角色。

伴随着自我表达行动的价值提升，以及一系列使之成为可能的制度变革，新自由主义所谓的自足主张（norms of self-sufficiency）的扩张，导致人们越来越强调生活轨迹应由个人选择，而不是由集体或社区性的优先事项所驱动。[29] 这些新自由主义主张促进了教育和劳动力市场机构中以选择为基础的结构，同时也促进了这样一种信念，即，如果给予求职者尽可能多的自由来决定他们自己的生活轨迹，那么他们就能最好地发挥自己的潜力。[30]

不断扩大的结构性机会，连同对于个人主义的、自我表达的决策的文化欲望，与那种在不稳定劳动力市场中对敬业劳动者提出的一以贯之的期望之间，似乎存在着一种紧张关系。如何既能满足成为理想劳动者的要求，又能满足他们过着高度个性化的、富于自我表达的生活期望？与易于就业或财富最大化的目标不同，激情原则在职业追求者看来，可能是解决这些期望冲突的一种方式。如果一个人在自己的职业中寻求了自我实现，那么就达到理想劳动者的标准期望而言，可能就会显得不那么自我异化（self-estranging）了。[31] 某种程度的不稳定性，甚至会让人觉得，这是为了推动自我意识的工作而做出的必要牺牲。因此，对那些优先考虑激情的人来说，可能这正是相当合乎情理的：它促成了将有偿工作纳入反身性过程的叙事之中，而不是用一生的时间去做与自我意识相背离，甚至是威胁到自我意识的工作。在下文中，我将阐述受访者正是因为这种原因而被激情原则所吸引：大多数人认为，对自己的工作充满激情，将激励他们与理想的工作规范保持一致，同时培养一种有成就感且有意义的生活，最终将会助力他们在劳动力市场上获得成功。

激情原则有多新颖

上一章表明，激情原则在受过大学教育的群体中普遍流行，而不仅仅是我采访的学生群体。事实上，献身于某一职业的文化价值观念，可以追溯到几百年前。[32] 而这一观念的现代迭代，连同这一观念的强化和民主化，很可能是伴随着20世纪70年代经济变革和新自由主义政治经济政策的兴起，以及对自我表达和个人主义的文化期望在八九十年代加速升温后才出现的。[33] 虽然对激情原则在历史上出现过程的扎实陈述不在本书讨论范围之内，但上述文化、制度和经济变化的汇合，很可能是这种职业决策方法得以崛起的种子。无法依靠雇主提供稳定的工作，对更长工作时间和奉献精神的期待，以及大学入学率增长所带来的职业个性化和专业化，再加上文化与社会对于自由表达和个人主义在评价上的不断伸张，以及在后现代世界中关乎存在意义的本能需求，均可能为职业决策中以激情考虑作为前提一事的流行创造了完美的风暴。

为了表示这一时期内对寻求激情的重视程度的增长，我使用谷歌 Ngram 来追踪 1950 年以来出版的书中所提到的关于寻求激情的短语。图 2.1 显示了 1950 年至 2008 年出版的书中提到"追随你的激情"（follow your passion）的 Ngram。[34] 在 1980 年之前，这个短语较少被提及；在这之后，到了 20 世纪 80 年代、90 年代和 21 世纪初，其被提及的次数呈指数增长。相比之下，"赚更多的钱"（earn more money）等表达经济优先的语词，被提及频率在同一时期内相对保持稳定。

来自一般社会调查的美国代表样本的数据同样表明，至少从 20 世纪 80 年代后期开始，与激情有关的考虑就已经成为我们文化当中对良好职业理解的一个流行的成分。尽管一般社会调查询问的是工作层面的考虑，而不是职业领域层面的考虑，并且只捕捉到了激情的某一方面要素，但这些数据提供了一个有用的视角，让我们看到这些信念随着时间推移表现出来的稳定性。具体来说，美国人从 1989 年（首次提出该问

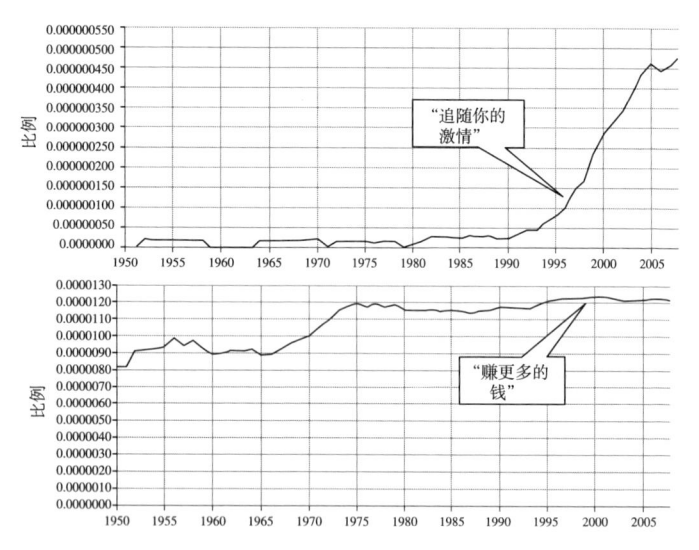

图 2.1 谷歌 Ngram 所反映的在 1950 年至 2008 年间出版的书中,"跟随你的激情"和"赚更多的钱"这两个词出现的频率

题时)到 2016 年(图 2.2 中的实线)一直十分重视"有趣的工作"。在长达 27 年的时间里,"有趣的工作"的平均重要性略有增加(约 5%)。在这一时期,"有趣的工作"的重要性在不同教育水平之间也变得趋于一致:到 2006 年,在拥有大学学位的受访者和受教育程度较低的受访者之间,"有趣的工作"的重要性不再有统计学上的差异(图 2.2 中的浅色实线与深色实线)。在同一时期,不同教育水平的受访者对薪酬考虑的平均重视程度,低于他们对工作趣味的重视程度。与第一章所讨论的全国劳动力变化调查数据中按教育水平划分的图示类似(见图 1.7)。到了 2016 年,对受过大学教育的劳动者

来说，对工资的重要性评价略低于"有点重要"，但和拥有大学学位的人相比，没有接受过大学教育的人在这一项上的评分明显更高。虽然一般社会调查中关于"有趣的工作"的重要性评估仅仅抓住了激情原则的一部分，但它表明，至少在过去的三十年里，对自己的工作感兴趣，一直是美国受过大学教育和未受过大学教育的劳动力关于良好职业决策观念中的一个流行因素。[35]

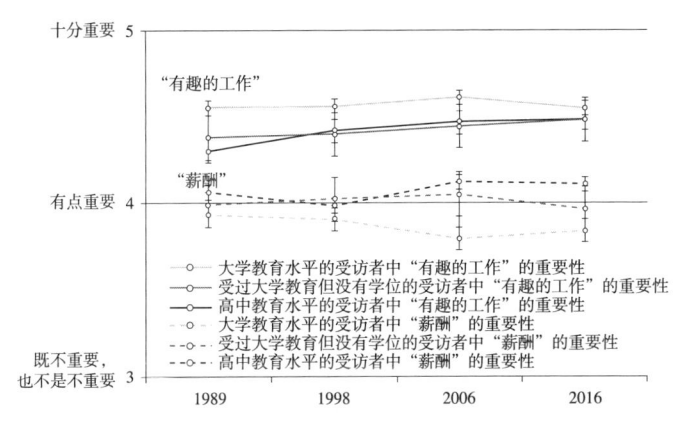

图 2.2 按教育水平划分的美国工人对工作中"有趣的工作"和"薪酬"的重要性评价（一般社会调查数据分别来自 1989 年、1998 年、2008 年和 2018 年）

注：一般社会调查问受访者："在以下列表中，有工作的各个方面。请圈出一个数字，表示你个人认为它在工作中的重要性：'有趣的工作'和'薪酬'（1＝非常不重要，5＝非常重要）。"教育类别：大学学历或更高（最浅色线），受过大学教育但没有学位（较深色线），以及高中或以下教育（最深色线）。圆点代表加权平均值。误差条代表 95% 的置信区间。

第二章 激情原则的黑暗面 123

接下来我将利用定性访谈和关于激情原则的实际调查的定量数据来了解，为什么这么多的求职者和劳动者——特别是受过大学教育的劳动者——在与工作相关的决策中会去重视与激情相关的考虑。

追寻激情的吸引力

访谈数据表明，求职者认为，激情原则成为职业决策中引人注目的文化模式基于以下两个核心原因：（1）他们认为激情能促使人努力工作，而这是在劳动力市场上取得成功所必需的；（2）他们认为拥有自己喜欢的工作是美好生活的关键特征。实际调查的结果表明，这些信念在受过大学教育的劳动者中也会引发共鸣。

理由一：激情能使人努力工作

受访者对激情原则感兴趣的第一个原因，是他们把对工作的热情同成为有效的劳动力市场参与者联系在一起。许多受访者认为，充满激情的劳动者，比那些受金钱、声望或晋升驱动的人更有动力。他们感到，当职业领域同智力、情感和/或个性相关联时，将增加时间和精力的密集投资，而这正是在现代专业劳动中生存所需的。我采访过的学生都认为长时间工作将是理所当然的，他们认为激情提供了坚持所需的耐力。正如休斯敦大学一名社会学专业的学生所说：

> 我认为兴趣总是最重要的（选择职业的考虑因素），因为如果你想做一件事，那么你就会有内在的动力去做好它。……如果你对某件事情不感兴趣，那么你就不会想主动去做好它。（中产阶级白人男性）

一位在蒙大拿州立大学就读商科的学生注意到，乐在其中将激发人们在工作中表现出色：

> 你必须享受自己所做的事情，这就是——就是让你早上起床的原因。如果你在做你喜欢的事情，这也会使你更好地完成你的工作。你会想要追求更多，而不是……你每天都在做一些无聊的事情，那就会很糟糕。（中产阶级白人男性）

学生们经常把他们看到的源于激情的动力，同对高薪的渴望所无法提供的同等动力进行对比。休斯敦大学的一名生物系学生这样解释：

> 如果除了金钱以外没有任何其他激励措施，（那

么)……这件事就不会给你激情或动力,而这是你想在某件事情上取得成功所真正需要的。你必须真切地感受到它、想要它;而仅仅是想要钱,……它不能驱使你做到最好、成为最好。如果想在任何事情上取得成功,这才是你需要去做到的。(上层阶级西亚女性)

如果学生没有直接解决经济稳定的问题,我就会问他们,在做职业决策时,经济考虑重要,还是激情更重要。一位尚未决定自己专业的休斯敦大学学生反映了她同学的典型回答,她解释说,如果一个人对自己的工作有热情,钱就会跟着来:"我认为应该是兴趣重于经济稳定。如果你有兴趣,那么钱就会来找你。"(上层阶级亚裔女性)

在关于激情原则的实际调查中,受过大学教育的受访者普遍同意这种看法。当被问及"金钱是否比个人兴趣更能激励人们努力工作"时,超过一半的受访者表示不同意。为了探索对这个问题的回答变化,我比较了那些强烈坚持激情原则的人(激情原则的信奉者)和那些不太受其诱惑的人(激情原则的怀疑者)的结果。正如第一章所解释的,我用一个量表来衡量对激情原则的坚持,该量表反映了受访者在选择大学专业和职业领域时对激情重要性的信念。(见图1.1)[36]

图2.3中的第一对柱状图显示了激情原则的信奉者和激情

原则的怀疑者在金钱动机问题上的平均值。[37] 在保证性别、种族/族裔、阶级、教育水平和工作特点等变量不变的情况下，激情原则的信奉者比激情原则的怀疑者更不可能同意这一观点：受到金钱激励的人，要比受个人兴趣激励的人更努力地投身于工作。[38]

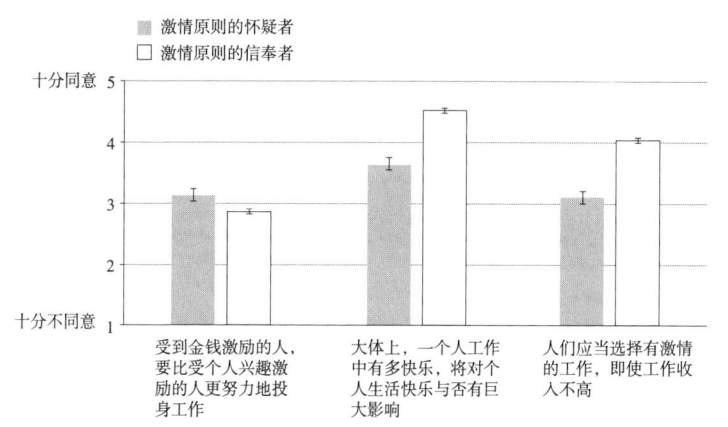

图2.3 接受过大学教育的工人对职业决策的信念，按依从激情原则的情况分列（关于激情原则的实际调查数据）

受访者对激情的激励作用的评估是否准确？在某种程度上，是的。如第五章所示，对工作充满热情的员工确实更有可能报告说，他们在工作中付出了比要求更多的努力。这与社会心理学关于激励的文献相一致，这些文献表明，相比于受到薪酬或地位等外在激励，当人们受到自己内在兴趣的激励时，他们对任务的投入会更大。[39] 然而，正如我在第五章中所表明的，激情驱动的努力工作将会带来经济上的成功——这一结论并不可靠，因为充满激情的劳动者不一定会因为他们的额外努力而得到更好的回报。

对许多受访者来说，激情可以驱动努力工作的这种信念，似乎缓解了白领工作的主要挑战之一：不辜负人们的期望，成为敬业的理想劳动者。[40] 激情原则的信奉者倾向于把激情看作努力工作和持续承诺的源泉，看作由个人对职业领域的投资所自然产生的东西。受访者认识到，专业劳动力往往需要长时间的工作和对雇主的忠诚，尽管组织很少回报这种奉献精神。[41] 大多数人认为激情是维持这种努力的有效动力。

理由二：寻求激情会带来美好生活

激情原则的拥护者认为这种文化模式很有说服力，因为他们认为，激情不仅是获得好工作的关键，也是通向美好生活的钥匙。在访谈中，学生们对未来长达几十年的工作表达出深深的矛盾心理，他们担心会被困在一个自己讨厌的工作中。他们认为对工作怀有热情是避免或至少减轻这种潜在自我异化的方法。[42] 引言中描述的休斯敦大学新闻专业的布里安娜解释说：

> 你不想让时间虚度，因为你不想在 40 岁的时候每天

去做讨厌的工作。你想有一个职业……当你每天起床时，会期待着去工作和做事。(上层阶级黑人女性)

许多学生认为，如果一个人没有对其工作作出个人承诺，长期参与有偿劳动将会导致自我异化。[43]一位蒙大拿州立大学机械工程系的学生在设想从事自我异化的工作时，对这种生活作了特别深刻的阐述：

> 我想最简短的答案是，在这个星球上我只能活一次。到目前为止，我的大部分时间都是在教室里度过的……让我为一份工作做准备。我要去工作，……去某个隔间、某个会议室或某个生产车间。我将在那里度过我的余生。然后，也许如果我一直很小心且很幸运，我就可以在死前带着糟糕的臀部、糟糕的心脏，在没有听力的最后四年里退休。我的意思是，这就是生活。如果我打算入局这场游戏，我至少希望接下来五十年的日子不会太可怕。(工人阶级白人男性)

关于工作在生活中所扮演的角色，受访者的理解显示出惊人的存在论基础。他们在没有激情的职业和不快乐的生活之间画出了一条清晰的界线。这样的工作不仅在日复一日的流逝中可能是"可怕的",而且有可能会背叛一个人的自我意识。

因此,学生们通常认为,出于自我表达的理由而选择职业是合理的,因为这可以使他们在一定程度上避免有偿工作可能带来的苦痛和自我异化。例如,休斯敦大学的一名音乐作曲专业的学生解释说,出于其他方面的考虑来选择职业道路,将会给自己长期的幸福和健康带来风险:

> (不好的职业领域是)你完全不喜欢这件事,但你却认为,那是个适合你的好工作。你会在余生中感到痛苦。在大学里就会很痛苦,在职业领域里也会很痛苦……我无法想象每周工作60个小时——现在还是60个小时——做的事情却是,"呃"(皱起脸,耸起一个肩膀,皱起眉头)。我希望你有足够的酒精来度过你的一生。……快乐(是最重要的事情):在一天中醒来,完全做你想做的事。也许不完全是一整天,但我不会花8个小时的时间来忍受痛苦,而不得不依赖游戏或酒精。你应该在工作中感到快乐。我们在地球上只能活这么久。究竟为什么要做令你不开心的工作?(中产阶级拉美裔女性)

休斯敦大学的两位同学,一位学运动学,另一位学社会

学,他们指出,如果每个人都必须以这种或那种方式赚钱,那至少应该身处一个能给他们带来快乐的领域:

> 你只是要确保这是你想做的事,因为当你毕业时,离开了大学,这会是一个真实的世界,你要在很长一段时间里都去做这件事,然后如果这不是你想做的事,你会感到悲伤和沮丧。所以后来你就不得不去做了,因为你必须要赚钱。(工人阶级黑人女性)

> 你应该热爱你的工作,或者你应该找到每天都喜欢做的事情,因为如果你整天在工作上做自己不喜欢的事情,那将是多么可怕的生活。对我来说,这似乎并不是我想要的生活方式。因此,能够享受你的专业阅读材料,就像我喜欢读社会学实验和社会学家的文章一样。这对我来说很有趣。我认为工作应该是有趣的。(上层阶级白人男性)

因为他们很看重优先考虑有成就感的工作,求职者就愿意牺牲薪酬和经济稳定,以获得自我实现的长期机会——即使他们认识到,追求激情可能会带来不稳定。[44]

重要的是,一个人的激情所向未必就是白领工作。受访者没有在需要或不需要大学学位的职业道路之间划清道德界限。例如，理查德·奥克乔在对调酒、屠宰、发型和蒸馏等行业的文化潮流引领者的民族志研究中发现，许多人都有大学学位，并在知情的情况下放弃了白领工作的培训，以在他们的工作中找到成就感："对他们来说，获得这些引领潮流的蓝领工作是在寻找工作的意义……寻找一种职业来沉淀他们的生活，为他们提供生活的目标。"[45]

我的受访者和奥克乔所研究的引领潮流人士绝非倾向于这种选择的特例。在实际调查的受过大学教育的受访者中，绝大多数坚持激情原则的人（86%）赞成这一观点："人们应该选择他们所热爱的工作，即使它不能赚很多钱。"（见图 2.3）相比之下，只有 42% 的激情原则怀疑论者认为，人们应该准备好为富有激情的工作而牺牲薪酬待遇。

尽管大多数工人阶级的学生与其他更优越的同龄人一样投身于他们觉得有意义的工作（见第一章），但也有很多人认为，他们之所以致力于寻求激情，最为直接的原因，是为了避免父母那种枯燥而没有成就感的劳动。例如，一名休斯敦大学社会学的学生解释说，每周看着她的父母在得克萨斯州南部的草莓地里上班，反而衬托出追求喜欢的工作的重要性。

（我的父母）从事他们的职业是出于养家糊口。……

他们从墨西哥移民过来，在田里工作。……那是他们唯一能得到的工作。它不像做你真正喜欢的事情那样有成就感。……我只是意识到，如果不去做感兴趣的事情，不去做让你真正喜欢的事情，那么你的生活质量往往会下降。……我认为，如果我和我的父母为了让我上学牺牲了这么多，我想我去热爱我所从事的职业，不仅对自己有责任，而且对他们也有责任。（工人阶级拉美裔女性）

同样，一位蒙大拿州立大学数学专业的学生解释说，看着他的父亲忍受着工厂体力劳动的无聊，这给他灌输了在自己的生活中寻找有意义工作的重要性："（他）在纳贝斯克公司工作大概有三十年，只是站在一台烤箱外面。……我不认为这是他想要的生活。"（工人阶级白人男性）

简而言之，大多数受访者认为，在可预见的未来，等待他们的劳动工作将占据自己绝大部分的清醒时间。例如，蒙大拿州立大学的一名物理学专业学生说，"对大多数人来说，工作时间确实很长，从早八点到晚五点，从周一到周五"，并且大多数成年人"至少要花费（他们）一半的人生"从事有偿工作。（上层阶级白人男性）为了避免将来在醒来时成为一个讨厌自己工作的"悲惨"中年人，许多求职者重视并寻求他们认为有意义的职业道路。[46]

在关于激情原则的实际调查中，受过大学教育的劳动者也将有成就感的工作同美好生活联系在一起。我问调查对象，他们在多大程度上同意"一个人在工作中的快乐程度对他在生活中的愉悦程度有着很大影响"。激情原则的信奉者比激情原则的怀疑者更有可能同意，人们的生活会因为他们所热爱的工作而变得更好。（见图 2.3）。

对自己的工作激情满满，就真的会带来更好的生活？一方面，研究表明，对工作怀有热情的人，比那些在同一类型岗位上工作相同时间却没有热情的人，有着更好的健康和保健结果。[47] 在研究全国劳动力变化调查的数据时，我发现了同样的情况，报告说"工作对我有意义"的人，他们承受的压力更小，出现抑郁症状的可能性也更低，睡眠问题也比他们的同龄人更少。[48] 然而，这些以激情为前提的工作同个人健康之间的经验联系，并没有解决谁能够优先得到这种工作的根本问题；也没有解决另一个更具有存在论色彩的问题，即，为一份让自己充满激情的工作而每周工作 60 个小时或 70 个小时，与每周花 40 小时从事一份自己没什么感情却能支持自己在工作以外拥有其他兴趣爱好的工作——这两种到底哪一种更可取或更健康？我在结论中谈到了这方面的问题。

阿乔应该怎么做

为了用一个更具体的例子来了解受过大学教育的劳动者的决策逻辑，我请关于激情原则的实际调查的受访者评估了一个案例，其中一个白领劳动者正处于职业生涯的关键时刻。受访者阅读了以下关于"朋友阿乔"的小故事，并被要求向阿乔提出建议。

> 你的朋友阿乔目前是一名 IT 专业人士。他工作熟练，赚的钱也不少。阿乔不喜欢自己的 IT 工作，觉得它很无聊，也没有成就感，大多数时间都害怕上班。阿乔的朋友在镇上开了一家新的餐馆，并为阿乔提供了一份餐馆经理的工作。而阿乔一直想管理一家餐馆——这对他来说似乎很有趣也很刺激。这份新的餐厅经理工作的薪水将比阿乔目前从事的 IT 工作低 20%，而且不能保证这家餐厅在第一年就能成功。

基于这些信息，你会如何给阿乔建议？
- 留在目前的 IT 工作岗位
- 离开他的 IT 工作并成为餐厅经理

这个问题要求受访者在两条道路之间做出决断——一条（留在 IT 行业）是稳定且可以一眼看到头的，但没有成就感；另一条（离开 IT 行业到餐厅担任管理职位）需要牺牲稳定性和收入，但有机会获得成就感。[49] 大多数受过大学教育的实际调查受访者（66%）建议阿乔离开他的 IT 工作，抓住机会成为一名餐厅经理。甚至大多数（59%）在自己工作中拥有招聘权的受访者也建议阿乔离开 IT 行业。与激情原则模式相一致，建议阿乔离开 IT 行业的受访者比例，在激情原则的信奉者和怀疑者之间有着很大的差异。超过三分之二（70.1%）的激情原则信奉者说，他们会建议阿乔离开他的 IT 工作，而只有一半（48.7%）的激情原则怀疑者建议他离开。那些会建议阿乔离开 IT 工作的人群中，在性别、种族/族裔、阶级背景、教育水平、职业或其他人口统计学特征等方面看起来没有什么差别。[50]

我请受访者在另一个开放式的后续问题中解释他们对阿乔的建议。表 2.1 总结了建议阿乔离开 IT 工作去做餐厅经理的受访者（左栏）和建议阿乔继续做 IT 工作的受访者（右栏）所给出的主要主题。每个单元格中的引文则是每个主题的例子。就像我采访的那些求职者一样，追随自己的激情与"美好生活"之间的联系，是许多人对阿乔所处情境的核心反应。在那些说会建议阿乔离开 IT 工作的人当中，71% 的人基于追求激情对生活质量的重要性来解释他们的理由（左栏，主题1），例如"生命太短暂了，除非是义务，否则你不可能每天都在做你不喜欢的事情。如果他能接受减薪，那为什么不呢？"。另外，在那些建议阿乔追随激情行事的人当中，有18%的人从推测的努力工作方面解释了他们的肯定回答，他们认为在激情的驱使下，阿乔会成为一名成功的餐厅经理，例如，"如果你喜欢一份工作，你会做得更好"（左栏，主题2）。

在那些认为阿乔应该继续从事IT工作的受访者中（占总样本的34%），有一半的人认为，阿乔离开IT行业在工作保障方面风险太大，例如，"餐馆很可能在第一年就会失败"（右栏，主题1）。约有三分之一的人建议阿乔留在他的IT工作岗位上，他们的回答是为了避免离开IT工作所带来的经济损失（右栏，主题2）。[51]

总的来说，对这一具体例子的开放式调查回应，证实了上述访谈和调查结果中对理想职业决策的更抽象的概念化过程。大多数受访者赞成阿乔应该追随他的激情，即使这需要付出巨大的经济牺牲，并带来工作的不稳定。他们的理由与大学生受访者所表达的理由一致。阿乔应该追求他的激情，因为这将带来更美好的生活，而激情也将激励他在餐厅经理的岗位上努力工作。那些建议阿乔继续从事IT工作的人，则主要出于对经济稳定的考虑。[52]

表2.1 受访者对为什么建议阿乔离开IT工作去追寻激情或继续从事IT工作的答复主题及示例

是的，阿乔应该离开IT工作（66%的样本选项）	不，阿乔应该继续留在IT工作上（34%的样本选项）
主题1：寻求激情将带来美好生活（71%） ——"你必须为余生所做的事情感到快乐。" ——"生命太短暂了，除非是义务，否则你不可能每天都在做你不喜欢的事情。如果他能接受减薪，那为什么不呢？" ——"生命太短暂了，而工作的时间又那么长，如果从事一份让你害怕的工作，那就是一种浪费。我想我会告诉阿乔去追寻自己的激情。" ——"如果阿乔在大多数日子里都害怕上班，并且从目前的工作中找不到任何乐趣，那么他应该尝试其他能让他更有成就感的事。"	主题1：工作稳定很重要，而开餐馆风险太大（52%） ——"IT和餐厅管理是两件完全不同的事情。就像IT一样，你必须学习如何成为一名餐厅经理。这对阿乔和他的朋友来说都是有风险的。这是个糟糕的主意。" ——"我建议阿乔继续做他现在的工作，直到他有足够的经济保障，再冒险跳入一个没有成功保证的环境。在这种情况下，阿乔依靠他朋友的财务成功，希望能获得自己的成就。充其量也就是个冒险的生意。" ——"他没有开餐馆的经验。餐馆可能无法生存。人们经常从事他们不喜欢的工作。"
主题2：喜欢自己的工作＝在工作中发挥出色（18%） ——"在工作中不开心，对公司和自己的健康都没有好处。餐厅会让阿乔知道这是否是他真正想做的事，并给他一个发展新技能和锻炼自己的机会。" ——"阿乔最终会在让他有激情的工作中更加成功。" ——"如果他对自己工作的地方不满意，他的工作效率就不会很高。如果他对新的职业道路感兴趣，那就去做吧！"	主题2：钱很重要（33%） ——"除非他准备接受减薪，并接受生活上的不稳定性，否则我不建议接受餐厅的工作。" ——"与其一年内就一无所有地流落街头，不如拥有一份稳定的高薪工作。" ——"不确定他是否能在经济上承受减薪。"

续表

是的，阿乔应该离开 IT 工作 （66%的样本选项）	不，阿乔应该继续留在 IT 工作上 （34%的样本选项）
主题 3：钱不是坚持下去的好理由 （11%） ——"生活并不全是关于钱。如果你在工作中不快乐，那又有什么用呢？" ——"宁可为了更少的钱做你喜欢的事，也不要为了更多的钱做你讨厌的事。" ——"让你快乐的工作比金钱更重要。" ——"如果阿乔不喜欢他目前的工作，那么他应该追求他的激情，即便要减薪。他总是可以改变生活方式来适应收入的减少。"	主题 3：找找其他做餐厅经理的机会吧（15%） ——"大多数餐馆都会失败。如果你真的有兴趣成为餐厅的经理，我会找一家成熟的餐厅来学习这个工作。" ——"先在餐厅做兼职，再辞掉 IT 工作。" ——"留在目前的工作中更有责任感。在保持现有工作的同时，去寻找另一份工作。"

挑战或放大激情原则的情境

以上我关注的是受访者自己关于职业决策的文化逻辑。然而，这些求职者被嵌入到社会和制度情境之中——家庭、学校、社区。这些背景可能假定、鼓励或挑战特定的求职文化模式。其中一些情境可能会放大关于激情原则作为理想选择的信息；另一些情境则可能会替代激情原则，或对其提出挑战。从媒体、宗教习俗到地理区域，有数百种可能的环境因素会影响受访者对激情原则的坚持，而这些都不在本书的讨论范围之内。我将重点放在访谈数据中出现的最为突出的背景影响上：家庭压力、课程与同辈压力以及职业咨询与辅导。[53]

家庭压力

求职者的家庭是职业决策建议的重要来源。一些学生的家庭容许甚至鼓励他们追求激情，其他人则会被强烈建议去追求能够最大限度确保经济稳定的职业领域。社会学家珍妮弗·席尔瓦和凯瑟·斯奈尔曼在采访大学年龄段青年人的父母时发现，许多父母对他们孩子的经济前景表示焦虑。[54] 在我的样本中，学生描述了他们从父母那里感受到的不同程度的压力。大多数中产阶级学生的父母，就像席尔瓦和斯奈尔曼所采访的父母一样，把大学学位看作一个安全网，可以防止他们的孩子向下流动。与玛格利特·尼尔森和阿里森·皮尤关于白领父母鼓励子女在职业道路上寻找意义的研究相一致，我采访的中产阶级学生通常指出，只要他们完成学位，他们的父母就会鼓励自己在选择专业时遵循兴趣。[55] 这些学生的父母会"推动他们及早进行自我探索"，[56] 所以他们在进入大学和选择专业之前，就对自己的兴趣有了强烈的认识。

相比于中产阶级的学生，工人阶级和上层阶级的学生更有可能反映，从父母那里感受到了要优先考虑财务安全的压力，但原因很不一样。上层阶级的学生收到了微妙的信息，要求他们选择能够维持阶级地位和继续"舒适"生活方式的领域。例如，蒙大拿州立大学的一名化学工程专业的学生解释说，他听从父母的建议才选择了自己的专业，很大程度上是因为，他相信工程学可以帮助自己维持在一定的经济水平上。"我对此感到有些内疚，但……。我相当重视我的舒适度……你要在六个月后找到一份工作（并）拥有经济上的舒适。反正对我来说，要有足够的工资可以舒适地生活。"（中上阶层白人男性）

以赛亚是休斯敦大学医药学专业的学生，他明确遵循了父母的意愿，选择了一个有利可图的领域，而不是遵循自己的兴趣：

> 我的父母是尼日利亚人，他们都在贫穷中长大。因此，他们摆脱贫困的唯一途径就是发家致富，成为有作为的人……我不一定想成为一名药剂师，但……我选择药剂学，是因为那能让我父母高兴……我可以过上美好的生活并拥有所有这些东西，特别是为了取悦我的妈妈。（上层阶级黑人男性）

工人阶级和"第一代"学生比他们的同龄人更常被鼓励选择有助于"流动目标"的领域——通过提供中产阶级收入和稳定就业，利用大学学位实现社会经济向上流动的目标。[57]例如，斯坦福大学一名国际关系专业的学生解释说，他的工人阶级移民家庭给他带来的压力，就是要求他找到一个稳定的职业：

> 我想我的背景与其他很多人的背景不同。比如我妈妈，……她是个移民，……好吧，她知道像是医生、律师这种……如果她听到这些以外的、自己不知道的东西，那么她就会这样问：你想去干吗？……你知道，她肯定希望我做一些稳定的事情，然后赚很多钱。（工人阶级黑人男性）

大约一半的工人阶级和"第一代"大学生透露，这种家庭压力是为了确保他们进入劳动力市场后不会在经济上感到窘迫。另一半的学生解释说，他们的家庭支持他们选择任何专业，只要他们最终获得高等教育学位。正如一位休斯敦大学社会学系的学生所说："他们只是很高兴看到我进了大学并将在大学毕业，因为你知道，这是一件大事。"（工人阶级拉美裔女性）

尽管来自家庭的压力要求他们关注收入和稳定，但大多数"第一代"大学生和工人阶级出身的学生，和身边条件优越的同龄人一样，会优先考虑寻找对他们而言有意义的职业道路（见图1.4和1.5）。斯坦福大学人类生物学专业的学生赛琳娜解释说，她的母亲"对什么是正经专业有非常固定的想法"，因此希望她成为一名医生。但她决定追随自己的激情进入公共卫生领域。她在此预演了向母亲通报自己计划时打算说的话：

> 我会告诉她，我还是想参与公共卫生工作。……我只是不想成为一名医生。……我还会告诉她，好比说，这是一个非常灵活的专业——绝对可以养活自己。这个工作真的很值得尊敬，也有很多乐趣，我认为自己全情投入其中，发现自己对它充满热情，这是我真的、真的、真的很想做的事情。（工人阶级黑人女性）

公共卫生工作通常与医生不在同一收入档次，也不具备同样的声望水平，但赛琳娜打算向她母亲保证，她还是能够养活自己的。赛琳娜的理由在很大程度上依赖于激情原则保障了将个人兴趣作为决策的合法基础。[58]

尽管对许多"第一代"和工人阶级的学生来说，获得大学学位本身就代表着社会流动与经济流动，但大多数人的主要动机，并不是最大限度地发挥学位所带来的上升流动潜力，即使他们的父母比中产阶级父母更可能鼓励他们这样做。特别是"第一代"学生，比起那些条件更好的同龄人，他们更有可能怀有流动目标，但大多数人（19人中有10人）认为，任何领域的学位都足以实现这种流动目标。

为什么坚持激情原则的人通常会抵制来自父母的压力？大多数人认为，来自家庭成员的压力是对其个人精神的侵犯：父母虽然是好意，但"不知道什么东西对你才是好的"，默认家庭的期望就等于"为别人生活"。例如，一位斯坦福大学的学生解释说，尽管她的母亲希望她得到一份"稳定的工作"，但她还是要"跟随（她的）内心"进入创意写作行业。她说，她的母亲"认命了，我可能会做一些赚不到钱的事情，她将不得不担心自己的（退休）计划，因为我可能不会为它贡献些什么"（中产阶级亚裔女性）。许多人拒绝将家庭压力作为一般职业选择的合法依据，并经常反抗这种来自自己家庭的压力。

这些父母压力的分类模式在关于激情原则的实际调查数据中得到了回应。我要求这些受过大学教育的劳动者反思他们大学专业的选择，以及从他们父母那里得到的关于学习领域的信息。与大学生一样，来自上层阶级和工人阶级背景的受访者，比来自中产阶级背景的同龄人更有可能被家庭鼓励优先考虑他们未来的薪酬及就业的稳定性。具体来说，来自上层和中上层家庭的受访者比来自经济弱势家庭的受访者更有可能感受到来自父母的压力："去选择一个能赚很多钱的职业领域"、"要能带来就业机会",或"找能赢得声望的职业"。[59]同样,来自工人阶级家庭的受访者比其他受访者更有可能在他们的决定中考虑经济上支持父母或其他家庭成员的能力。来自工人阶级背景的实际调查的受访者,也比来自富裕家庭的同龄人更不可能被父母鼓励去"追求(他们)的兴趣,而不考虑该领域的报酬和声望"。[60]

家庭压力还因种族/族裔或移民身份而存在差异。具体来说,在实际调查的数据中,亚裔受访者比同龄白人更有可能感受到来自父母的压力,要求他们选择有机会获得高薪和有声望的领域,而在选择职业道路时,他们不太可能被鼓励去追随自己的兴趣。亚裔受访者和在美国以外出生的人,也比他们的同龄人更有可能表示,在经济上能否支持家庭成员的能力影响了他们的职业决策。[61] 这与社会科学和高等教育文献的观点一致,即亚裔学生和移民学生会比他们的同龄人感受到更大的压力,要在职业选择中优先考虑经济稳定和家庭援助。[62] 然而,尽管来自父母的压力存在这些差异,实际调查数据中的大多数亚裔受访者都高度重视寻求激情,在他们关于良好职业决策的抽象信念中,超过一半的人将寻求激情置于经济考虑之上(见图 1.2 和 1.3)。[63]

然而,与大学生受访者一样,实际调查受访者回忆说,他们从父母那里得到的要求优先考虑财务和稳定问题的压力,

第二章 激情原则的黑暗面　145

对他们自己坚持激情原则并没有什么实质影响。具体来说，无论他们的种族/族裔和社会经济背景（以及其他人口统计学数据）如何，在这一调查中受过高等教育的劳动者，即便被告知说，他们父母鼓励要优先去考虑就业机会、薪酬或声望，他们赞成激情原则的可能性也不比同龄人低。换句话说，受过高等教育的劳动者对激情原则的坚持，似乎并没有因学生时代其父母对经济稳定的强调而受到阻挠。[64] 但在受过大学教育的劳动者中，那些报告说父母鼓励在选择专业时遵循自身兴趣的人，在成年后工作时还是比他们的同龄人更有可能赞同激情原则。[65]

课程与同辈压力

学生在大学里接触到的课程结构和同伴互动，在他们接受激情原则方面也有突出影响。首先，总的来说，休斯敦大学、蒙大拿州立大学和斯坦福大学的课程结构有助于促进学生对激情的追求。所有这三所学校都容许学生在确定专业之前，对各种学术专业进行长达两年或更长时间的探索。每所学校都提供超过 50 种不同的专业，如果学生的个人兴趣与既定课程不完全匹配，所有学校都有正规项目来帮学生制定自己的学习路径。这些学校并非特例。学术机构一直在扩大给学生提供专业、辅修专业和证书的数量，使他们有更大的灵活性来根据自己的兴趣和各种优先考虑因素来调整培养方式。[66]

此外，按照这些学校的录取过程，它们可能会选择那些由激情驱动的学生。像许多美国大学一样，在这些学校的招生申请中，论文部分要求学生描绘自我意识和未来计划。[67] 这一要求可能使那些在阐述自身激情以及大学如何能够促进他们追求激情方面最为雄辩的学生享有被优先录取的权利。

学生之间的日常互动常常强化了寻求激情的价值。在学生们的讲述中，与朋友、室友关于未来职业的对话，往往是对激情原则的复述：同学们互相询问彼此的兴趣和价值观，一起集思广益，讨论什么职业道路最适合朋友独特的偏好和自我认知。一位尚未选择专业的斯坦福大学学生将她与父母进行的职业相关对话，与和同学的对话进行了对比：

> 所以，当我去找我的父母时，我会说"我想去搞计算机"，他们就会说"你能用计算机做些什么？"。而和我的朋友聊天时，我会说"这很有趣"，他们就会说"好，去做吧"。……（我的父母）想确保在未来他们不必为我担心获得一份稳定的工作。而我的朋友们则更青睐于说，"好啊，只要确保它是你喜欢的东西，你就不会在你的余生中感到痛苦了"。（中产阶级西亚裔女性）

第二章 激情原则的黑暗面　147

同样，一位担任宿舍顾问的学长谈到了对一年级学生的专业指导。"我和几个新生都谈过，我认为在大多数情况下，他们都在选择自己真正感兴趣并喜欢的东西。……当听到他们对自己打算学习的东西有这么大的热情时，真是令人兴奋。"（中产阶级多种族女性）在教室和朋友圈的互动环境中，激情经常是一个理所当然的接触点。

与此同时，一些斯坦福大学学生描述了与激情原则相冲突的声望期望。与蒙大拿州立大学和休斯敦大学的受访者不同，一些斯坦福大学的学生指出，他们感到的压力在于，要得到"光鲜亮丽的工作……如创业公司的创始人，或在华尔街工作"，以不辜负"斯坦福的招牌"。研究对商业和法律感兴趣的常春藤联盟学生的学者们，也记录下了类似的声望期望。[68]对光鲜工作的期望，指向了经常在斯坦福校园招聘的精英公司（如麦肯锡、谷歌）。例如，一位斯坦福大学设计系的学生解释说，她想要的是"让我觉得自己在……革新一些东西的工作。……我想感受到自己的重要性，……而最终被认可"。（中产阶级白人和亚裔女性）在斯坦福这样的精英机构，提供精英专业服务（EPS）的公司经常通过豪华的活动和密集的招聘，来吸引学生进入他们的初级职位。例如，在哈佛大学，31%的毕业生无法抗拒在精英专业服务公司工作的诱惑。[69]然而，社会学家劳伦·里维拉（Lauren Rivera）却发现，大多数接受这些工作的学生，并没有把它们作为职业的最终目标。相反，他们认为这些工作是他们未来职业道路上的"金门槛"。里维拉解释说，求职者"还不知道自己的激情所在，也不知道如何实现自己的职业目标，他们把在精英专业服务公司的工作看作推迟决策的一种方式"，或者仅仅是一个为了在找到更符合自己激情的、利润较低的职位之前，帮助偿还学生贷款的地方。[70] 精英专业服务公司被广泛认为是精英毕业生的"精修学校"，而不是长期的职业目的地。

我采访过那些志向在商业和法律以外的斯坦福学生，他们受声望期望和精英专业服务公司诱惑的影响较小。例如，一位生物学学生说："我不像那些对商业感兴趣的朋友那样直接感受到了这些……因为我更多是在寻找与健康有关的东西，而这些事情本身并不真正适合我。"（上层阶级白人女性）像斯坦福这样的精英院校，在精英公司中担任要职的压力和机会都是异乎寻常的。而在蒙大拿州立大学或休斯敦大学的学生中则几乎没有类似的压力，蒙大拿州立大学或休斯敦大学的学生也没有机会像斯坦福大学的学生一样，获得院校及出身带来"金门槛"的特权。

正如我在上一章中所展示的，尽管存在院校差异，但这些学校的学生对激情原则的普遍接受度基本一致。[71] 斯坦福大学学生与蒙大拿州立大学和休斯敦大学学生一样，都认为激情是他们职业决策中的优先考虑项。这表明,院校机构背景的差异虽然重要,但激情原则在各校职业决策框架中的主导地位,可能会淡化这种差异的存在。[72]

职业咨询与辅导

大多数院校都有专门的职业咨询人员,为学生选择专业、规划大学毕业后的职业道路提供建议。在我的研究中,三所学校都有资金充足的职业咨询中心,帮助学生"确定专业和职业道路,追求自身的兴趣和愿望"(蒙大拿州立大学职业咨询中心网站)。在为学生提供直接通向毕业后就业机会的资源方面,这些学校的职业咨询办公室有所不同。与其他两所学校相比,斯坦福大学有更广泛的职业辅导,以及与校友、知名潜在雇主间的密切联系网络。激情在职业咨询中的核心地位也因机构而异。根据休斯敦大学的职业咨询中心网站,该中心专注于找工作的技巧,但仍提供了许多项目以"确定(学生)的职业兴趣、个性偏好和理想的工作环境"。另一方面,斯坦福大学的职业咨询中心网站则以激情原则为中心进行了明确的机构阐述,那就是突出"有意义的工作"的重要性:

欢迎来到 BEAM,斯坦福职业教育中心!
什么是有意义的工作?

我们职业教育模式的核心体现为寻找有意义的工作。"有意义的工作"这个短语对不同的人有不同的意义。它指的是能够为个人生活增加价值、意义和目的的工作。它是可定制的，对每个人而言独一无二，并且与个人的真正兴趣、价值观和技能相一致。有意义的工作可以包括：

- 能带来积极的自我感觉的工作
- 具有吸引力和刺激性的工作
- 能带来平衡感的工作[73]

斯坦福大学的学生对这种观点并不陌生，一些学生明确指出学校对激情的重视。然而，这三所学校职业咨询的核心目标和信息传递大体一致。

如果学生在这些职业咨询中心寻求建议，他们会遇到怎样的文化观点呢？虽然只有少数美国大学生会去寻求职业咨询师的建议，但这些专业人士对职业决策的看法，在象征和实际意义上都很重要。[74] 在全美范围内，"第一代"大学生和工人阶级的学生比那些更优越的同龄人更可能会去寻求职业顾问的建议。[75] 因此，顾问们的宣传叙述，可能对这些学生来说显得尤为重要。除了这些以大学为基础的职业咨询办公室，一个迅速扩大的私人职业辅导机构也在迎合大学里的客户（特别是那些来自富裕家庭的客户），还包括那些已经进入专

第二章 激情原则的黑暗面

业职场的客户。

这些职业咨询的专业人员都经过了专门的认证或获得了该领域的学位。[76] 他们的职业使命是指导求职者和劳动者确定自己的职业目标，并系统地朝着这些目标努力。激情原则是如何影响职业咨询专家对职业决策的看法的呢？以及他们又是如何以此来指导客户的？

为了探讨这个问题，我对 24 名专业的职业咨询师和辅导师进行了采访。其中 7 人受雇于受访学生所在的三所院校，7 人与其他高等教育机构有联系，10 人在休斯敦和底特律地区从事私人业务，为大学生和已经在职的受过大学教育的客户工作（见附录 A）。尽管他们与不同类型的客户打交道，并在不同地方的劳动市场工作，但在他们的观点和咨询方法中，出现了几个重要的主题。

就像他们建议求职者那样，这些职业咨询专家大多强调有意义的、自我表达的工作的重要性。文斯是休斯敦地区的一名职业辅导师，他为大学生和在职专业人士提供咨询。他解释了当客户追寻自身所热爱的工作时从中发现的价值：

> 我相信，如果你对所做的工作满怀热忱，它就会更有成就感。如果我在工作，比方说我去报名参加一份大家都说它将产生明显影响力的工作，比如在非洲为弱势群体

打井，……服务的价值和所有这些都在那里，但工作本身是我所热衷的吗？可能不是，我不是一个建造东西的人。我认为激情是关于独特个性的充分表达和应用。……我确信，如果你能够通过工作来更充分、真实地融入或运用自我的全面表达，那么它就会更有成就感，而它就代表了你所热衷的东西。（白人男性，30多岁）

这种对激情追求的强调，在许多职业咨询专家对新客户使用的标准接收程序里，以及在他们对良好职业决策的个人价值取向中，都表现得很明显。我采访的大多数专家都对新客户使用了某种类型的评估工具，如斯特朗兴趣量表（Strong Interest Inventory）或盖洛普优势测试（Gallup's Strengths Finder Tool）。[77] 虽然每种评估工具都不一样，但都有着相同的基本方法：客户回答一组关于某类性格特征是否"适合"他们的多选题，根据从职业档案中开发出来的算法，评估输出关于具体工作领域（例如管理、数据分析）或具体职业的建议，以"匹配"客户的自我认知。例如，一位大学职业顾问指出，评估工具给了她和客户一个得以开始对话的地方：

不是说（评估工具）就是真相，但它可能成为某种真相，然后从那里，我们了解什么是他们的真相。因此，

> 激情和兴趣在心理学上是合理的，（评估）所做的是确定，好比说，如果有的人对某几类工作有同样的激情和兴趣，……那你可能要考虑一下（这些工作）了。（黑人女性，40多岁）

实际上，这些评估工具试图量化受访者的自我表达兴趣，并将其与当下的职业道路联系起来。很少有评估考虑到其他因素，如风险容忍度、爱好、学生贷款债务、人际关系或家庭等优先考虑项。即使职业顾问不认为这些评估工具是"真相"，但在建立新的客户关系时，激情因素也从咨询关系一开始就处于中心地位。

除了这些上手工具，大多数职业咨询专家都高度重视寻求激情，并将其作为职业决策的指导原则。有些人甚至直接鼓励他们的客户把激情放在优先于财务考虑的位置。例如，密歇根州东南部的私人职业辅导师弗朗西斯解释说，她有时会明确要求接受辅导的大学生重新思考他们对金钱或薪酬的优先考虑：

> 追随你真正热衷的东西。……我有一些学生捞到一份高薪工作，他们从一开始就知道，那不是他们真正喜欢的东西，但他们出于有贷款要还或其他种种原因，就认为

钱可以弥补其他一切。那我就会告诉他们，"金钱不能买到幸福"。毫无疑问，钱是幸福的充分条件，但它并不是全部。如果你拥有的只是钱……你只会追逐越来越多的钱，或者让它成为一个无底洞，想着"好吧，如果我再有一百万，那么我就会真正快乐，因为我可以在里维埃拉买第五套房子"。但这些人体会到的都不是真正的快乐。（白人女性，50多岁）

在一个后续问题中，我问她，学生的经济和稳定问题应该在这些决策中发挥怎样的作用。

我：金钱或工作保障呢？这些东西何时能取代激情？

弗朗西斯：我是一个乐观主义者。我相信，如果一个人在追求自己的激情，在充分表达自我或正在做能够表达自我的事情，……那么钱就会出现，只要你没有一些肤浅的想法，像是认为自己必须赚取多少多少的钱。……这样将会带来一种由成就感、影响力以及幸福感来衡量的生活，而不是一种只有财富积累的生活。如果你从这个角度看金钱，我不认为它与激情或者追求激情之间存在竞争。有时你必须让人们摆脱这种心态。

同样，休斯敦大学的职业顾问达利亚解释说，当学生做出职业决策时，她认为经济状况和由此产生的工作机会，应该让位于"内在因素"的考虑：

> 我：您认为（在学生的职业决策中）有哪些因素是不怎么需要考虑的？
>
> 达利亚：我认为是经济。我认为人们一直把它当作一件重要的事……哦，经济，可怕的时代。无所谓了，也不存在什么好的时代。但是你只需要一份工作，而不是一百份工作。……（另外，）听父母告诉你应该做什么，我认为这很糟糕。我不认为外在因素和内在因素一样重要。……我知道现在每个人都想进入STEM，……好吧，但首先你得弄清楚他们是否与STEM存在联系。他们会在STEM的哪个领域……感到最充实。我认为考虑STEM是可以的，但必须在你考虑了内在因素之后。（白人女性，30岁出头）

许多职业咨询专家，就像上面讨论的求职者一样，也认为追求激情是职业决策中一个有用的指导原则，因为充满激情的员工最终会在工作中表现得更好。例如，休斯敦地区的一位职业辅导师解释说：

当你做感觉有意义的工作时，你可以更快乐，也会成为一个更好的员工。即使你没有得到你想要的报酬，即使没有在一个你所喜欢的环境中，如果工作是有意义的，对我来说，这才是一切的关键所在。如果你所做的事情是有意义的，你几乎可以容忍很多其他东西。……如果你能做到这一点，你会更努力地找到一个职位去赚钱，而不只是因为你被告知要那么去做，才去做某件事，从而深陷其中。（白人妇女，40多岁）

和求职者一样，大多数职业顾问（24人中的18人）将从事自己热爱的工作与美好生活的概念直接联系起来。例如，蒙大拿州立大学的职业顾问希瑟明确表示，金钱是学生做出职业决策的一个坏理由。在她看来，只要他们的薪酬能够"满足基本的"食物和住所需要，他们就不应该为了追求高薪而追求高薪。

我：你认为做出职业决策的一些不那么好的理由是什么？

希瑟：钱。

我：为什么是钱呢？

希瑟：我举个例子，有些人从学校出来，比方说，拥

第二章　激情原则的黑暗面　157

有生化（工程）学位，然后他们去了一家制药公司工作。……但是，如果你一直都知道，你的激情在别的地方，而你跳进了一个赚大钱的工作，你便习惯了这种生活方式，然后你就继续做着支持这种生活方式的决定。……我并没有否定你必须做出决定这件事，你必须有能力支付基本账单，必须吃上饭，必须有一个房子或某个住所。所以，是啊，如果谈起，比方说马斯洛的理论，那么我们必须在这里满足基本需求，（笑）是吧？……但是，为了追逐美元而做出职业决策，除非那就是你的最高价值，否则那并不总是最好的决定。我可以告诉你，当职业顾问不是什么赚大钱的方法。（笑）……但我喜欢我的工作。……当你满足了你的基本需求后，跟着钱走并不总是做出职业决策的最佳方式。（白人女性，40多岁）

一位为大学生和专业人士服务的休斯敦职业顾问，解释了为什么鼓励她的客户去寻找激情也是她自己对工作的部分热情所在：

我可以告诉你，我（做职业咨询）很有热情。但我真诚地认为，这是我的使命所在——人们不应该在工作中感到不快乐，因为工作可以是最容易获得幸福的方式，它具备那种潜力。工作是一种对自我实现和幸福有一切好处的活动。……那么，想象一下，我有足够的影响力来改变这么多人的想法！（白人移民妇女，40多岁）

对本章前面介绍的许多学生的叙述，上述这些职业顾问表示赞同：激情应该优先于对金钱和工作保障的考虑；激情是一个很好的职业决策指导原则，部分原因在于，基于激情的工作投入不仅将推动事业成功，也能保证有足够的收入来生存。在他们的许多评论中，隐含着这样一种感觉：大学毕业后的不确定性，连同工作的不稳定性，都是职业启动过程中的正常部分。一位斯坦福大学的职业顾问解释说，大学毕业后的这段时间，应该用来考察工作与个人的关联在哪里。

找工作和上学是不同的。所以我强调的是，我是这样深信的，差不多在我们二十来岁的时候，假设我们在二十一岁左右完成大学学业，那么二十多岁的时候是关于自我探索的时期。所以你不要把这定义为，"我必须现在就得到这儿（工作），如果我不这样做，就是我有问题"。不是！你正在做的是在探索，这是你去探索的时间，要好好地利用它。（笑）因为你不可能永远探索下去。所以人们会说，"我不确定我想去哪儿"。很好！那就开始接触……

（和）做这个的人坐下来谈谈。(白人女性，60多岁)

我将在下一章中讨论各种职业安全网和跳板，这些安全网和跳板往往是应对这种探索的不稳定性而被需要的。

在我采访的职业顾问和辅导师中，有几个人强调了追寻激情的替代方案。有两个人提到，金钱上的考虑和工作上的成就感同等重要。例如，休斯敦大学的一位职业顾问指出，虽然她曾经对指导的学生强调过激情，但她现在认为，经济稳定也是职业决策的一个重要部分：

> 是的，我想在我职业生涯的早期，……我的目标是（让客户）找到一个每天醒来就兴奋的工作。（现在，）我确实认为，我认为这只是从我现在的角度来看，因为我正试图和我丈夫一起买房子，我便意识到，有时我觉得金钱对于这个职位也是一个非常重要的价值。（白人女性，30多岁）

还有一些人鼓励他们的客户考虑寻求激情的其他途径，例如在工作之外追求有成就感的努力。底特律地区的职业辅导师柯林解释说，她帮助对艺术感兴趣的客户在全职工作和完全放弃艺术而从事其他工作之间找到了一个中间点。

有些人……喜欢做一些他们非常擅长的事情，但没有人愿意付钱。这就是艺术家的命运。我也有艺术家客户，我通常告诉艺术家们的是："你应该继续做艺术，但你需要一份日常工作，因为你不能指望艺术。有一天，也许（它）会值很多钱，但（在那之前）……"他们觉得这是个选择。他们要么做艺术——不管是音乐还是雕塑，不管是什么——要么就接受一份注定让他们不快乐的工作。而即使在日常工作中，他们也能找到与之相适应的东西。很多时候，……如果他们处在一个所做的事情会被欣赏的环境中，并且与喜欢的人一起工作，那么他们就会（做得很好）。（白人移民妇女，50岁左右）

同样，当某人的激情无法在经济上支持他们时，应对这种假设的场景，休斯敦地区的职业辅导师夏恩解释说，她鼓励客户从战略层面思考正在考虑中的职业途径的收入潜力，特别是如果他们有家庭的话。

我：如果有人对成为厨师感到很兴奋，但又对此不够坚定，而且还要养家糊口，不确定（成为一名厨师）是否能支持他所希望的经济水平，那怎么办？你会如何给

第二章 激情原则的黑暗面　*161*

这个人建议？

夏恩：有什么办法可以让你以兼职的方式从事厨师职业？……因为我不希望你不去做自己很喜欢的事情，但同时，你必须能够养活家人。你能做到这一点吗？你愿意这样做吗？一个是要付账单，另一个是激情。如果你没有家庭，那么你可以同时考虑这两件事。但是，我会说，你有孩子吗？你有家庭吗？如果你有一个家庭，你必须养活你的家人。你必须面对你的责任。（黑人女性，50多岁）

密歇根州立大学的一位职业顾问同样鼓励她的客户，对追求什么职业道路要"设定现实的期望"：

因此，很多人认为（他们的职业道路）必须是你所热衷的东西，而我不一定这么认为。……工作与生活的平衡很重要。我认为这取决于他们想拥有的生活类型和生活方式。它是否有助于实现你的目标？……它是否有助于发挥你的长处和技能？如果它不能满足你的激情，它是否允许你在工作之外为你的激情腾出时间，而不仅仅是为你的家人或朋友——但假设你真的擅长画画，它是否允许你腾出时间来做这个？是否会有压力？所以我想这就像……这个职业是否能同时帮助你实现事业上的和工作

之外的各种目标？（拉美裔女性，20多岁）

在24位职业咨询专家中，有6位提出了一些观点，试图对追求激情的道德优先性进行调整。他们有时会劝说客户考虑一系列更为全面的因素，如经济稳定性、家庭责任等，甚至包括了职业道路可能带来的压力水平。然而，在我采访的职业咨询师和辅导师中，只有一部分人提供了替代激情追求的方法。虽然这不是一个系统的关于职业咨询专家的样本，但结果说明了职业咨询师和辅导师可以为客户强化寻求激情的价值。大多数人不单向其客户宣扬寻求能够自我实现的工作的重要性，有些人甚至公开鼓励客户，为了追寻激情而牺牲经济收入和工作稳定。

这一点在实际调查数据中也有明显的对应。只看40岁以下受过大学教育的劳动者（因为职业咨询行业在过去25年里发生了很大的变化），[78] 我发现在大学里接受过职业咨询师建议的劳动者，比起那些在大学期间没有拜访过职业咨询师的人，更有可能成为激情原则的信奉者。[79] 虽然这并不意味着职业顾问是这些信念的源头，但它表明，在大学期间寻求这些专业人士建议的大学毕业生，不可能比他们的同龄人更加质疑基于激情的职业决策。

第二章　激情原则的黑暗面　*163*

对激情原则的批评

为了更好地理解激情原则作为一种文化模式的持续回响，考虑那些怀疑激情作为职业决策指南的观点，或许会颇有启发。在与求职者的访谈中，我经常提出一些与激情无关的决策优先事项，包括工作稳定性、工资问题、技能和工作与家庭的平衡。这样做的时候，我容许受访者批评以追求激情为指导原则的做法，或者请他们提供替代激情优先性的方法。即使如此，也没有多少受访者利用这个机会。[80] 在我采访的 100 名学生中，即使被要求将追求激情与其他优先事项进行直接比较，也只有 11 名学生对追求激情提出了各类形式的隐性批评。对激情原则的公开批评，在正在求职的学生中更是罕见。

对激情原则的批评主要集中在 4 个方面。第一个也是最常见的批评，是抵制对他人作出任何规定的想法。这些受访者认为，人们应该自由地对他们的职业优先事项做出决定——无论是激情、薪水还是自由时间。蒙大拿州立大学的一名计算机科学专业学生这样解释他的反对意见：

如果你想拥有一个家庭，想安定下来结婚，如果你想做这些事情，那么你会想选择一个允许你这样做的职业，也就是说，有一个好的——稳定、有足够的收入可以供养家庭……我坚决支持，要尽可能地弄清楚你的**目标**是什么，而且我不认为，有什么目标一定就很糟糕。所以，比如说，如果你的目标是变得很有钱，那么你应该去华尔街或其他地方工作，或者如果你的目标是帮助贫困的人，那么你可以去一个非营利组织工作。（上层阶级白人男性）

第二条是，一些受访者认为，寻求激情被夸大了，求职者应该优先考虑经济稳定和工作机会，因为像医疗保健和物质舒适这样的重要福利总是与工作挂钩。例如，一位休斯敦大学的社会学学生告诉我：

我认为，根据找工作的便利性来选择专业，就像根据你想学什么来选择专业一样有趣。它可能看起来会更好。如果你像是那种"真的在做喜欢的事情"的人，这可能看起来既美好又浪漫，但是人们需要工作，所以，……有那些工作可以填补，那些工作最终会以某种方式间接帮助到我。……所以我不认为真的有什么不好的理由。我认为这都是相对的，因为，我的意思是，也许你的父母让你做那个（职业），但我觉得那只是——这和你真的想去学某样东西是一样的。……这些都是很好的理由。（西亚工人阶级女性）

这些批评与一些职业顾问提出的批评形成了呼应，他们对激情原则持批评态度，而一些调查对象不同意阿乔应该离开IT工作去担任餐厅经理的职位。他们的主要争论点是，追求激情的人为了追随自我的激情而牺牲了太多，后来可能会发现，自己在经济上竟处于不稳定的状态，这比拥有一份自己不喜欢的工作更糟糕。在这里，受访者提出的评估性的主张是，经济上的不安全感对生活满意度的影响，与被自己不喜欢的工作折磨一样糟糕，甚至更糟糕。

第三条批评意见是，受访者怀疑，基于激情的工作可能带来更长的工作时间，而不是与家人和朋友在一起。这样的批评并不常见，但很有意义：他们反对的是那种工作应该在一个人的生活中占有太大比重的想法。有三位学生指出，一个人的人际关系比任何工作都要重要。例如，蒙大拿州立大学商科专业的泰勒解释说：

> 那些认为职业应该足以用来定义自我的人，或者那些试图找到用来填补某种意识形态（ideology）的职业的人，……那种（职业选择）方法太纵容自我了，因而是有害的，因为它不允许（工作）与其他事情相平衡，比如个人生活、家庭、朋友、可支配收入等诸如此类的事

情。……生活并不是关于工作的，或者说，它不全是关于工作。……它是关于你所拥有的和能创造的东西的关系。……就像，即使是在大学——是的，我毕业了，但如果我在整个四年半的时间里只专注于毕业，那么我就不会像现在这样享受它。……即使在学校，我也喜欢与人相处，建立联系。这些是我最好的朋友，他们也将成为我一生的朋友。（中产阶级白人男性）

他在蒙大拿州立大学的同学，主修英语的约瑟夫同样指出，为什么把工作作为一个人生活的中心，可能会破坏一个人的关系质量：

> 我很高兴我在大学毕业后有了长达一生的友谊，（而）不是（平均绩点）4.0。……在工作中也是一样的。我不想每周工作六七十个小时——不管多少个小时——然后在十几二十年后回头看，发现"哇哦，我有一个妻子，我有一个8岁的孩子，但我甚至不知道他的朋友是谁"。这些对我来说才是重要的事情。（中产阶级白人男性）

对约瑟夫和泰勒来说，鼓励对工作做过度投入的指导原则，特别是那些导致工作要"一直带回家"的指导原则，正在剥夺与家人和朋友保持持久、高质量关系的能力。

最后,两名学生提出了更激进的批评,直指激情原则的自我表达目标的核心。他们认为,"工作不应该是一个人身份的核心"。休斯敦大学会计专业的萨拉解释说,人应该比他们的工作更有价值。她去工作是为了生活,而不是相反。

> 我知道很多同龄人,我敢肯定他们在工作中的(产出)要高得多,因为他们要打卡,要待到很晚。在一天结束时,我不得不提醒自己,这只是一份工作。我不是为了工作而活着,我是为了生活而工作。每当我完成工作,就可以回家了。……仿佛它会渗入我生活的其他部分。……我的意思是,我的消极态度可能来自于此,工作会渗透到我个人生活的其他方面。我只想确保能保持一种平衡和全面的生活,我只是想继续成为一个全面的人。(中产阶级亚裔和白人女性)

萨拉质疑了一个人的身份应该被包裹在有偿工作中的想法,她的目标是成为一个全面的人。

在这些批评中,有三种值得注意的模式。首先是它们惊人的罕见性。一些求职者认为,在他们的个人职业生涯中,薪酬和就业保障等因素比寻求激情更重要,但很少有人对作为前提的激情原则本身提出质疑。特别有意思的是，对于大多数激情原则的坚持者来说，追求激情是一种不成功便成仁的努力。很少有人提出折中的建议，比如用兼职工作为工作以外的爱好腾出时间。

其次，这些批评仍然适合于超个人主义和新自由主义对劳动力参与的理解——即每个人都应该在当前的经济结构中自由地做出自己的决定，并承担他们优先考虑这一切的后果。即使怀疑论者不认为激情应该是决定职业的最佳途径，他们的回答也假定了，在劳动力市场上穿梭是个人单独的责任。很少有人要求雇主或机构负责支持劳动者，以减少职业道路之间的经济不平等，消除对过度工作的要求，或提供用于家庭假期和护理的条款。最后，也只有两个人提出，在工作中"找到自己"可能是有问题的。

最后，在这些受访者中，没有出现对追求激情一事的明确或有力反驳；在文化上，没有可行的、具有同等价值的或可优先考虑的激情的替代方案。即使是那些在自己的道路上优先考虑薪酬和就业保障的人，也承认他们偏离了寻求激情这一假定的规范（见第一章）。当然，劳动力市场的现实提供了大量反例，说明人们最终是如何将经济保障、家庭责任等置于激情之上的——这些求职者可能会在驾驭劳动力不平等的制度结构当中学到这些教训。而且，正如我在下一章所展示的，对激情原则最狂热的批评,来自那些因这一承诺而失败的人。然而,对激情原则的批评并不是价值中立的,它意味着要与美国的个人主义、自我表达和工作伦理等理想风气做斗争。追求激情的诱惑,以及缺乏连贯的反面叙述,表明激情原则可能替受过大学教育的求职者在概念化地去思考"好工作可能意味着什么"这件事上,已经排除掉其他替代方案也是"值得思考的"。[81]

寻求激情吸引力的影响

本章探讨了为什么许多求职者和受过高等教育的劳动者认为激情原则令人信服,结构性背景和文化情境(家庭压力、同伴互动、课程结构、专业职业顾问)或挑战或放大了激情原则的求职模式。这里我将介绍调查结果的几个重要意义。首先,寻求激情被视为职业决策之有力指南的两个主要原因(努力工作的动力和美好生活的前提),被描述为受访者在终身参与白领劳动和达到理想员工期望的压力中感受到的问题的解决方案。受访者经常因一个人的工作生涯将要被困在自我异化的工作前景之中而表示焦虑。他们对资本主义劳动力中的过度工作要求和自我封闭的可能性作了明确的批评,并倾向于反过来承认其不稳定的风险。追求激情的承诺,则有可能通过对工作内容的自我表现性投资,来避免在工作中"失去"自我。激情原则的拥护者承认，所有的工作都包括一些乏味或无聊的任务，但他们相信，如果工作与自身激情相一致，他们就可以把大部分的工作时间用于做"适合"和"满足"自我的事情。

像本章开头引用的亚利安德拉所说的那样，受访者对终身有偿劳动的生存担忧并非毫无根据。在过去的几十年里，对专业劳动者长时间工作和奉献的要求越来越高，工作在我们的生活中占据了更大的位置。[82]

然而，寻求激情只是对有偿工作的结构性问题的一种个人层面的解决方案。"热爱你的工作"可能会激励人们为事业的成功投入必要的辛劳与工作时长，寻找工作的意义，可能会使有偿劳动的某些方面不那么像苦差事。但是，这种行为使白领劳动力的整体结构——要求理想劳动者长时间地工作并可能带来自我异化的结构——发生了变化。相反，对激情的追求和对激情原则的文化评价，实际上可能有助于延续白领工作的剥削文化和制度。激情原则似乎平息了受访者对白领阶层普遍存在的不稳定性和过度工作的批评，将低工资、长工时和工作不稳定，反而作为从事符合个人激情的工作的一种潜在可容忍条件，甚至是必要的权衡。激情原则在求职者中流行，可能有助于为专业劳动市场补充一批敬业的新工人，他们对工作进行个人投资，并愿意以白领工人剥削为核心，遵从过度

第二章 激情原则的黑暗面　*171*

工作的期望。激情原则不但没有增加受访者对劳动力进程的反思性距离（reflexive distance），反而可能使求职者更牢固地扎根于劳动及其对理想工人的要求之中。

那么，具有讽刺意味的是，激情原则或许已成为后工业资本主义白领工作的压舱石，同时又满足了文化上对个人主义自我表达机会的要求。通过把追求有成就感的工作作为解决劳动力参与问题的一个非常理想的方案，并且将在劳动力市场上找到自我表达的位置作为个体的责任，激情原则有助于分散求职者对资本主义劳动结构的批评——在其他情况下，这些批评可能会引发对缩短工作时间、更公平的报酬或将工作与生活更好兼容的集体要求。[83] 激情原则的主导地位，也可能排除了对劳动力参与的其他观点，例如，优先考虑支持自我表达爱好的工作、允许最大限度与家人和朋友在一起的工作，和/或由一个人的社区需求而不是自己的特殊兴趣驱动的工作。简而言之，考虑到求职者和劳动者所处的结构与文化情境，对激情原则的依恋恰好合情合理。然而，看似理想的个人层面的劳动力解决方案，反而可能助长那些他们一直渴望避免的劳动问题。

第三章

激情的特权？

并不是每个人都能从追求激情中获益

欸欸欸，我在度假

我每天都好像在度假，因为我喜欢我的工作

欸欸欸，我在度假

如果生活不尽如人意，那就去追求自己的热爱吧

……

天道酬勤，一分耕耘，一分收获

闭上双眼，有时觉得我仿佛要飘走了

我热爱我的生活，也享受沿途风景

"为了生活而生活"，没错，那就是我想说的

……

但是我不懒

> 这让我能做一些我热爱的东西
>
> 每一天，每一天
>
> 我每天都奔赴在自己的热爱里
>
> 每一天，每一天
>
> 每个人都该追求自己的梦想
>
> ——Dirty Heads 乐队，《假期》

十月的一个早晨，我和劳动社会学班上的学生们正在讨论我对激情原则研究的早期成果。一个学生举手说："那个，您知道 Dirty Heads 乐队有一首歌是关于您所说的激情问题的吗？"互联网搜索之后，我和全班同学都在笑着摇头看《假期》的音乐视频。看来，激情原则甚至已经进入另类的雷鬼音乐领域。

在这一章中，我将追述那些离开大学后的求职者们。他们是否"热爱（自己的）职业"？走一条满足自我表达的职业道路，他们是否仍然对这一承诺坚定不移？还是在遭遇了劳动力市场的现实之后，他们会优先考虑更为实际的因素，如就业机会或财务稳定？大学毕业后的激情追求是什么样子的？在自己的激情中找到稳定工作，这种可能性是否也得到了公平的分配？

我的目标是揭示激情原则是否只是学生们在大学期间所

沉溺的一种理想化的文化信仰，而在此之后会不会被抛弃；或者它是否真的有助于他们制定下一步职业发展的行动策略。在这个阶段，求职者需要做出许多决定，比如选择什么，或放弃什么样的机会，他们愿意在稳定、成就感和/或高薪的工作之间做出什么样的权衡，以及如何平衡这些考虑和其他因素，如学生贷款支付和个人人际关系。在这里，我将跟踪受访者从大学时的激情规划到大学毕业后可能的激情追求的转变，并将追踪促成和制约这一转变的因素。

我对35名最初的求职者在离开大学后的3~5年内进行了跟踪采访（详见附录A）。这些访谈使我能够探索，受访者在大学期间对激情原则的坚持是否会一直伴随着他们，还是在他们离开校园后便逐渐消失，以及他们如何平衡激情追求与其他的求职优先事项。[1] 最初令我感到惊讶的是，我发现大多数人在过渡到劳动力市场时，仍然致力于优先考虑自我成就和自我表达的工作。[2] 在我重新采访的人中，近四分之三的人在大学毕业后的道路上会优先考虑与激情有关的问题，超过一半的人（35人中的21人，或60%）接触到他们认为与自身激情完全一致的工作或高级学位课程。

然而，毕业后优先考虑激情往往会付出代价。追求激情通常意味着要忍受就业的延迟和不稳定。只有一些追求激情的人（35人中的13人，或37%）能够在他们的激情中找到稳定工作或有前途的高级学位课程。在这方面最成功的受访者，通常是来自富裕家庭或中产阶级家庭的人。社会经济条件优越的学生有更多机会获得资源，从而使他们应对寻求激情的挑战：这些受访者的父母在他们寻找基于激情的工作时，提供了更强大的经济支持安全网，以及文化、教育和社会资本形式的各种跳板，以帮助他们驾驭好职业生涯的下一个阶段。因此，追随激情而进入稳定工作或有前途的高级学位课程的能力，既不是随机的，也不是公平分配的。

访谈显示，寻求激情，特别是当它涉及职业轨迹的重大转变，或牺牲工作稳定性或工资时，对工人阶级和"第一代"大学毕业生来说可能特别危险。这两个群体不仅不太可能获得有报酬的工作，或进入与自身激情相关的高级学位课程，而且他们的激情追求往往导致更不稳定的就业，同时他们经常还要应付数以万计的学生贷款债务。工人阶级的激情追求者和更有特权的同龄人一样，致力于在他们的激情中取得成功，但由于缺乏中产阶级和上层阶级求职者可以利用的安全网和跳板，他们的职业结果往往看起来会有质的不同。

那些试图追随自己的激情但没有成功的较富裕的求职者，最后往往还是在自身激情之外，得到了相当高的报酬和稳定的职位。工人阶级和"第一代"追求激情的求职者，如果试图找到符合自身激情的工作却失败了，往往会出现未充分就业或就业不稳定的情况。接下来我将揭示，虽然跳板和安全网对求职者来说是有利的，但是，不管他们在职业决策中优先考虑什么，伴随着激情追求出现的就业延迟、经济牺牲和不稳定（相对于接受一份个人可以胜任的稳定和/或高薪的现成工作但未必符合自身激情），对巩固社会经济劣势而言有着特别的影响。

在本章的最后，我将讨论这些结果的意义。追求激情在大学生当中不仅仅是一个空想；大多数求职者都试图把自己送上有成就感的职业道路，即使这意味着要牺牲这一路上可能拥有的高薪或就业稳定性。然而，富人和中产阶级的受访者更有机会成功从事他们所热爱的稳定工作，而工人阶级和"第一代"受访者则更有可能在要么职业不稳定，要么与自身激情相距甚远，要么与他们受教育水平不匹配的工作中落脚——甚至是三者兼而有之的工作。

虽然本章介绍的实证结果侧重于社会经济差异，但它们对种族和性别不平等也有意义。社会经济资本（无论是教育、社会、文化还是经济的资本）是特权的来源之一。但种族和性别结构也导致了获得稳定就业和"肥差"（plum jobs）的机会差异。[3]虽然我的数据不能令人信服地说明这种模式，但顺性别的白人男性（cisgender）身份可能本身就是一种跳板，放大了富有白人男性职业追求者的社会经济特权，使来自工人阶级背景的妇女和有色人种，更难在符合他们激情的稳定工作中找到立足之地。[4]

总的来说，这一章将展现出追求激情的理想中更为阴暗的一面——它可以在那些寻求有意义的、自我表达的工作的人当中，以聚合的形式巩固了社会经济的不平等。我将在结论中讨论这些发现对高等教育及其他领域的教育者和政策制定者的更加广泛的影响。

毕业之后的激情追求

正如第一章所揭示的，在第一轮访谈中，大多数学生在选择学术专业时，把激情放在首位考虑，并计划在毕业后寻求符合自身激情的职业道路。许多人认为，大学学位将提供经济稳定的底线，无论他们追求什么学位，都不可能低于这个底线。在他们对良好职业决策的抽象概念和大学毕业后的职业规划中，大多数人都把与激情有关的考虑放在最大化经济收入或稳定之上。

这种优先考虑有意义、有成就感的职业道路的做法，即使在这些受访者毕业并进入劳动力市场时也普遍存在；我重新采访的大多数求职者，在离开大学后继续将激情作为职业决策的优先考虑因素。近三分之二的人在大学毕业后积极追求激情。[5] 许多人成功地走上了与自身激情相符的职业道路：

超过一半的人在大学毕业后两年到五年内受雇于积极追求激情的岗位（具有不同程度的经济稳定性）。

从大学时的激情规划，到大学毕业后寻求激情，最直接过渡的例子请看玛丽亚、德文、戴夫和克莱尔的轨迹。虽然他们的兴趣和情况各不相同，但他们所有人在学生时代都高度重视作为职业决策因素的激情，并在大学毕业后优先去寻求激情。玛丽亚是"第一代"大学生，当我在休斯敦大学第一次见到她时，她是社会学专业的大三学生。她当时解释说，激情是她未来职业规划的核心因素：

> 我想追求自己非常感兴趣的东西，我知道自己可以在学术上做得很好，然后带着它去工作。所以我知道，我一直喜欢与人打交道，并通过社会学去了解他人，这确实鼓舞了我继续前进。（中产阶级拉美裔女性）

作为一名学生，玛丽亚这样描述她的计划："我想回去为非营利组织或基于宗教的非营利组织工作，……也许是人文服务部或儿童保护服务处之类的部门。"

正如她所希望的，玛丽亚从休斯敦大学毕业两年后获得了社会工作的硕士学位，并接受了得克萨斯州南部一家非营利组织的社工工作。在后续采访中，我问她是否觉得自己在追随自己的激情。玛丽亚解释说：

> 是的，我在。……它的报酬并不高，而且好处或回报往往不在台面上。你并不那么为人所知，……但在（当客户处于）危机情况下，他们告诉你，"我从来没有告诉过任何人"或"非常感谢你听我说这些"。……所有这些事情真的让你觉得，你在提供有价值的服务。……我觉得，是的，我是在做非常热衷的事情。（中产阶级拉美裔女性）

虽然她的工作报酬不高（每年约3.9万美元），工作也没有提供太多的正式认可，但玛丽亚对能从事她认为有意义的工作很感激。

我认识德文时，他正在蒙大拿州立大学主修商科。他也有兴趣在毕业后追随自己的激情：

> 对我来说，最重要的可能是保持我（对我的工作）的热情，每天提醒自己为什么在这里。……激情是很重要的，因为当你在做一项工作时，如果是你不喜欢的工作，那么你就不会有那么好的表现，因为你只是为了……去躲避它。（中产阶级拉美裔男性）

在大二时，德文曾计划在空军开始他的职业生涯，然后在一家国际公司从事营销工作。当我在德文毕业后见到他时，他确实已经在空军找到了一份工作。虽然他的工作涉及比预期更多的实战训练，但他对自己的职业道路发展很满意，而且他一直在坚持自己的长期计划，即在空军服役期结束后，在私营部门从事营销工作。

> 我的激情在商业上，但我也在这里为我的国家服务，我真的很喜欢在空军的工作。因此，即使我决定（在）承诺的六年之后离职，我也想在这之后进入商业职场领域。……我最重要的激情是有所作为——为我的国家服务并有所作为。因此，空军绝对是在实现这个任务。……现在，一旦我进入商业领域，是的，我仍然会有所作为，但到那时我真的会感觉到我在为国家服务。……就更多的微观激情而言，我想说的是，我将去做市场营销。所以现在，我目前的职业领域并不能满足这种如我所愿的微观的激情。因此，这就是为什么我也试图在目前工作的同时开始学习营销方面的在线工商管理硕士课程，以保持我对营销的激情和头脑的清醒。

德文将他的"宏观激情"描述为通过在空军为国家服务而有所作为，将"微观激情"描述为商业营销，他正在通过报名参加一个在线工商管理硕士课程来为未来投资。

我在斯坦福大学第一次见到戴夫时，他是一名地质学学生。和德文一样，戴夫在本科时表达他的职业重点是："我可以享受的东西，我可以看到自己想要学习更多的东西，而不是一觉醒来就说：'哦，我必须去办公室捣鼓些什么。'"毕业后，戴夫在印第安人事务局和能源部做了几份与地质学有关的临时工作。然后他搬到了科罗拉多州，开始了地质学的研究生课程。虽然研究生项目的经费水平令他感到沮丧，但他为自己进入研究生院的决定感到高兴，因为这将使他能够在大学院校教学。"我决定有一天去教书，但需要一个博士学位才能做到这一点。"（中产阶级美国原住民和拉美裔男性）

最后，在引言中提过的克莱尔，在我第一次采访她时，她就读于休斯敦大学历史和人类学专业。她当时解释说，激情是她未来职业道路中最重要的考虑因素：

> 如果你对它没有真正的热情，你只是恼火地去工作，也恼火于待到很晚之类的，你只是被金钱所驱使，然后如果你被解雇了，甚至如果说公司倒闭了，你将一无所有，因为你从未追求过你想要的东西。（中产阶级白人女性）

追随着自己的激情,克莱尔在毕业后到休斯敦一家大型自然历史博物馆找到了一份工作。当被问及她为什么要做这份工作时,克莱尔回答说:

> 我想追求的是自己真正关心的、认为非常有趣的,也可以从中学习的东西。我不想仅仅因为这是一个非常受欢迎的领域,有很多工作机会而选择一些东西。……我觉得,如果不得不选择一份工作,只是因为那是一份工作,那么它对我来说就会很无聊,而且我也无法真正地在这方面有所建树,因为我对它没有激情。

尽管是兼职工作,也没有福利,而且年薪不到1.8万美元,但克莱尔对自己的博物馆工作感到很高兴。她解释说,她并不真正关心目前的薪酬。"我对财务相当有责任感,所以在我的观念里,我想,只要我的收入不比现在少,我就知道能维持自己的生活。"如下文所示,她的父母提供的经济援助,使她维持这种生活方式成为可能。

玛丽亚、德文、戴夫和克莱尔的道路,代表了大学毕业后激情规划和激情寻求的理想化形式。他们每个人在学生时代都将激情作为职业规划的优先事项,并在毕业后寻找到了与激情相符的道路。

大学毕业后寻求激情的过程既可能是平坦的，也可能是曲折的。一些求职者在人生早期就确定了一种激情，并从高中到大学再到就业一直都在追随它。例如，凯特琳进入蒙大拿州立大学时打算做一名小学教师。在获得教育学位后，她开始在蒙大拿州北部的一个小镇上担任高中教师。在我们的第二次采访中，她这样回顾自己的道路：

> 知道我在这个世界上的存在方式，让我感到非常高兴。我认为我为学生提供了一些东西，我帮助他们感觉更好，这确实就是我所想要的。这是一种很酷的感觉。知道我在做出改变真的很开心，这真的很好。……我仍然可以在早上醒来，感觉到好事情将要发生。（上层阶级白人女性）

与凯特琳的线性路径相比，其他受访者曾认为某件事是他们的兴趣所在，但在上大学或之后不久就意识到，这件事终究不怎么适合他们。[6] 例如，毕业于休斯敦大学的罗昂解释说，他最初追求的是工程学学位，但发现自己对工程并不那么感兴趣。于是他先是转到商科专业，再转到建筑管理。

我想当我们第一次交谈时，我在学工程专业。……我做了一两年工程学，我就没有真正看到自己（坐）在桌子上画过一整天。……我更喜欢它的商业方面。所以我转到了商业领域，在我进入商业领域后，我觉得——我根本不喜欢它，因为我对它不感兴趣。……我在读书方面有点迷茫，直到我发现了建筑管理，……前两者的良好混合。它涉及很多的商科、一点点工程和一点点建筑。这非常有趣。我研究了一下，然后说实话，这是一个一夜之间的决定。于是，我放弃了所有的商业课程，报名参加了尽可能多的建筑课程，并从那里开始。（上层阶级西亚男性）

在我们第二次采访时，罗昂已经就职于休斯敦当地一家建筑公司，从事令他既兴奋又感兴趣的工作。他的激情内容已经发生了变化，但他对有趣工作的优先考虑仍保持不变。

同样，毕业于斯坦福大学的特蕾莎一直不确定自己想从事什么职业，所以她在纽约市的一家咨询公司找了一份工作。然而，特蕾莎发现这份工作对她来说并不"特别有意义"。于是她想改变一下：

我认为最大的驱动力之一是，环顾四周，我没有看到自己想在五到十年内成为的人。……另一部分是工作本

身。我对它没什么真感觉,所以它并不特别有意义。(上层阶级亚裔女性)

经过长达一年的求职和密集的社交,特蕾莎在芝加哥一家专注于教育软件的初创公司找到了一份收入较低的工作。她发现新的工作行当让她更有成就感。无论道路平坦还是曲折,这些寻求激情的人都履行了自己的承诺,即在大学毕业后优先寻找有意义的工作。

与这些受访者不同,我重新采访的几个求职者(35人中有5人)在大学毕业后的职业决定中优先考虑经济稳定和工作机会。例如,进入物理治疗(PT)学校的休斯敦大学毕业生特雷弗解释说,物理治疗并不是他真正的爱好,但它允许他在服完兵役后利用《第二次世界大战退伍军人援助法案》来资助自己的研究生培训。特雷弗认为物理治疗是一条通往稳定就业的"安全的路线"。

> 不幸的是,(物理治疗不是一种激情。)事实上……我真的很佩服那些自己创业的人,或者以任何其他方式追随自己真正激情的人。我被物理治疗所吸引,而且我尊重它。但这不是我的激情,不管怎样它都谈不上。……在经济上,我一直是相当谨慎和保守的。我想这就是为什么

> 我选择了一条安全的路线，而不是说，我想开一家素食杂货店，或者我想，去做一些我真正热爱的事情。(中产阶级白人男性)

一些求职者在进入劳动力市场时，将他们的优先考虑从激情转移到了财务和就业稳定方面。例如，斯坦福大学计算机科学专业的毕业生张某，原本把激情放在首位，但她最终选择了就业前景更好、工资更高的编程工作，而不是去攻读她感兴趣的课题的博士学位，以帮助她实现"她想要的生活方式"。

> 你要看到，这个行业有多需要人，长期的工作前景如何，因为我认为，即便钱不是万能的，但你绝对要考虑到钱。对我来说，这个领域有多大的吸引力和收入，是一件非常重要的事情。另一个原因显然是我至少愿意了解它并感兴趣，而不仅仅是为了钱。我个人需要有某种动力，否则真的很难做好。(中产阶级亚裔女性)

尽管高薪已经成为她的中心任务，但张某还是指出，她至少需要对工作有一定的兴趣，才会考虑接受工作。

在35位受访者中，有两位解释说，家庭和工作-生活的平衡是他们进入职场后的首要任务。萨拉是一名毕业于休斯敦大学的会计师，她解释说，她选择会计，是因为这将使她有时间和资源来追求"业余活动"(extracurriculars)。作为一名受雇的会计师，她认为自己是工作与生活平衡的"捍卫者"。

> 尽管（会计）并不是我真正感兴趣的东西，也不是我在课程方面的挑战，但……我知道，如果我擅长这件事，并能表现出色，那么这将为我腾出大量时间来追求其他业余活动和其他爱好。……这很适合我的性格类型，也有利于我的其他长期目标。……就像我说的，我要守护好工作与生活的平衡。（中产阶级白人和亚裔女性）

萨拉解释说，她经常向她的主管和同事表示，希望限制晚上和周末的工作时间，以便为自己的爱好和志愿工作留出时间。

泰勒，毕业于蒙大拿州立大学商业金融专业，我在他大二时遇到他，他在职业决策中优先考虑的是激情。然而，在他大学的最后几年，他的优先选择开始转变。毕业后，他决定把重点放在"自我成长"和"生活中的关系"上，而不是一头扎进职业生涯中。大学毕业后，他四处旅行了一年，最后来到了新西兰。他在那里打零工以支付生活费用。

> 在学校期间，我还是明白工作和生活平衡的重要性的。我不想只是被工作所吞噬。我想真切地关注生活中的人。……我很高兴自己没有跳入朝九晚五的工作，或更多类似的工作，因为我可能很快就会被它消耗掉。（中产阶级白人男性）

泰勒不确定自己的下一步是什么，但他很感激现在能够在朋友和家人身上投入时间和精力。

另一方面，一些在学生时代就把经济安全和稳定作为职业优先考虑的受访者，会对没有追随自己的激情感到后悔。例如，我们在第二章中讨论的医药学专业学生以赛亚，他遵从了父母的意愿（尽管他坚信人们应该对自己的工作充满热情），选择了一个收入丰厚、受人尊敬的药剂师工作，但他现在又有了新想法。

> 尽管药学院为我打开了大门，甚至更多，但我仍然没有发现"激情"。我总是听到人们说，"你必须对你的工作充满激情"。……我从来没有真正对药学产生过激情。这只是因为，好吧，当我毕业时，我将有一个稳定的职业。……直到我真正被药学专业录取时，我想，从某种意义上说，我已经陷得太深了。我不能就这样逃避。……

第三章 激情的特权？

> 我觉得不能就这样……离开药学学校。我并不是要给药学界树立一个负面形象，但我总觉得自己有一种企业家精神。（上层阶级黑人男性）

以赛亚注意到了自己创业的能力，但在采访时，他觉得自己短期内被锁定在了药房之中。

总的来说，我所采访的大学毕业生对寻求激情的承诺与他们学生时的观点一致。有些人优先考虑薪酬、稳定或工作-生活的平衡，但对许多人来说，大学时的激情规划进而变成了工作中的激情追求。

激情追求的挑战

尽管对许多受访者来说，追求他们认为有成就感、能自我表达和有意义的工作是职业决策的优先事项，但这样做往往会带来挑战和牺牲。首先，追求激情往往需要容忍不稳定性：许多追求激情相关工作的毕业生在寻找工作时，忍受了数月甚至数年的就业不稳定，不是在寻找兼职或低薪工作，就是在寻找、申请符合自身激情的高级学位课程。

休斯敦大学新闻系毕业生布里安娜花了两年时间在一家手机店做销售助理，然后她觉得自己已经准备好了申请新闻学硕士课程："我确实有一个期限（关于大学毕业后要等多久才能继续工作)。当时是三个月,后来变成了六个月。然后变成了一年,因为我知道(广播新闻)是我一直想做的事情。"(上层阶级黑人女性)。布里安娜最终被一所著名的新闻专业院系录取,她很高兴能"追寻(她的)梦想"。像布里安娜一样,其他受访者在追求自己热爱的职业道路上的可能渠道时,也做过酒吧服务员、共享司机或汽车销售员等临时工作。

其次,追求激情可能会导致全职工作的整体拖延。在职业追求者"弄清"什么职业道路最符合他们的激情,或者在等待合适工作出现时,他们可能会在得到全职工作前出现长达数月或数年的徘徊。杰思敏是斯坦福大学人类生物学专业中上阶层出身的毕业生,她花了差不多三年时间来"等待",直到她确定自己的下一个职业发展方向。

> 我花了很长时间才弄清楚这种激情在职业上到底是什么。……我的心态是:"如果(工作)不是我现在想做的,那么我就不想做。"所以我认为毕业后……我当时想,"那,也许会有别的东西出现,我不想投身去做别的事情,这将妨碍我去做自己真正想做的事情"。我在大学毕业后没有工作的一个原因是我还不能肯定。我不知道它到底会是什么样子……我在想,更完美匹配于自身意愿的事情(会)出现的。(拉美裔和白人女性)

第三章　激情的特权?　　191

杰思敏特意限制了自己的工作搜索，这样就不会满足于那些可能与自身激情不一致的工作。她旅行了六个月，并在一个社区健康项目做了两年的志愿者，之后，她确定社区心理健康是她的激情所在，最终申请并进入了一个公共卫生硕士项目。

同样地，布里安娜描述了获得新闻学硕士学位后所经历的长达数月的不稳定阶段和失业期：

> 我从（新闻学院）毕业之前就开始工作申请，还申请了多份工作。我得到了几个面试机会，但没有确定的结果。我最后搬回了休斯敦，只是为了继续找工作。直到四个月后，我才找到一份工作。……一旦我搬回家里，我就在全职申请工作。我每天都在网上发送我的简历——向多个电视台填写申请。四个月后，我终于找到了一份工作。……我想做制片人，并尝试在镜头前工作，而我知道人生只能活一次。我想做让我快乐的事。……我就一直在尝试。我真的很坚持，没有那么容易就放弃。（上层阶级黑人女性）

布里安娜指出，对她来说，找到一份广播新闻制作方面的工作要容易得多，但她"一心想着"在镜头前工作。布里安娜最终在中西部的一家地区电视台找到了一份新闻播报员的工作。前面提到的地质学学生戴夫，在申请研究生院之前，也同样轮换了一系列的临时职位。像布里安娜和戴夫这样的就业延迟，有时必须经历服务部门的兼职、低薪工作，或压根就没有工作。

最后，追求激情有时意味着延后考虑经济发展，而首先选择与激情相关的道路。受访者清楚地知道他们为追寻激情所付出的经济牺牲。例如，在一家科技创业公司工作的斯坦福大学毕业生萨曼莎解释说，对她来说，未来在公司能否发挥自身的创造性角色要比高薪更重要。

我：你如何看待（有意义的工作）内容与薪酬的关系？

萨曼莎：也许内容创作的部分……薪酬很重要，但我认为我已经足够了——毕竟我还年轻，我认为还有时间去成长，从而获得更多的高薪职位，并且愿意现在就学习，从头开始成长，诸如此类。我认为角色本身的创造性部分是更重要的。（中产阶级亚裔女性）

毕业于休斯敦大学的社会工作者玛丽亚对此表示赞同，

她指出，工资不会是她职业生涯下一步的首要任务。"很多时候，社会工作者的收入并不高，我知道我的很多同事都在抱怨这个问题。而这不是我自己会去抱怨的事情。"（中产阶级拉美裔女性）[7] 特蕾莎离开了咨询公司的工作，去了一家年薪低于2万美元的创业公司，做她认为更有意义且更充实的工作。

第一章显示，坚持激情原则的大学生经常贬低那些以经济和流动性为考虑重心的同龄人。在后续访谈中，许多受访者同样不赞成以前那些同学被高薪所吸引，而不去做他们认为有意义的工作。毕业于休斯敦大学的建筑经理罗昂解释了他如何看待那些为了获得高薪而跳槽的朋友们：

> 我知道有些人为了比现在的工作多赚几千（美元）而换工作，但当他们换工作时，他们会说："哥们儿，我真的很讨厌这个。……我不喜欢我正在做的那种工作，也不喜欢和我一起工作的人。"我认为钱是一回事，但你的幸福和你对职业或生活的满意度才更重要。所以，是的，即使你做的事情赚得少，但你很开心，我认为你不应该为了更多的钱而跳槽。（上层阶级西亚男性）

当然，不稳定和就业延迟的情况，并不是寻求激情者所独有的；寻求稳定就业或高薪的求职者们，在寻找符合这些标准的工作时，也可能遭遇拖延和失业。然而，那些优先考虑就业机会和/或薪酬而非工作成就感的人，其毕业后的路径往往与上述这些有很大不同。把经济安全放在首位的求职者，通常会利用他们可以得到的职业机会，即使这些机会与他们的激情不一致。例如，林恩从蒙大拿州立大学毕业后获得了会计学位，并在她曾实习过的一家大卖场总部担任会计工作。她对公司或工作没什么特别的感觉，但她没有找其他工作，于是就接受了这份工作，因为她觉得"毕业后很难找到工作"（工人阶级白人女性）。会计工作与她的爱好——做幼儿工作——相差甚远。"我在我妈妈的幼儿园帮助过她，我很喜欢那样的工作，看到所有的孩子都在成长，看到他们在完成一些事情时会很兴奋。"但林恩解释说，会计工作的经济稳定性使她没有从事教学工作："过去我曾想过进入教学领域，但这将是一个艰难的变动，特别是我将大幅减薪。这是一个很大的因素。"

特雷弗梦想开一家素食杂货店，但他选择进入物理治疗学校，因为这是美国退伍军人法案提供给他的机会。林恩和特雷弗希望他们的职业道路更加充实，但他们抓住了在特殊情况下可以获得的经济机会。相比之下，那些优先考虑激情的人，有时会拒绝或远离在经济上可行的就业机会，试图将正在发展的职业道路与自我表达的兴趣更好地结合起来。一些追求激情的人，愿意做出相当大的牺牲来追求他们的激情工作。杰思敏避免申请那些会使她偏离自身激情的工作。布里安娜坚持申请新闻播报员的工作，然而镜头后面的工作更多，报酬也更丰厚。萨曼莎在知情的情况下，牺牲了收入更高的工作机会，继续从事她认为有意义的内容创作工作。特蕾莎离开了一家老牌公司的高薪职位，在一家更能提供工作意义的软件创业公司接受了一份低薪工作。因此，与在职业决策中优先考虑其他因素相比，寻求激情通常需要做出更大的经济牺牲，并带来更大的不确定性风险。然而，这些求职者的激情目标，并不总是反映在他们能够在劳动力市场上所能取得的成就上。下面我将探讨这些风险在求职者中的不均衡分布。

激情与稳定的交集

在求职者对毕业后的职业道路规划中，有两个因素时常出现矛盾：激情和经济稳定。这两个因素可以用一个二维坐标来表示，如图3.1所示。在这个图中，横轴代表一个人的职业定位与激情相一致的程度，从没有激情到有强烈的激情；纵轴代表一个人的职业地位的经济稳定性或不稳定性。

沿着这些坐标轴，规范意义上的理想职业职位——那些与个人的激情相一致并提供经济稳定性的职位——位于右上象限内。不太理想的职位是那些符合个人激情但不稳定的职位（右下象限），或者那些稳定但不符合个人激情的职位（左上象限）。最不符合规范的职位是那些既不稳定又不符合自己激情的职位（左下象限）。

我所采访的每一个求职者，在劳动力市场的地位都可以大致归类为这四个象限中的一种：有稳定的工作或正在攻读有前途的研究生学位课程，与他们的激情相一致（右上）；有工作或接受的课程与他们的激情相一致，但不稳定（右下）；有稳定的工作，但与他们的激情相差甚远（左上）；在劳动力市场地位不稳定，与他们的激情关系不大（左下）。"不稳定"的工作是指那些不固定的、报酬低于可维持水准的工作，和/或临时的、季节性的、非正式的或"不上台面"的工作。[8] 而不稳定的培训机会，是指那些低等级或营利性的大学培训，或者那些比高等级课程提供更有限就业机会的培训。[9] 虽说过于简化，但这些坐标轴为理解激情追求者之间的不同职业道路提供了有用的启发。[10]

高稳定性象限（左上，上层阶级/中产阶级/工人阶级社会经济地位图例）

姓名	社会阶层	性别	种族/族裔	毕业后职业
辛西娅	上层	女	黑人	创业企业中的项目经理
林赛	上层	女	多种族	工程师；项目经理
以赛亚	上层	男	黑人	药学院
张某	中产	女	亚裔	程序员
特雷弗	中产	男	白人	物理治疗学校
萨拉	中产	女	亚裔及白人	会计
埃利亚	工人	男	白人	航空经理（离校）
林恩	工人	女	白人	航空经理（离校）

高稳定性象限（右上）

姓名	社会阶层	性别	种族/族裔	毕业后职业
罗昂	上层	男	西亚裔	建筑工程师
塔拉	上层	女	亚裔	医学院
特雷莎	上层	女	白人	管理技术咨询师
凯特琳	上层	女	白人	高中教师
米尔斯	上层	男	白人	空军
德文	中产	男	拉美裔及白人	空军
戴夫	中产	男	原住民及拉美裔	地质学研究生
康纳	中产	男	白人	医学实验技术员
里克尔	中产	男	白人	空军
玛利亚	中产	女	拉美裔	社工
杰思敏	中产	女	拉美裔及白人	MS的公共健康研究生
萨曼莎	中产	女	亚裔	教育技术创业公司
麦迪迪	工人	女	白人	化学工程师

无激情 ← → 高激情

低稳定性象限（左下）

姓名	社会阶层	性别	种族/族裔	毕业后职业
瑞贝卡	上层	女	白人	在本地非营利组织就业
泰勒	中产	男	白人	无业；旅行
艾伦	中产	女	白人	咖啡师
迈克尔	中产	男	拉美裔	仓库管理员
托马斯	工人	男	白人	酿酒师
凯文	工人	男	拉美裔及白人	科技公司的招聘人员（兼职）

低稳定性象限（右下）

姓名	社会阶层	性别	种族/族裔	毕业后职业
布里安娜	上层	女	白人	电视新闻记者
克莱尔	中产	女	白人	自然历史博物馆工作者（兼职）
萨姆	中产	非二元性别者	黑人	社区大学电影专业研究生
阿利雅	中产	女	黑人	舞蹈教师（转校）
基娅拉	工人	女	黑人	视频网站的合同工
安德鲁	工人	男	白人	健身房老板（离校）
卢皮塔	工人	女	拉美裔	社工（兼职）
桑提亚哥	工人	男	拉美裔	工程学硕士（非知名项目）

图 3.1 二维坐标代表工作者对工作的热情程度（水平维度）和他们的劳动力地位的稳定性或不稳定性（垂直维度），以及后续受访者在这个热情-稳定性轴上的位置

图 3.1 显示了嵌套在稳定-激情坐标轴上的四个象限表格。每个象限的表格显示了受访者的人口统计信息（社会阶层、性别、种族/族裔、毕业后职业）。[11] 深灰色的行，代表来自最优越的社会经济背景的受访者；浅灰色是中产阶级的受访者；而没有阴影的则是来自工人阶级背景的受访者。[12] 总的来说，社会经济条件优越的学生，比条件较差的同龄人更

经常在右上象限，即最规范的象限找到工作。在富裕的学生中，10人中有9人（90%）试图在毕业后追随他们的激情，其中5人（50%）能够在激情中获得稳定的工作。浅灰色的大多数中产阶级受访者（16人中的14人）也试图追求他们的激情，16人中的7人（45%）能够在他们的激情中获得稳定的就业。最后，四分之三的工人阶级受访者（9人中的7人）试图追求他们的激情，但只有一人能够在他们的激情中获得稳定的工作。此外，尽管在这个样本中，不同种族/族裔的中产阶级和上层阶级的求职者同样有可能找到稳定的工作，但这些工作更有可能首先属于那些有中产阶级和上层阶级背景的白人求职者，他们有机会获得安全网和跳板，帮助他们在追逐激情过程中获得稳定的就业。

尽管这些访谈数据表明，关于什么样的人处于最规范的和最不规范的理想象限存在着某种分类模式，但这是一个普遍性有限的小样本。因此，我研究了全国劳动力变化调查数据，以测试这些模式是否在受过大学教育的劳动者中广泛且显著地存在。事实上，在美国整体劳动力中，排除人口统计学、教育水平、职业和部门的因素，来自工人阶级家庭且受过大学教育的劳动者，受雇于他们所热爱的稳定工作的可能性，明显低于来自富裕家庭、同样受过大学教育的工作者。具体而言，来自上层社会背景的大学毕业生中，有31%的人受雇于他们所热爱的稳定工作，而来自工人阶级背景的人中只有25%如此。[13] 相反，来自工人阶级家庭受过大学教育的劳动者，比来自上层阶级背景的同龄人，更有可能从事既没有激情也不稳定的工作（22%对14%）。此外，来自富裕家庭的劳动者从事与他们的激情相一致的稳定工作的可能性，是从事那些与激情无关的不稳定工作的2倍（31%对14%）。

我还发现，在全国劳动力变化调查的数据中，女性比男性更有可能在追逐自身激情的过程中从事不稳定的工作。这与那些由女性主导以及被归为女性类的职业（如护理工作和初级教育）的价值被低估是一致的。[14] 关于从事不稳定的非激情工作或稳定的激情工作的可能性，受过大学教育的劳动者在种族/族裔方面没有类似的差异。但与美国的更广泛趋势相一致的是，这个阶级化的故事也是一个种族化的故事：非白人受过大学教育的受访者，比白人更有可能来自工人阶级家庭。[15] 正如我在本章结论中所指出的，寻求激情者的模式对少数种族/族裔的大学毕业生有特别的影响，他们比白人同龄人更不可能在富裕家庭中长大，也就更不可能有机会获得跳板和安全网。

过往的研究已经详细记录了在社会经济上享有特权的受过大学教育的求职者，如何从其家庭在经济、社会和文化的资源当中获益。[16] 例如，里维拉证明了，精英专业服务公司经常会利用一些有偏见的招聘程序，例如只从精英大学招聘，并在面试中强调上层社会的互动方式和消遣（如马球）。[17] 阿姆斯特朗和汉密尔顿发现了美国大学的筹款重点和未实现的流动性承诺，根据女生的经济和社会资本状况，为女学生创造了截然不同的"道路"，走"专业道路"的中产阶级和上层阶级女性在大学毕业后表现良好，而走"流动道路"的低收入学生，往往在学生贷款的债务中挣扎，并且在寻找工作时，也缺乏足够的社会资本。富裕的"聚会道路"学生将大学经历置于学术追求之上，他们依靠自己的经济资源和社会网络，在就业市场上往往表现出色。[18]

与这些机构和组织的程序相比，我在这里重点讨论的是那些对追求激情的人来说特别重要的资源，因为他们往往需要在追求激情的过程中权衡挑战和牺牲。[19] 在后续的访谈中，我发现社会经济方面的特权，帮助到的是那些更有优势的求职者，去应对激情追求中出现的挑战。有两类资源对拥有社会经济特权的激情追求者特别有用（且更容易得到）：安全网和跳板。

安全网和跳板

中产阶级和上层阶级的受访者，在毕业后寻求出路时，其实没能隔绝掉寻求激情过程中所带来的挑战。然而，他们往往拥有更强大的安全网和跳板来帮助他们应对这些挑战，并找到符合他们激情的有前途的就业道路。

安全网

他们在大学毕业后寻求自己的激情之路时，许多求职者要依靠他们的家庭或机构提供的一些财务安全网。这些资源保护了寻求激情的人，当他们穿越失业和就业不稳定的阶段时，不会受到经济不确定性的影响，使他们有更多自由去慢慢确保激情之路的实现，冒更大风险去寻找令自己满意的工作。

最有利的安全网是一些求职者从家庭得到的直接经济援助。斯坦福大学的中上阶层毕业生萨曼莎，反思了她的父母能够支付教育费用对她意味着什么。正是这张安全网让她有了遵循"激情路线"的自由：

> 我走的是激情路线；历史学和人类学显然不是赚钱的专业，但这是我擅长的事情，也是我觉得不错的事情。……例如，我本可以在科学课上挣扎。我曾在医学预科学习过一小段时间，非常短暂。……让我更认识到自己有这样的自由，因为我没有学生贷款，（而且）……我的父母真心支持我做的任何事情。我想，如果我身处不同的情境下，钱会是一个更重要的问题，是的，我一定会选择

金钱而不是激情。(亚裔女性)

克莱尔,这位在国家历史博物馆工作的中产阶级休斯敦大学毕业生解释说,她的父母也在经济上支持她读完大学,并在她毕业后又支持了六个月。这帮助她在毕业后站稳脚跟,在没有学生债务负担的情况下确立了自己的新角色。

> (我的父母)为我支付学费。他们让我免费和他们住在一起。……我支付了食物和书本费,但其余都被照顾到了。因为我的父母告诉我,如果我在得克萨斯州上学……他们已经存了足够的钱来支付(我的)州内学费。(白人女性)

这种援助使克莱尔在博物馆工作年收入不到两万美元的情况下,仍能保持中产的生活方式。

除了学费和房租这样大笔的开支,许多较为富裕的受访者还说,他们父母在毕业后会以不太明显的方式帮助他们,比如让他们继续享受医疗保险、给他们买职业装或者支付手机及医疗账单。正如戴夫解释的:"我在夏天得了脑震荡,医院的账单相当高。所以我的父母在这方面给了我一点帮助。"(中产阶级美国原住民和拉美裔男性,斯坦福大学毕业生)

毕业后依靠父母经济帮助的受访者，往往也对这种安排感到不舒服，但他们认为这是继续追求自己激情的必要交换条件。来自上层阶级家庭的广播记者布里安娜解释说，父亲的经济帮助对她继续从事喜爱的工作而言至关重要：

> 我喜欢我的工作……但有时很困难。我已经29岁了，有时还得让我父亲帮忙，因为这份工作的薪水并不高。……我都快三十岁了，还没有正式剪掉那根脐带。我不想打扰我爸爸，但我没有别的选择。（黑人女性，休斯敦大学毕业生）

作为充满激情的高中教师，蒙大拿州立大学的毕业生凯特琳描述了富有的父母如何在经济上支持她完成大学学业。凯特琳认为，这种经济支持是理所当然的，直到她接受了她的第一份教师工作之后才实现了经济独立。新到手的经济独立是一个严峻的指标，表明她在学生时代有多么依赖这个安全网。

> 我选择了一个职业领域，必须明智地进行预算，需要量入为出。……我已经独立支持自己生活两年了。……有趣的是，突然间一切都不同了。三年前，当你问我："你

对钱有多担心？"（我会说，）"我没有担心，一切都很好。我的父母为我支付了一切。"这并不是说我不感谢他们，我永远感谢我的父母，并意识到他们为我付出了多少，但有趣的是，成年只是改变了你对物质的心态。我在商店里看到一个糖果棒，我想，"哦，我不能花两美元买这个，没门儿。"（上层阶级白人女性）

像凯特琳一样，许多上层阶级和中上层阶级的受访者也认为父母的经济支持是理所当然的；他们相信，如果他们"遇到真正的困难"，他们的家庭将能够帮助他们渡过难关。

一个在阶级差异方面不怎么明显的安全网，是在大学毕业后搬回自己家住。许多追求激情的毕业生，特别是那些正在寻找工作或想在激情中找寻工作机会而面临不稳定性的毕业生，毕业后有一段时间会住在家里。这通常为他们节省了租金，以及一些食品和水电的费用。在35名受访者中，有17人（大约一半）毕业后与家人住在一起。有些人在寻找工作时与父母住了几个月，当我在他们大学毕业几年后再采访他们时，还有一些人仍与他们的父母住在一起。[20] 建筑经理罗昂在大学期间一直和他的父母住在一起，并计划这样住到他结婚：

我仍然和父母住在一起。我计划在结婚前与父母住在一起。我计划结婚，希望是在明年。我有一个女朋友。我现在正在努力攒钱，所以当我明年结婚的时候，我就可以去买房子了。(上层阶级西亚男性)

许多工人阶级受访者在毕业后也有一段时间与家人住在一起。然而，这些人比那些更富有的同龄人更敏锐地意识到，这会给他们的父母带来经济负担。毕竟，利用家庭支持是一个关乎生存的问题。一位蒙大拿州立大学的毕业生表示，如果她没有得到家庭支持作为安全网，她的生活状态将是多么脆弱：

> 我的意思是，我离开蒙大拿州时没有钱。我所有的兼职收入都用来买书和食物，所以如果没有家人收留我，我真的不知道之后会去哪里。我可以看到这种情况发生在很多孩子身上，然后走向一些糟糕的道路。(工人阶级白人女性)

斯坦福大学的毕业生最近才获得了第三个安全网：在精英专业服务公司工作。和其他常春藤学校一样，精英银行、管理咨询和律师事务所积极招募斯坦福大学本科生担任初级职位。蒙大拿州立大学和休斯敦大学的学生，像绝大多数四年制的大学生一样，被这些岗位拒之门外，因为他们缺乏精英专业服务公司所认为的获得适当教育的"血统"。正如我在第二章中所解释的，找到一份精英专业服务工作很少成为求职者的终极目标。相反，精英专业服务工作是充满诱惑的高利润垫脚石，可以帮助毕业生进入他们所热爱的职业道路。这些被里维拉称之为"金门槛"，让那些毕业时还不了解自身激情是什么的人，或还没有明确机会去追寻激情的斯坦福学生，能够获得技能去建立自己的关系网络、偿还学生贷款并填补他们的银行账户。"一旦这些员工找到了他们的激情，"里维拉指出，"他们就可以进入企业、非营利组织和政治领域当中的理想职位。……人们普遍认为精英专业服务工作是重要的占位器和垫脚石，使这些职位成为确保大门敞开、容许激情得以进一步发挥的安全选择。"[21] 上面介绍的特蕾莎就是这样做的。她在纽约的一家精英专业服务公司工作了好几年，直到找到一份教育软件企业的工作，而这正与她的激情相吻合。

对于那些能够获得安全网的人来说，上述三种安全网为寻求激情的人提供了奢侈的时间，使他们能够弄清楚什么工作最符合自己的激情，从而进行多轮求职或申请研究生院，或者只是"等待"，直到符合他们激情的工作出现。例如，来自中产阶级上层家庭的斯坦福大学毕业生杰思敏最终申请了公共卫生硕士项目，她知道，如果找不到符合自己兴趣的工作，父母会在经济上帮助她，对此她很有信心。在长达三年的时间里，在思考自己下一步该做什么的时候，她做过志愿者，也做过兼职工作。她甚至花了一年的时间到国外旅行，费用当然是由父母支付的。

我从我姑姑那里听说了一点关于空档期（gap year）的事情。她曾问我："你有没有考虑过一段时间的空档期？"她意思是，"那是你该做的事情"。确定（我的）激情，我认为它不必看起来像什么特别的东西，当时我也不必知道它一定就是什么。……所以从斯坦福大学毕业后，我没有工作；我回家的另一个原因，是因为我不清楚想用自己的学位去做什么，当然也需要休息一下，因为感觉很累。……2013年底，我在摩洛哥的一所阿拉伯语学校待了三个月。（中上阶层拉美裔和白人女性）

杰思敏的家庭支持让她有时间"休息一下"，以"确定（她）的激情"，并找寻符合这种激情的研究生教育选择。

相比之下，她在斯坦福大学的工人阶级同学凯文，即便拥有认知科学学位，却没有这样的奢侈时间。他在毕业后也没有明确的计划，但他怀疑，家庭能否有足够的经济资源来支持他度过这几个月。

(毕业后,)我想我会休息一段时间,回到家里,花一些时间与家人在一起。我并不确定如何安排下一步的工作。我和一些人聊过关于进入实验室的事情,但基本上没有从实验室负责人、教授或任何接触过的人那里得到回复。我甚至提出可以义务干活儿,但是很不幸,(它没有发生。)……我可以在不(向我的父母)要任何钱的情况下做这些(探索),毕竟谁知道他们有没有钱。(工人阶级拉美裔和白人男性)

安全网并不专属于那些在经济上最有特权的求职者。一些工人阶级的学生,比如凯文,确实搬回家和父母一起同住了一段时间,以确保他们下一步的职业发展。但对社会经济条件有优势的求职者来说,这些安全网不仅覆盖面更广,也更容易获得,而且他们往往认为,这些安全网是理所当然的。享有特权的激情追求者享受到来自家庭的经济支持,拥有了不必即刻就业或"定下来"的奢侈,这使他们能够经受住不稳定的考验(有时甚至是多年),来寻找符合他们兴趣的职业道路,而不必太担心早期工作在经济上的可行性。斯坦福大学的学生还有一个额外的好处,那就是可以在精英专业服务公司中获得金门槛。正如我们将看到的,没有这些安全网的受访者往往不得不放弃他们的激情,从事其他行业的工作,或在就业不稳定的情况下背负学生贷款的债务。

跳板

最有特权的激情追求者不仅有机会获得财务安全网，帮助他们度过就业延迟和不稳定的阶段，而且他们还经常有机会获得非物质资源或"资本"形式的跳板，来帮助他们克服这种不确定性，使他们在激情中获得稳定的高薪工作。社会学家皮埃尔·布迪厄区分了几种非物质资本。[22] 我将讨论三种对寻求激情的人特别有利的类型：文化资本，即熟悉与有权势的人和机构打交道的非正式规则；社会资本，即与具备重要机构知识和决策权的人的社会联系；以及教育资本，即通过认证或学位获得的正式资格，这有利于求职者的工作机会。在中产阶级和上层阶级的职业追求者中，获得文化、社会和教育资本的机会并不相同，工人阶级的受访者中也不是不存在这些类型的资本。尽管如此，那些在社会经济地位上有特权的人往往有机会获得跳板，这使他们能够超越潜在的不稳定性，在自己的激情中获得稳定的工作。

学者们对社会、文化和教育资本的关注并不新鲜；事实上，很多研究都致力于了解，社会阶层为求职者在就业市场上取得成功所提供的不同准备是什么。[23] 在这里，我将重点讨论那些帮助有特权的激情追求者避免或克服激情追求的特殊挑战的资本形式。

除了我在下面所讨论的阶级因素，种族/族裔、性别和移民身份等因素，也可能在求职者进入与激情相吻合的工作方面起作用。出生在美国的白人男性身份，也是求职者在应对种族主义、性别歧视和本土主义的学术机构及劳动力市场时的有利跳板。尽管我在这里所使用的访谈样本，其规模不足以研究这些细微的差别，但几乎可以肯定的是，在开始职业生涯时，这些因素对某一些求职者有利，而对另一些人不利。

文化资本

富人和出身中上阶层的激情追求者，比他们的同龄人更有可能受益的第一个跳板就是文化资本。这种类型的资本，往往涉及家庭成员所灌输的隐性知识，例如如何从大学获得最大的收益，如何在求职过程中游刃有余，以及如何在求职或研究生院申请过程中最有利地定位自己。[24] 塔拉是医学院的学生，也是休斯敦大学的毕业生，她解释说，自己通过家庭接触到医学领域，在很年轻的时候就对医学充满了激情。塔拉的父母、姐姐和姐夫都是医生；她的家人帮助她为医学院的要求做准备，并指导她完成申请过程。

> 我的父母……一直鼓励我进一步就读（医学）。我去

了休斯敦的一所医学高中。它目标是将高中生送进医学领域。在那里你什么都做，比如在高中就开始在医院轮岗。还读了一堆与医学有关的课程。……我主要从父亲和姐姐那里得到指导，因为我姐姐其实也走了一条类似的路，当时她和我姐夫都在波士顿的（医学）学校。……我听了很多他们的意见。……（他们说，）"你想要做得好，必须要有研究，还必须要做志愿服务。"（上层阶级亚裔女性）

由于家庭原因，塔拉很早就学会了如何确定高中和大学的学习方向，以便为自己获得进入医学院的最佳机会做好准备。

塔拉的中产阶级大学同学克莱尔指出，她的父母都是专业人士，在她上中学的时候，就鼓励她在动物园和自然历史博物馆做志愿者，这样就能一脚踏进这扇门。

嗯，我的父母都是从事医学领域的，所以我一直有生物学背景。……我们种菜，也常到外面去，然后我妈妈会告诉我关于医学的东西。……我一直非常喜欢动物，当我十几岁的时候，我妈妈鼓励我在动物园、博物馆做志愿者，而不是休暑假。我在这两个地方做了五年的志愿者，

从 13 岁开始直到 18 岁。(白人女性)

克莱尔十几岁时在博物馆做志愿者所建立的联系,让她在后来的实习生选择过程中获得了竞争优势。

> 当我们有实习生的时候,他们会说,"申请过程很糟糕"。我就说,"我很抱歉"。(笑)我感觉很糟糕,感觉像是"我实际上没有申请。我的工作不是申请来的"。他们只是想,"有一个职位空缺。你想要它吗?",我觉得这对我来说很容易。……我真的很幸运,自己有能力进入现在的职业。(白人女性)

他们的父母经常通过自己的经验,传授有关专业劳动力市场的知识。与这些受访者相比,没有这种文化资本的求职者在找工作时,往往会描述与父母之间的紧张关系,一位正在从事工程师工作的蒙大拿州立大学毕业生说,她的母亲对大学毕业后的工作缺乏了解。

> 是的,当我(毕业后)没有工作时,我妈妈真的对我很失望,这太难了。我没有住在家里,而是待在路易斯安那州,大部分时候靠省吃俭用过活,偶尔靠失业

金。……我感到他们并不真的了解工作的过程。我的意思是，如果我有认识的人，我就能利用这个缓冲，但我没有……让简历通过的难度很大。我也许应该找一个专业的简历作家或类似的人来帮我通过计算机（工作申请）系统。（工人阶级白人女性）

卢皮塔是休斯敦大学社会学专业的"第一代"毕业生，她试图不让家人去了解自己在得到社会工作方面的难处，因为她的母亲和姐妹们都为她感到骄傲，她担心他们"不会理解"：

我是家中第一代大学毕业生，所以对我的整个家庭来说都很新鲜。我们全家什么都不懂。我不想让他们知道（找工作）是怎么回事。他们会说，"我女儿毕业了"，而这是件大事。我不想让他们知道找工作整件事的复杂性，因为我妈妈搞不好会在山顶上大喊，你能想象吗？（工人阶级拉美裔女性）

像塔拉和克莱尔这样的求职者，家庭为他们注入了文化资本，帮助他们完成了从大学开始的各种过渡，他们准备得更好，于是能够经受住寻求激情的不稳定性，比身处工人阶级的同龄人更容易追随激情进入职业道路。在这些情况下，文化资本在求职过程中实现了激情本身无法实现的目标：熟悉毕业后的职业启动过程，了解如何在获得工作机会方面获得竞争优势。

社会资本

更有特权的激情追求者还受益于社会资本，或是受益于在职业道路上有影响力的人或机构的社会联系。[25] 来自富裕家庭的求职者，比工人阶级同龄人更有可能拥有社会关系，帮助他们在找工作的过程中获得经验。

通过社会网络获得实习机会，是许多受访者在就业市场上的竞争力核心。[26] 三分之一的受访者（35 人中的 12 人）在大学期间有实习机会。在这 12 个实习的人中，有 5 个是无偿的，而所有 5 个无偿实习的学生，都来自上层或中上层阶级家庭。

许多更有特权的激情寻求者，会通过他们的家庭或朋友网络获得实习机会。在非营利组织工作的斯坦福大学毕业生瑞贝卡说，"我所有的工作几乎都来自认识的人"，"我最初得到的实习机会，因为我父亲与该组织有关"。（上层阶级白人女性）这些实习经历帮助她打入了湾区的非营利组织领域。同样，一位斯坦福大学的学生解释说，她能够在一家大型科技

公司获得实习机会,是因为她的母亲也在一家大型科技公司工作。(上层阶级多种族女性)

受访者的社会网络还能帮助他们评估有哪些职业选择,探索哪些工作最有可能符合他们的激情。杰思敏描述了她的中上阶层父母在她探寻符合兴趣的道路时,齐心努力将她介绍给熟人网络中的一些人,而这些人可能是对她有用的联系人。

所以在毕业后,我在家。……正是通过与我父亲的联系,我在湾区找到了第一份工作。我父母的教会有一些朋友在公共卫生领域工作,(我的父母一直)提起他们,他们会想办法介绍我。……(我的父母会在把我介绍给他们时说)"喏,这个人在公共卫生部门工作",而我就会说"好啊,很棒"。(拉美裔和白人女性)

与同龄人的社会资本关系相反,一个中下阶层的休斯敦大学毕业生特雷弗指出,他没有任何关系可以帮助自己获得申请物理治疗学校所需的观察期。相反,特雷弗会根据教授们的网站,出人意料地给他们发电子邮件。

我去了人类健康和表现学院的网页,看了看教授们的研究兴趣。我看到有一位与我的研究兴趣有些吻合，于是叨扰了他，直到他允许我在他的实验室做志愿者。最后我得到了他的两封推荐信，所以我的努力得到了回报，还获得了一笔小额奖学金。(白人男性)

除了这些个人联系，斯坦福大学的制度性社会化培养强调与校友之间建立社会联系的重要性。学校鼓励学生战略性地利用自己的同学网络和斯坦福大学的校友网络，以获得工作上的联系和建议。[27] 来自上层阶级家庭的斯坦福大学毕业生林赛是这方面的敏锐观察者：

> 进入斯坦福大学，我是相当理想化的。我可能会说，"对，你需要的只是激情"。而且会觉得，"如果我在网上申请一些工作，我和其他申请人有同等的机会"。但随着时间的推移，你会发现，获得工作的人是那些认识招聘人员的人，他们的简历被亲自递给招聘经理，等等。他们甚至可能就获得了工作。……人们就是因为认识一个可以为他们创造工作机会的人，才会得到那些甚至没有在网上发布的工作。……斯坦福大学有很多有特权的人，看到他们是怎么做的，我就吸收了这些。(多种族女性)

休斯敦大学和蒙大拿州立大学的毕业生都没有机会接触到强大的校友网络,也没有遇到过这种制度化的鼓励措施,进而利用校友关系来获得工作。[28] 然而,正如凯文的故事所证明的那样,仅仅拥有斯坦福大学的学位,并不能被自动地赋予与职业机会的实际联系。

教育资本

富人和中上阶层的受访者往往还能获得补充教育和培训机会,提高他们在工作申请和研究生院录取中的竞争力,或者只是让他们有时间在简历没有"漏洞"的情况下弄清自己的下一步。例如,杰思敏参加了斯坦福大学为她所在院系的应届毕业生举办的为期一年的学士后课程(post baccalaureate program)。这个项目并不提供正式学位,相反,它承诺为她提供获得实习的结构化机会,以及其他与健康和医疗保健相关的社会关系。

> 在这个项目中,有相当数量刚毕业的学生。……我想,一个班级有二十多个人,至少有一半(已经)在过去五年内(从斯坦福)毕业。因此,我们有很多人在一起思考下一步想做什么。……因为有实习的部分,我最后还在一所学校实习了。……所以在那个项目之后……该

项目中另一个年龄较大的人在一家新公司工作,她说:"你想来为我们工作吗?"我就说:"好啊,我很愿意。"(拉美裔和白人女性)

杰思敏的教育项目不仅让她获得了额外的证书,还培养了一些社会联系,帮助她扩大社会网络,从而获得就业机会。

在过去十年中,宣传可以"帮助你展示专业知识"以及"帮助你在人群中脱颖而出"的研究生学历项目越来越受欢迎。[29] 例如,一位斯坦福大学的毕业生,在大学毕业后参加了医学预科课程,以帮助她申请医学院;一位蒙大拿州立大学的毕业生参加了实验室技能培训课程,这将使他在感兴趣的医疗技术员工作中更具竞争力。这些项目对那些有兴趣在特定领域提高自己就业能力的激情追求者来说特别有益。然而,与博士项目不同,参加研究生学历项目的学生,通常没有资格获得联邦财政援助。[30] 大多数报名者都是自掏腰包,费用从每学时 300 美元到 1300 美元不等。因此,这些项目往往只对有社会经济特权的激情追求者放行。

尽管文化、社会和教育资本,不论对那些在职业决定中优先考虑激情,还是优先考虑其他因素的求职者而言都会很有用,但跳板对这样一些激情追求者而言特别有利:不想随便接纳可以胜任的工作，而是专注于将工作内容与自身兴趣、自我意识最大限度结合起来。总而言之，寻求激情并不总是从学校到工作的坦途。它往往会陷入一些带来就业延迟、工作不稳定和经济问题的非优先考虑中。来自社会经济背景更优越的激情寻求者，往往拥有更广阔的安全网——来自父母的金钱援助，允许在家里生活，而不用担心自己家庭会否财政紧张——这使他们有奢侈的时间，来申请所热爱的工作或研究生课程（或者甚至弄清楚他们的激情到底是什么）。更有特权的激情追求者也有跳板——教育、文化和社会资本——帮助他们获取经验和关系，将他们从学校推向职场。[31] 在这些资源的帮助下，富人和中产阶级的职业追求者，比他们的工人阶级同龄人更有可能在自身激情当中获得有偿工作。

这些模式呼应于关于激情原则的实际调查中对受过大学教育的工作者的调查。在那些认可激情追求是大学毕业后职业道路首选的人那里，其中69%来自上层和中上层阶级背景的人说，他们的家庭帮助支付了大学学费和生活费，而只有46%来自工人阶级家庭的人提到存在这样的安全网。此外，在跳板方面，29%的激情追求者表示，他们的家庭或大学校友在大学期间为他们提供了实习机会，相比之下，工人阶级只有6%的人这样认为。

对激情的追求，如何延续了社会经济分化

在图3.1中，最具规范性的位置是右上象限：在自己的激情中获得稳定的工作和高薪。在安全网和跳板的帮助下，一些学生能够进入这个象限，尤其是社会经济条件最优越的学生。但那些遭遇就业不确定性或不稳定性，或发现工作跟自身激情浑然无关，或者，那些两种困难兼而有之的求职者呢？我认为，不仅缺乏特权背景的求职者更有可能最终进入其他象限，而且对他们来说，追求激情本身通常比同龄人的风险更大。

朝不保夕的激情

许多求职者尝试在激情中寻找工作，但最后却落入不稳定就业或失业的漩涡。对于来自较差阶级背景的受访者来说，寻求激情伴随着更大的风险，意味着走上一条不稳定的道路——不稳定的、临时的、低报酬的和/或缺乏可行晋升机会的道路。对那些在大学毕业后迅速扭转职业轨迹的求职者，这种社会经济方面的差距尤为明显。我考察了三个案例，这些受访者为了追求自己的激情而改变了职业轨迹，他们缺乏安全网和跳板的状况阻碍了自身能力的施展，因而难以在新的职业道路上获得稳定的机会。

阿利雅原本读的是休斯敦大学数学专业。她发现数学不那么令人满意,所以她离开了休斯敦大学,进入得克萨斯州一所小型私立大学攻读舞蹈学位。改变领域和学校的决定使她持续摇摆了一年多。她这样解释自己向舞蹈方向的转变:

> 我想,感觉自己像在逃避什么,直到我转入舞蹈,我才注意到,过去我不曾了解其存在的一片空白被填补了。我很清楚自己喜欢跳舞。……我想那引爆了我的成就感。这就是从事一份职业而不仅仅是工作的意义,因为你在享受自己所做的事情。(中产阶级黑人女性)

在采访的后期,为了确定这一点,我问阿利雅,她会不会认为自己正在追寻激情。她强调地回答:"肯定是的。我绝对、绝对、绝对、绝对不会改变它。"

在后续采访时,阿利雅成了当地一所高中的舞蹈教师。她与学校签订了年度合同,但她的工作年薪只有约2.5万美元,她不得不在晚上和周末做咖啡师以补充收入。虽然她追随了自己的激情,但她缺乏文化和社会资本,无法像她的一些同学那样在更有名望、收入更高的私立学校开始自己的职业生涯,或在舞蹈工作室担任全职教师。而且由于她的家庭对教育费用的贡献能力有限,她在完成本科教育时就欠下了4万多美元的学生贷款。

我第一次采访安德鲁时，他还是蒙大拿州立大学的一名工程学生，最后他彻底离开了大学——带着超过 7 万美元的学生贷款——去追求开健身机构的梦想。

> 我很快意识到，我不可能从事工程师职业。……我无法做到这一点，也无法获得快乐。……这只是为了工作和受折磨而去工作和受折磨，这样做太糟糕了。……如果我打算从事一份我做不到又不快乐的工作，或者最多只是得到一些奖励或回报，这对自我护理和所有事情都没有好处。
>
> （经营健身机构）有着令人难以置信的困难，它非常耗时，但我喜欢它。……它要求与我指导的所有运动员建立非常亲密的关系。……还有技术方面的问题，还有计划项目、打卡、为比赛减重等等，但这很棒。它填补了很多心灵空洞，让我成为自己，也让我负责起这个世界的小角落，而这对我来说是好事。（工人阶级白人男性）

虽然健身机构刚好能达到收支平衡，但安德鲁和未婚妻将他们所有的储蓄和信贷都投入到了这项业务中，疯狂地工作以维持它的发展。

另外两位受访者也以类似的飞跃姿态来追求他们的激情。

基娅拉曾走在一条通往医学院的明确道路上，在从斯坦福大学人类生物学专业毕业后的那个夏天，她被一项著名的医学预科奖学金项目录取。在获得奖学金的一个星期后，她发觉医学院并不适合她。

> 我开始了医学预科的工作。但我在第一周结束时就离开了。……我得了恐慌症，告诉我妈妈说，我不想去医学院了。我于是转而学习 GRE，认为我将去做一个公共卫生硕士，基本上也就……半途而废了。我参加了 GRE 考试，得到了相当好的分数……。（但）我仍没有做正事，也没有正当的理由。……我跟朋友、朋友的朋友交流信息。……我问他们"你在研究生项目中学习如何制作木偶"，以及"你是一个作家"，并问他们过着怎样的生活。……当时，我不知道是什么驱使我这样做，也不知道怎么会有这样的想法，但是……。我想从事一份创造性的职业，也要有一个好的发展。（工人阶级黑人女性）

在接下来的两年里，基娅拉在媒体创业公司做了一系列兼职工作，最终被一家颇受欢迎的在线视频制作公司录取，获得了为期六个月的令人羡慕的奖学金。不幸的是，奖学金结束后，她并没有像她希望的那样得到一份全职工作。在后续采访中，基娅拉在同一家视频制作公司担任合同工，只在需要她去的日子里工作。她通常一周只有几天需要工作，一天能赚150美元（大约每小时19美元）。

> 在一定程度上，我仍在为（视频制作公司）工作，（它）确实是我的主要雇主，但我不再完全靠它养活，也没有一个正式头衔。我当时想，嗯，这样不错。它给了我灵活性，可以让我在想工作的时候上班，也可以在我不想工作的时候不上班。这意味着，我必须一直开着电子邮件寻找和发布工作，但这也不难。反正我总归在用电子邮件。（工人阶级黑人女性）

虽然在经济上极具挑战性，但基娅拉淡化了按需就业的不稳定性，认为这是追寻激情做出的必要牺牲。

萨姆在与心理健康问题斗争很久后，离开了休斯敦大学，部分原因是对自己的职业道路深感不满。经过一段时间的恢复，萨姆搬到了洛杉矶，开始在一所社区学院的电影课程中上课。虽然萨姆在追随激情，但自己也不清楚下一步可能做什么。萨姆有大约有4万美元的休斯敦大学学生贷款债务。

> 我接受了这么多年的心理学（休斯敦大学课程）。……

我只是对它感到非常厌烦。我这样做是因为我妈妈希望我这样做，希望我成为一名医生。我曾考虑做一名精神病医生。但我对它完全没有激情了。我想写作、做电影、做音乐，或一些娱乐性的东西。……去年我搬到了洛杉矶，我现在在追求电影事业，因为这是我一直想做的，……可以结合我所有的音乐激情，以及我的写作。……

（在去洛杉矶之前，）我联系了所有的朋友，看看能否得到钱买一张飞机票，一张单程飞机票，我只有一个小背包和一些衣服。我飞到洛杉矶。第一晚我睡在街上，之后进入一家庇护所，然后我住进了过渡性住房。……我现在就在救世军的过渡性住房里。

（转换职业道路）真的只是为了献身工作。……只是想通过真正喜欢的东西赚钱。（工作）不是为了让你去恨自己。没有人走过这条路。你永远不可能通过跟随别人的道路来获得成功。你必须学习、不断学习，保持对自身才能的热情，并真正保持进步。我这样想是因为我喜欢写作。我爱电影。我爱音乐。（工人阶级非白人非二元性别者）

萨姆的母亲施加了压力，要求孩子从事医学领域的工作。这种压力，加上萨姆对在休斯敦大学的经历不满，导致他最终离开了休斯敦大学，寻求另一条更符合激情的道路。

阿利雅、安德鲁、基娅拉和萨姆在大学毕业后都追随了自身的激情，有时还冒着巨大的经济风险。如果他们也像那些有特权的同龄人那样享有安全网和跳板，他们本应经历的复杂且时常动荡不安的道路，可能会变得更容易一些。如果拥有更宽广的安全网，以及出身优越的同龄人所具备的社会和文化资本，那么，安德鲁在开业时，可能会有机会从他的个人网络中获得贷款或投资，阿利雅可能会得到一份收入更高且更稳定的舞蹈教练工作，基娅拉可能会过渡到稳定而有经济保障的工作，而萨姆则可能负担得起更有名的电影学校教育，或者至少在搬到洛杉矶之前，有足够的资源支付保证金和公寓租金。至少每个人都可以背负更少的学生贷款债务。

无激情的稳定就业

并非所有从一开始就试图追求自己激情的受访者，最终都走上了与激情相符的道路。一些人最终从事了与激情无关的稳定工作，另一些人则在临时的或不稳定的职位上，与他们认为的有成就感的工作没什么关系。而追求激情的人在自身激情之外最终从事的工作是否稳定，与他们的社会经济特权水平有关。

经济上富裕的受访者假如在自身激情以外求职，通常最后仍然从事稳定且高收入的工作。辛西娅是斯坦福大学的毕业生,来自一个上层阶级家庭,一开始学的是工程专业,但最后决定不从事工程职业,因为这不"适合"她。她寻求了其他道路,获得了管理科学的硕士学位,然后又获得了艺术硕士学位,希望能找到她所热爱的东西。在接受采访时,辛西娅在新加坡一家小型创业公司担任运营经理。这份工作提供了体面的薪水和良好的发展机会,但这并不是她的激情所在。她利用从家人那里学到的与求职有关的文化资本,找到了这份工作。

所以,有家人建议,需要联系并找到在那里工作的人,而不是试图在网上申请。……我不确定自己真正擅长什么,也不确定我的激情是什么。所以我不确定什么能让我快乐。即便是现在,我想我经常转换角色的部分原因,是我不相信自己可以预见到什么会让我快乐,所以我总愿意尝试一些东西,然后看看情况如何。(上层阶级黑人女性)

辛西娅计划在她的工作中等待,直到找到下一个"使(她)快乐"的职业阶段。

康纳,一个来自中上层家庭的蒙大拿州立大学毕业生,搬家穿越了全美，参加一个昂贵的研究生认证项目，为此自掏腰包。然后，康纳开始了一份似乎很符合自己兴趣的实验室技术员工作。他喜欢微生物学方面的工作，但发现工作结构以及与同事的互动比他预期要少得多。他一直在考虑离开这个岗位，但短期内会留在原地，因为他"过得很体面"（大约每年5.5万美元）。

> 在学术界待了这么久，我一直在观察临床实验室是如何运作的，有些事情跟我习惯的那些相比，就觉得很奇怪，我想看到变化，却无法做出这些改变，这是件令人沮丧的事情。即便我确实喜欢它……我的两个学位实际上都是微生物学，当你得到两个学位的时候，我希望能喜欢自己得到的东西，但它并不完全是我在头脑中想要的东西。（白人男性）

虽然辛西娅和康纳没有成功找到自己所热衷的工作，但他们的就业是安全的。如果有机会，这两位年轻的专业人士都有能力转到更感兴趣的工作。但就目前而言，他们在劳动力市场上的地位是稳定的。

无激情，也不稳定

图 3.1 中，最不理想的象限——在自己的激情以外的不稳定工作（左下角）——主要被来自工人阶级和中下层阶级背景的受访者占据。这个类别的受访者在毕业后重视并寻求基于激情的工作，但无法保证就业。相反，他们不得不求助于服务业或蓝领工作来养活自己。

艾伦是蒙大拿州立大学小学教育专业的中下阶层毕业生，她努力了 18 个月才在当地学区找到一份工作。她在服务业做兼职，希望在自己的学位领域被录用之前，能够维持生计。"我在（书店）咖啡馆做了一年半的咖啡师。这只是我打算做的事情，直到我找到一份教学工作。"她做咖啡师的年收入约为 1.1 万美元，没有福利。她没有太多课堂经验，也缺乏在该地区的人际网络联系；艾伦祈祷在找到教职之前，她的学历还没有变质。

斯坦福大学认知科学专业毕业生凯文，为追寻他的激情尝试了很久。他一边申请研究生院，一边在一家刚起步的科技创业公司从事无偿工作。这家初创公司对凯文承诺，如果公司变现，将提供一份高薪的全职工作。凯文打了两年的零工（例如，给外国学生做家教），在这期间赚了一点钱。但他从未被研究生院录取，而创业公司也还未获得资金。

毕业后，……我在一家做在线治疗模块的公司实习……它从未真正起步。我也从来没有得到过报酬。所以我告诉他们，我不能继续这样做下去了。如果我必须支付账单，我将不得不接受其他的工作，……做自由职业者以及为想要出国留学的中国学生提供口语帮助。（工人阶级拉美裔和白人男性）

他认为在纽约有很多与认知科学相关的工作机会，于是带着凑来的积蓄，在没有工作的情况下搬到了纽约。

老实说，当我来到纽约时，一切都很艰难……当我来到（纽约市），我只有2000多美元，是少了一点，我当时想，"是啊，在这里找工作太容易了，工作都长在树上，我只要走进去，一星期内就能找到工作"。但事实并非如此。我花了好几个月的时间努力工作，却买不起很多东西，我觉得自己……看到了生活的艰辛以及许多人的不易……我坚持着，希望亲情会好起来……最后确实好起来了。

由于缺乏社会资本联系或文化资本来了解纽约的劳动力

市场，凯文挣扎着寻找与自身激情有关的工作。他最终找到一份工作，每周工作 38 小时，没有福利，是一家大型社交媒体公司的招聘人员。这份工作与他的兴趣没有什么关系。凯文在业余时间阅读认知科学研究，以保持与自身激情之间的联系，并希望他最终能够转到更接近他兴趣的工作。

但在采访时，他打趣说，他所从事的工作，其实是帮助其他人联系到他们所热爱的工作。

托马斯是蒙大拿州立大学音乐专业的毕业生，大学毕业后搬回家乡明尼苏达州，开始自己的私人音乐教学业务。虽然他最初成功地获得了客户，但他无法快速支付他的学生贷款，最终不得不放弃这些业务并找到另一份工作。在采访时，他在一家啤酒厂工作，年薪约 3 万美元，同时他还有超过 6 万美元的学生贷款债务。

> 托马斯：我曾对进入音乐教育领域抱有很大希望，但很快就遭遇了现实。
>
> 我：你说的"现实"是什么意思？
>
> 托马斯：财务、账单，以及认识到我的学位是多么没有市场，而且为了追求一个……（硕士）学位而背负更多债务真的没有意义。一旦我的学生贷款启动，现实就会很快袭来，我实际上回到了在大学时的工作，在 UPS 的

一个仓库工作。我曾在那里工作了三年。……最后两年，我已经开始做手工酿酒师。我算是我们家第一个上过大学的人。……而我却有点回到了蓝领（工作），这是我们整个家族都在干的事。我想，家族基因表明我不属于办公桌，那我就这样了。

我来自一个农民家庭。我一点也不害怕努力工作，但我没有任何家庭支持。我承担了一大堆的债务。……有句话说，我可以用鞋带把自己抬起来，但我没有任何鞋带。一个成功的人很容易回过头来说："是的，你只需要努力工作，把你的头放在磨盘上。"好比说，……（我当时）在仓库工作，每小时挣11美元。这真的很困难，你甚至没有赚到足够的钱去寻找另一份工作。（笑）你知道我的意思吗？（我）太穷了，我甚至不能给我的车加油，去寻找另一份工作。

我现在的目标，正如我前面提到的，是让我摆脱债务，然后尽可能多地存点积蓄，然后离开这个鬼地方。……因为这个系统把我吃了又吐出来，不断地利用我。（工人阶级白人男性）

托马斯后悔在大学里积累了太多债务，当他试图让音乐教学业务起步时，贷款束缚住了他处理就业不稳定的能力。他在啤酒厂的工作既不需要也不必动用他在中学以后接受的教育,当然也与他对音乐教育的激情相差甚远。

对于这些求职者来说,经济援助的安全网可以减轻学生贷款的负担,并提供一点钱在新的地方安家,或者提供更多的时间来投资申请工作或研究生院。这样的安全网可能会让托马斯在明尼阿波利斯成功开展音乐课业务。更多的文化或社会资本可能会帮助艾伦打开进入当地学区的大门,更多的经济支持会让她成为志愿者或代课老师,以获得职业经验,而不单单是做咖啡师。更多的文化资本可能会帮助凯文更成功地申请研究生院,并更好地了解纽约的就业市场,而更多的经济资源可以让他有更多的时间去寻找与激情更吻合的工作。当然,我们无法知道,那些更有特权的同龄人所能获得的安全网和跳板,是否能使上述这样一些求职者在他们的激情中也获得稳定的就业。但用平均数来看,没有这些跳板和安全网,将使这些求职者面临更大的风险,他们可能会处在不稳定的就业道路上——要么与激情相符,要么远离它。如果没有广阔的安全网和跳板,社会经济条件较差的求职者就无法在自己的激情领域内找到稳定工作,他们承受的风险和损失都是最大的。对于艾伦、凯文和托马斯来说,追求激情实际上巩固了他们原本的社会经济地位,并增加了数万美元的学生贷款债务负担。

在自身激情中寻找工作的情感缺失

社会经济地位较低的求职者,在另一方面也处于不利地位:求职过程对他们的情感伤害往往比同龄人更大。许多受访者家庭对白领和专业工作非常熟悉,他们在大学毕业后的求职过程中得到了指导——当他们没有得到录用通知时会得到安慰,被鼓励不要太在意。而许多工人阶级和"第一代"受访者,在白领劳动力市场上找工作时士气低落,常常把找不到工作内化为自身存在缺点的标志。[32] 卢皮塔,一位休斯敦大学的毕业生,最终在休斯敦找到了一份社工的兼职,她解释了大学毕业后的困难,她希望自己能理解,自己的经历在其他应届毕业生中是多么普遍。

谢天谢地,我终于找到了与自身领域相关的工作……我的自我价值大多来自能去工作并帮助我的家人。(在找到社工的工作之前,)有一段时间我很沮丧。我想,"我到底怎么了?"。我接受了一次面试,却再没有接到回电……现在回想起来,我应该知道找工作不容易,但我确实认为,也许拿到学位会让我得到一些尊重……我希望有人能告诉我。(我说的是)毕业那天,我说,"这是我人生中最美好的一天"。然后你就会感受到世界的残酷。

他们不想雇用你，因为你没有经验……我一直在想我到底怎么了……我就想到，"嗐，我真希望知道自己当时并不孤单"。我想很多学生都经历过一样的事情。

除了求职过程中遇到的个人困难，卢皮塔还不得不向母亲解释，为什么她没有得到任何工作机会。

我只是（说）："妈妈，通常这就是挣扎的过程，每个人都会经历这些。我知道这总会发生。现在我在（一家百货公司）工作，但我正在努力获得这份好工作，这只是整个过程的一部分。"她总是如此支持我，而我试着让她了解情况，但不会让她知道我的感觉如何。我只是试着让她放心，说自己没事。

同样，毕业于休斯敦大学历史系的迈克尔解释说，自己多年来的求职除了几次面试外一无所获，这让他非常失望。

毕业后，我试着找了一段时间的工作，但没有成功。这年头，不管你学什么，都很难找到工作。……我有一个在人力资源部门工作了很长时间的阿姨，她帮我整理了简历，注册了所有不同的招聘网站，……试图在所有接受

236　激情的陷阱：过度工作、理想工人和劳动回报

个人申请的地方求职。……如果没有人愿意雇用你，就很难获得经验。……我时不时会得到一个面试机会，但没有任何结果，或者我只是收到一封机器人邮件，说"感谢您的申请。祝您求职一路顺遂"或其他什么。他们从不告诉你原因。(中下阶层拉美裔男性)

在我们谈话的时候，迈克尔在亚马逊公司的一个仓库分拣设施里做着兼职体力劳动。他在毕业前没有任何工作经验，他的学位在就业市场上不会为他提供多少帮助，于是他感到不知所措。卢皮塔和迈克尔，同许多他们的同龄人一样，在学生时代就认为，大学学位可以提供一个底线，使他们能够获得稳定且薪酬合理的工作，并踏上自己的职业生涯（见第一章）。虽然大多数受访者都高估了这层底线的坚固性和高度，但鲁皮塔和迈克尔却不得不亲身体会到这一点。工人阶级和"第一代"受访者常常把在劳动力市场上未能即刻取得成功内化为个人的失败。[33]

追寻激情的不平等后果

我重新采访的大多数求职者在进入职场后，仍然坚持以激情原则作为决策指南，将他们早期的激情规划转化为大学毕业后的激情追求。然而，追求基于激情的道路，对一些求职者来说，要比其他人更容易。少数人，特别是那些拥有教育或会计专业学位的人，能够以线性的方式从学校直达自身领域的岗位；对其他人来说，寻找激情的经历更加不稳定，因为他们还要探索哪些工作或高级学位课程最适合他们的激情，或者转向其他领域。

这些求职者的经历揭示了在工作中优先考虑激情往往会带来牺牲。特别是，那些优先考虑激情的人，在开始他们的职业生涯时，常常必须容忍朝不保夕的生活、就业延迟或经济不稳定。追求激情有时意味着放弃更稳定或收入更高的选择，甚至冒着巨大风险完全改变求职方向。相反，那些优先考虑经济安全和稳定的人，通常会利用眼前的好机会，即使这些机会不一定符合他们的个人兴趣。与那些优先考虑稳定或薪酬的人相比，许多追求激情的人仍愿意做出真金白银的经济牺牲，以找到令自己满足的工作。

然而，求职者这种对激情的追求并不具备相同的条件。来自富裕家庭和中产阶级家庭的受访者，通常有机会获得经济安全网，以帮助他们度过失业、不稳定或不确定的时期，而这往往伴随着寻求激情。他们也更有可能获得跳板——文化资本、教育资本和社会资本，帮助他们顺利地从大学过渡到与激情相关的工作。条件较差的学生拥有较少的安全网和跳板，也不太可能在自身激情中找到稳定的工作。这些社会经济差异并不是因为富裕学生被挤到了更有"市场"和更多就业机会的领域，而是因为他们有更多的机会获得这些跳板和安全网。

因此，宽泛地说，激情原则的执行可能有助于延续求职者的原生社会经济地位。激情原则以及寻求激情的行为本身，都依赖于——而且常常假定——只有中产阶级和上层阶级的求职者才拥有的经济和文化资源。以往的研究已经说明了，对大学毕业后的就业而言，以何种方式从教育向就业过渡，社会网络和文化资本至关重要，特别是在需求量小的竞争性领域，往往需要经济支持来进行广泛的工作搜索，度过低薪或无薪实习以及就业试用期。[34] 富裕家庭和中产阶级的学生有更多机会获得这些安全网和跳板，因此更有条件将他们的热情转化为稳定的工作，或转化为有前途的研究生教育。

尽管访谈数据没有办法确定激情追求模式在这些和其他社会类别中的系统性种族/族裔或性别差异，但此处所揭示的模式，对于跨越许多劣势轴线的职业追求者的经验和机会来说都很突出。在全美范围内，黑人、拉美裔和美国原住民出身的大学毕业生，比他们的白人同龄人更有可能来自工人阶级和中下阶层。[35] 他们也更有可能在毕业时欠下大量的学生贷款。[36] 因此，关键在于，阶级模式在重要的方面是种族化的，而我的访谈样本太小，无法充分说明这一问题。例如，帮助享有特权的学生在自身激情中获得稳定位置的社会资本，很可能受到种族以及阶级劣势的侵染。白人身份本身可以被认为是一个跳板,以拥有同等激情和技能的同龄人所无法做到的方式,白人求职者可以在劳动力市场上畅通无阻。

这些模式很可能也是性别化的。虽然跳板和安全网似乎并没有给男性和女性带来不同的好处,但女性可能会因为没有被持续纳入强大的社会资本网络,以及被认为愿意为自己热爱的工作做更多牺牲或忍受更多不稳定因素,而处于不利的地位。此外,女性人数最多的领域(如教育、社会服务)的平均工资,往往低于那些由男性主导或性别平衡的领域。[37] 在基线期,这些在获得高薪、稳定工作方面的差异,很可能扩大了身处不同社会人口类别的激情追求者之间的不平等。

本书的结论和后记回顾了这些发现对教育者、政策制定者和求职者自身的影响,但这里需要注意两点。第一,在高等教育和其他领域将寻求激情加以道德化的倾向,以及贬低那些在职业决定中优先考虑经济因素的人,可能有助于巩固学生进入大学时既有的经济特权或劣势模式。大学教师和行政人员在鼓励学生追随激情之前,应该仔细考虑这一点,而不能对文化和社会资本的不平等分配、高等教育中公平机制的匮乏以及贬低将经济置于激情之上等现象表现得不以为意。

除了这些个人层面的进展,本章在结论处还指出了高等教育机构可以在一些重要的地方进行干预,为追求激情的人提供公平的竞争环境，帮助改善安全网和跳板的差异。通过增加助学金和奖学金的形式来减轻学费负担是一个明显的出发点。例如，大学可以提供或扩大奖学金，允许低收入者和"第一代"大学生参加无薪实习。它们可以向那些雇用自己学生作为实习生的公司和组织施压，要求首先向这些实习生支付合理的工资。大学还可以提供更多结构化的校友交流机会，并更好地建立与就业搜索相关的明确的文化资本。

然而，即使大学成功减少了学生的债务，实现了实习和就业机会的平等，劳动力市场进程仍然存在着根深蒂固的不平等。招聘中的歧视和裙带关系，有利于那些在社会人口学上最有特权的毕业生。[38] 反过来，薄弱的福利规定以及与就业相关的医疗保健，加深了那些最缺乏特权的求职者的财务风险。[39]

这些不平等现象困扰着弱势群体，无论他们在寻找工作时优先考虑什么。然而，正如我在本章中所论证的，当一个人试图在一条与自身激情相关的道路上奔走时，追寻激情会带来更严重的就业延迟和不稳定性。例如，如果基娅拉没有优先考虑她的激情，而是继续医学预科奖学金，她的职业发展就不需要额外的社会资本来获得在线视频公司的全职工作。无论求职者优先考虑什么，跳板和安全网对他们来说都是有益的，但当求职者优先考虑与自身激情相一致的工作，而不是他们

第三章 激情的特权？ 241

所能胜任的有体面薪水的稳定工作时，它们会发挥更为重要的作用。

不过，问题的关键不在于社会经济地位低的求职者应得到不同于更具特权的同龄人的职业建议。[40] 相反，他们应享有同样的权利并得到同样的鼓励，以优先考虑对他们最有意义的任何因素。给教育工作者的提醒是，无论学生的背景如何，应鼓励所有的学生在做决定时权衡多种因素，包括成就感和经济安全、工作与生活的平衡、为集体利益做出贡献的能力以及休闲时间的余裕，并有能力抵制他们可能感受到的来自他人的压力，从而将寻求激情放在首位。我将在最后一章中更深入地讨论这些问题。

第二，本章的结论强调，关于大学毕业生如何在劳动力市场上获取"成功"的文献，存在需要调整的地方。例如，很多人认为，大学毕业生似乎没有做好就业准备。[41] 而这种所谓的没做好的准备，需要在关注到激情原则的情况下重新加以考虑。一些求职者将基于激情的工作置于经济稳定之上，并有意牺牲稳定的机会，而选择他们个人乐意献身的工作。虽然学者们对大学毕业后职业启动决策的趋势评估，可能会把这一类职业轨迹算作失败，但毕业生自己可能不会以这种方式来理解他们的经历。

此外，研究大学毕业后职业轨迹的文献，早已记录了大学毕业生可获得的不同资源，以及大学如何以不同的方式培养职业抱负。不足为奇的是，来自最优越背景的求职者往往能获得最好的、经济上最稳定的就业机会。[42]但这些文献通常忽略了这些受访者的目标取向——特别是寻求激情的作用。这里，大多数求职者并没有把工作稳定性和安全性看得高于一切，许多人做出的决定与短期经济利益相悖。这些不同的轨迹说明，当求职者优先考虑其他目标时——当他们没有明确打算寻找经济上最有保障的工作，而是寻找符合他们自我意识的工作时，职业道路是如何发展的。然而，即使在优先考虑非经济因素（比如激情）的情况下，更有特权的求职者仍然会有更好的结果。对这些趋势进行严格的经济核算，可能会误解大学毕业生的求职结果，将经济稳定视为"成功"启动职业的唯一基础。从经济安全最大化的角度看起来不合理、不明智或无法解释的决策，如果从求职者自己的优先考虑视角来看，可能反而会非常合理。

如果我们不考虑追寻激情在毕业后决策中的作用，我们就有可能错误地描述了求职者的决策模式，以及人与人之间的不平等模式。本书的结论部分讨论了激情追求者中这些模式的更广泛影响。下一章对激情原则的研究，将从个人行动的指导原则扩大到一种规定性和解释性的模式。

第四章
激情原则如何"洗白"了劳动不平等

"那他一定很喜欢砖头!"

2019年访问墨西哥西部农村时,我同一小群游客在当地导游的带领下,与一位名叫安德烈斯的砖匠见面,我们在路边停下来,欣赏他的手艺。安德烈斯在满是黏土的土地上切出长方形,把它们一个个刻出来。即使在炎热的正午阳光下,他的工作也高度讲求精确。我们的导游解释说,像安德烈斯这样的制砖工人是按砖计酬的。每块砖卖3比索,而砖匠每块砖赚1比索。导游说是"简单的资本主义交换"。安德烈斯每天必须制作大约600块砖,工作长达16个小时,才能赚到可维持生计的工资。

50多岁的美国上层白人女性雪莉说了本章开始时的那句话。她的语气暗示自己搞清楚了安德烈斯的一些事情。她用对工作的热爱的视角来理解这位砖匠的经历和动机。她给安德烈斯强加了一种假设，即他是被自己的工作产品——砖头——的某种内在联系所驱使，而这种爱，使他从一开始就从事制砖工作。也许安德烈斯真的热爱制砖，但这不是重点。如果安德烈斯像塔玛·戴安娜·威尔逊所研究的那些砖匠一样，[1] 他可能确实喜欢没人直接监督又能自由确定工作时间的状态，但这项工作对体力要求很高，在炎热的夏天和寒冷的冬天都会很难受。[2] 雪莉用一种源于自己所处的优越社会经济地位的叙述，来解释一位计件体力劳动者的意图。这种行为是文化框架的一个例子，它以激情原则作为工具，最小化或抹杀掉那些深深影响人的经济和社会机会的结构性过程，来解释他人的情况。

在这一章中，我将探讨激情原则可以作为一种理解劳动力市场的文化框架的方式，从而消解了其中根深蒂固的不平等。通过激情原则过滤掉他人的结构性限制，雪莉并不是特例。

在前几章中，我对激情原则的文化模式作了聚焦阐述，说明了为什么许多受过大学教育的求职者和工作者会被这种观点所蛊惑，以及对安全网和跳板的不同获取方式，如何使大学毕业后的激情追求者之间的阶级差异长期存在。这样一来，激情原则可以作为个人决策的指南，进一步固化职业追求者的社会经济地位。然而，这并不是激情原则可能加剧并延续不平等状态的唯一方式。作为一种文化模式（cultural schema），激情原则可能是某种更大的信念网络的一部分，它推动了一种对劳动力程式（workforce process）的特殊理解。在这一章中，我扩大了关注范围，以期透视激情原则所纠缠着的文化信仰之网。利用访谈数据和关于激情原则的实际调查的数据，我探讨了激情原则作为一种帮助其信奉者理解世界的文化模式，可能与其他有据可查的关于劳动力市场的信念——特别是加剧固化了现有不平等经济和社会结构的信念——相联系。

具体来说，我认为激情原则与两种强大且有据可查的信念深深纠缠在一起：优绩主义的意识形态和新自由主义的个人责任论。优绩主义的意识形态是一种信念，相信劳动力市场从根本上说将公平地奖励那些足够勤奋和有才华的人。[3] 新自由主义是一种政治和经济意识形态，主张激进的自由市场资本主义，其假定是，通过缩减社会计划和抵制以任何方式限制自由市场的集体或再分配进程，便能实现经济和社会的福祉。[4] 新自由主义的一个核心原则是个人责任论，认为个人应该对自己的经济成功和失败负全责，政府援助和社会规定既会造成制度的动摇，也是不必要的。[5]

这两种意识形态相互关联、相互促进，但在概念上又有所不同。优绩主义的意识形态是一种描述性的观点，是关于人们如何相信劳动力市场实际运作的意义框架。新自由主义的个人责任论则是一种规定性的信念——它规定个人要为自己的进步负责，政府和组织要缩减可能使那些寻求"搭便车"（free ride）的人受益的社会计划。我认为，这些信念有助于使激情原则合法化，并成为职业决策的一种方法，而激情原则反过来又有助于支撑起劳动力市场中的优绩主义和新自由主义观点。[6]

激情原则、优绩主义的意识形态和个人责任论共同提供了一个诱人的个人化的职业成功文化模式——在这个模式中，个人需要负责去驾驭复杂的、风险日益增大的劳动，而社会机构在解决系统性职业不平等方面，几乎没有发挥作用或承担责任。我还认为，激情原则可能进一步掩盖了现有的结构性不平等，要么把这种不平等描绘成由个人激情驱动的辛勤工作的良性结果，要么就是很容易被个人激情与辛勤劳动所克服的东西。

激情原则的文化模式

正如我们看到的，激情原则是一种文化模式，它将追求激情提升为职业选择过程中最理想的指导原则。文化模式是用于"观察、过滤、理解和评估我们已知现实"的共享文化模式。[7] 模式不仅是认知模型；它们也有助于构建我们的道德和情感反应。[8]

文化模式并不总是塑造人们处理日常生活中的凡俗事物的方式。在"安定"时代，我们的行动往往更多地依赖于半意识习惯，而不是有意识地调动文化或道德信仰。[9] 然而，当人们接近像职业决定这样的人生十字路口时，文化模式可能有力地塑造人们的行动。当个人在重要的生活决策中陷入僵局时，他们往往会依靠深藏着的文化信仰来宣告这些决定。[10] 激情原则在这种行动方面的激励，在第一章和第三章所讨论的求职者当中是很明显的。例如，当阿利雅从数学转向舞蹈，以及罗昂从工程转向建筑管理时，他们都利用激情原则来指导自己如何在这些困难的决策点上取得进展。

但是，激励个人职业决策并不是这种文化模式所能产生影响的唯一方式。文化模式也可以作为解释框架，帮助人们理解他们所处的更广泛的社会和结构过程。[11] 模式可以帮助人们在复杂的社会世界中，对"是什么"以及"应该如何"等问题进行概念化。例如，不平等的文化模式提供了心理模型，帮助人们解释系统性的差异模式，包括住宅隔离或性别薪酬差距。了解了存在结构性偏见的不平等文化模式，更有可能让人将确定的差异系统解释为不道德和不公平。[12]

在此，我研究了激情原则的文化模式同劳动力市场的两种常见意识形态——优绩主义意识形态和个人责任论——之间相互强化的关系。我认为，激情原则得到了这些意识形态的支持，而它反过来也为这些信念提供了重要的文化支撑。在研究了二者的相互联系之后，我探讨了强烈坚持激情原则的人，是否更有可能在劳动力市场上排除掉基于性别、阶级和种族的结构性障碍。这些分析表明，激情原则的文化模式既不是孤立的，也不是良性的；它是一个更大的文化信仰网络的一部分，它淡化或否认劳动中的结构性障碍，并将个人遭遇到的限制归咎于个人自己。

我特别关注优绩主义和个人责任的意识形态，是因为在所有关于劳动力市场的流行信念中，它们不仅再造了美国社会经济的种种缺陷，对于那些解决劳动力及其他不平等的持续政策和行动，它们的破坏性可能也是最大的。[13] 优绩主义的意识形态宣扬的是，劳动力的运作是公平的，一个人（或一个群体）如果没有成功，那也是他们自己的缺点造成的。这种观点指责那些职业不平等的受害者，并将解决不平等的努力描述为"想太多"或"反向歧视"。[14] 优绩主义意识形态的拥护者不太可能支持解决劳动力压迫的系统性政策和做法，因为他们已经认为劳动是公平的。

同样，新自由主义的个人责任论也加速了1970年代开始的对劳动者力量的侵蚀。新自由主义在政府和组织层面的政策扩大了收入不平等，减少了社会支持结构，也削弱了集体谈判，并大肆宣扬劳动者应该仅仅依靠自己的努力和勤劳来规划自己的经济路线。[15]尽管激情原则似乎与优绩主义意识形态和个人责任论脱节，但对数据的研究表明，激情原则在推动延续这些观点方面发挥了重要作用，或者至少有助于使它们在文化上更容易被接受。

根据实际调查和对职业渴望者的后续访谈，我试图表明，激情原则的坚持者比怀疑者更有可能相信优绩主义意识形态和个人责任论。此外，坚持者比怀疑者更可能相信激情是特异性的，而结构性的性别、种族和阶级障碍也可以通过努力工作来克服。我把这一过程称为"洗白"（choicewashing）：在文化上把系统性的阶级化、种族化和/或性别化的过程，框定为在公平运作和机会丰富的社会背景下，个人有意选择的良性结果。[16]通过淡化结构性障碍，激情原则将职业隔离和机会不平等的顽固模式，洗白为个人追求激情选择的合法而公平的结果。

这些文化模式极大影响了关于减轻职业隔离和不平等的政策是否存在必要性及合法性的公共讨论。我在本章的最后指出，激情原则可能会巩固个人化的新自由主义劳动观点，使结构性障碍长期存在。它还可能削弱致力于工人援助计划、教育和培训的论点，而这些计划正可以为职业成功提供更公平的竞争环境。

劳动力市场是不是公平的：激情原则的坚守与优绩主义信仰

认为劳动是公平的，这种看法在美国很普遍。许多美国人否认存在持久的结构性障碍，或将其淡化为早前时代的遗迹；相反，他们认为劳动力市场是一个为那些愿意投入足够努力的人提供机会的系统。[17] 根据这种优绩主义的意识形态，教育和努力既促进了个人的优势也提高了生产力，个人将以高薪和高地位获得公平的回报。相反，那些缺乏必要培训或动机的人，将被视为缺乏优点，而不可避免地被其他人超越。[18]

优绩主义思想是美国人理解劳动力的主导思想。[19] 这种信念在过去四十年中相对稳定：自20世纪80年代以来，大约70%的美国人一直声称，就获得劳动成功而言，"努力工作"比"幸运的机会"或"他人的帮助"更重要。[20] 它有助于美国人调和这两面的矛盾：一面是公然宣扬平等的文化承诺，另一面则是美国劳动力市场最终因阶级、种族、性别和其他社会分类而存在的巨大不平等。[21]

与优绩主义意识形态的广泛流行相一致，我采访的大学毕业生通常认为，劳动力市场嘉奖表现优异的人。大多数人认为，如果他们坚持自己的激情，并付出足够的努力，他们就会成功。[22] 例如，罗昂兴奋地谈论着他未来在建筑管理事业上的发展方向，他相信，努力工作和奉献将引领他走向成功。

现在，我看到这里有很多成长的机会，我正在过渡到这个新角色。……我感觉自己很快就能获得一个行政职位。……只要你勤奋、聪明，你就能走得很远。……我觉得大多数时候，如果你勤奋工作，全身心投入，你就能得到你想要的东西。当然也有一些时候事情是你无法控制的。大多数时候，我认为如果你足够努力工作，你就可以得到想要的东西，去你想去的地方。(上层阶级西亚男性)

第三章中描述的在线视频自由职业者基娅拉同样表示，即使在娱乐业这个不确定的世界里，努力工作也会给她带来成功。

我想成为一个非常成功的节目创作者或演员，最好有一个非常成功的油管频道，然后进入舞台剧和舞台表演。我脑子里有很多想讲的故事，而且我想在这方面赚大钱。这就是我的梦想。……这听起来像是一个非常夸张的、雄心勃勃的梦想。但是……这就是我的工作目标。……(我)仍然坚定地相信，人们有自由意志，可以做他们想做的事情。……我知道我是谁，我的立场是什么，以及我所相信的东西是什么。(工人阶级黑人女性)

她相信努力工作最终会在她认为的优绩制度下取得成果，在这一信念的帮助下，基娅拉毫不畏惧地追求自己雄心勃勃的梦想。

在我采访他们的时候，罗昂有一份稳定的全职工作，而基娅拉是一名自由职业者。两人都认为自己的努力得到了（并将继续得到）公平的回报，并预计他们的辛勤工作和对自己技艺的奉献，将成为他们获得成功的门票。

大多数坚持激情原则的人，不仅认为劳动力市场对他们是公平的，而且认为劳动力市场作为一般规则，它的运作也是公平的。充满激情的广播记者布里安娜简明扼要地指出：

> 如果你不努力工作，你就不会走得远。有一些人是幸运的，他们可能生来就有财富，……但对于那些（不幸的人），如果你有决心，仍然可以成功。你把你的心放进去，去努力工作。我真心相信这一点。（上层阶级亚裔和黑人女性）

泰勒是休斯敦大学生物技术专业的学生，他解释说，只要继续努力，成功就会从追求自己喜欢的领域自然而然地到来：

> 所以我的意思是，当你如此热爱某件事情时，无论有什么障碍阻挡你，你都会把它完成。……如果不选择一个真正喜欢的专业，你就会失败，因为你对它不感兴趣，所以你的成绩不会好，一切都是浮光掠影。……就像，遇强则强，所以如果你对某件事情很感兴趣，即使你一开始没有赚到那么多钱，但你一直一直在努力，最终你会达到目标线。……你可能不会马上到手，就像一些工程师一样，但如果你切实让自己去好好工作，你会喜欢在这种情况下成就自我。因此，钱不应该是目标。(中产阶级黑人男性)

对泰勒来说，激情和成功之间的联系是明确而可靠的。

许多受访者不仅把劳动力市场理解为公平的游戏，而且把其他人的不成功解释为他们缺乏动力的结果。空军工作者德文在做兼职流水线厨师时，解释了他是如何得出这个结论的：留在工人阶级工作中的人，一直都在阻碍自己进步。

> 当我19岁、20岁的时候……我还记得自己几乎是被困在那种环境和工作场所的感觉。然后这也促使我在学业上做得更好。……我知道自己想做得更好。不要说那些在那里工作的人，因为他们中的很多人仍是我的朋友。让我洗碗没问题，我知道自己做得更多。……我（有）一

些动力和一些决心，这在我的同事和在食品行业工作的同龄人中不常看到。去年夏天，当我翻转汉堡时，我是一个受过大学教育的军事专家，我的同事是吸毒者和高中辍学生。……我记得……就像是说：伙计，我的生活和你的有那么大的区别吗，这就是你的最终目标？（中产阶级白人男性）

当然不是每个求职者都相信劳动公平。[23] 父母是尼日利亚人的医药学专业学生以赛亚解释说，他和家人在美国遭受种族压迫的经历清楚地表明，不是每个人在劳动力市场都有平等的机会：

> 我只是觉得，虽然努力工作备受赞扬，但我觉得人们……能够取得一定的成功，也许是基于他们认识的人或……他们只是一下子出生在一个富裕的家庭，所以他们从出生就带着点优势。然后还有关于种族和少数族裔的系统性压迫，即使你在自己阶级中是最好的，但对我们来说总有一个天花板，特别是对非裔美国人。……我认为，即使我们有一个非裔美国人总统，……我仍然觉得自己还在追寻梦想或其他一些东西，但要知道，其他人可能不必应对同样类型的压迫。……这就是我们现在所处的

世界。（上层阶级黑人男性）

以赛亚对劳动力所谓"择优录取"的质疑，在他的同龄人中并不常见。充满激情的求职者通常认为，劳动不仅对他们自己是公平的，对他们的同龄人也是如此。

但是，显然，劳动力市场是不公平的。尽管大多数机构和组织都正式地努力制定公平的招聘流程，并公开反对裙带关系和公然歧视，但性别、种族、阶级、性别身份和残疾等系统性不平等仍然存在。[24] 天赋和努力工作可能会增加一个人的成功机会，但长期存在的歧视意味着，并非每个有天赋的人和努力工作的人最终都能成功。

利用关于激情原则的实际调查的数据，我能够更直接地检验坚持激情原则同对劳动力市场优绩评估之间的联系。具体来说，我研究了坚持激情原则的受过大学教育的劳动者，是否更有可能相信劳动公平。[25] 图 4.1 中的 A 项和 B 项表明情况确实如此：坚持激情原则与相信劳动力市场的公平运作高度相关。[26] 例如，激情原则的信奉者（浅色条）比怀疑者（深色条）更有可能同意"任何愿意寻找个人发展机会的人都会有机会"（A 项）。信奉者也比怀疑者更有可能同意"职业成功主要是努力工作和奉献的结果"（B 项）。[27]

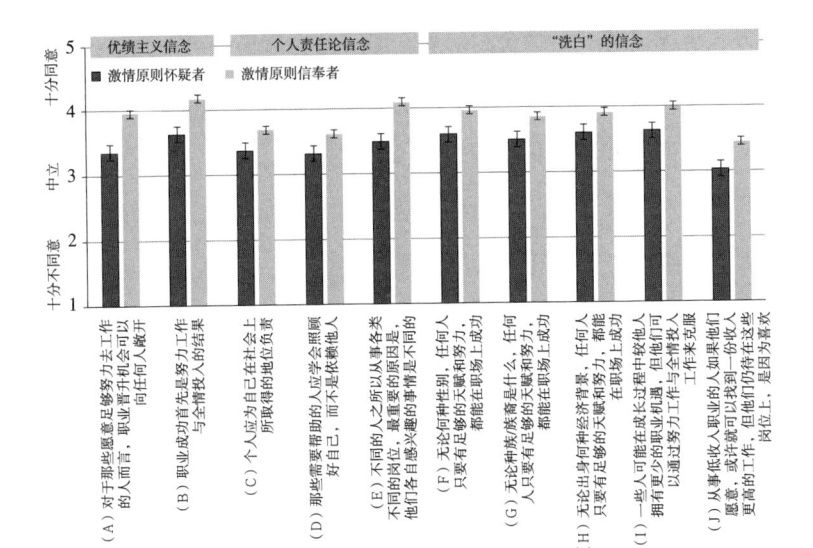

图 4.1 受过大学教育的劳动者中的优绩主义、个人责任论和"洗白"信念，按激情原则的坚持程度统计（关于激情原则的实际调查数据）

乍一看这可能令人惊讶。这些文化信仰似乎很不同：激情原则是关于职业决策优先级的指导原则，而优绩主义意识形态是对美国劳动力市场中晋升结构公平性的更广泛评估。优绩主义的意识形态与政治保守主义密切相关，但激情原则则不然。为什么这些信念会存在如此强烈的关联？[28]

可能是因为，激情原则的信奉者坚持择优录取的理念，便能证明他们自己的激情追求是一种可行的职业选择：他们假定劳动力市场的发展至少是足够公平的，他们对激情的投资有合理的机会获得成功。反过来，为他人开出寻求激情的处

第四章 激情原则如何"洗白"了劳动不平等 257

方，可能需要一个隐含的信念，即劳动力市场是可预测且公平的，一般就是在优绩基础上公平地奖励个人。我认为，优绩主义意识形态和激情原则是相互交织的文化信仰，相互为对方的可行性提供支撑。优绩主义意识形态可能会支持激情原则，因为优绩主义意识形态提倡这样的信念：一个人来自哪里并不重要，只要他们付出努力，就能在激情中获得成功。我采访过的学生在谈及自己的道路以及在劳动力市场上的成功时，经常提到这种联系。如果劳动力市场是一个优绩主义的市场，通过努力工作和培训就可以获得职业上的成功，那么追随自己的激情、激励自己努力去工作和接受培训，似乎没什么风险，而且甚至可能是职业决策的明智指导原则。相反，拒绝劳动力市场公平奖励充满激情的工作的想法，使得追求自我表达的兴趣显得更有风险，而建议其他人跟随他们的激情，似乎也就不是那么明智的建议了。

同时，激情原则可能会支撑起劳动力市场的优绩主义观点。正如第二章所显示的，激情往往被概念化为一种无底的奉献源泉，是激发成功所需的努力工作的充分条件。激情为这种优绩主义逻辑提供了支持：人们追随自己的激情，激情催化了努力工作和训练，而努力工作和训练反过来又带来了事业的成功。我将在本章后面讨论这种共同支撑可能对职业不平等的再现产生的潜在后果。

激情是不是你需要的全部：对激情原则的信仰以及个人责任论

从最广泛的角度看，新自由主义是一种政治和社会意识形态，提倡自由市场的资本主义和私有化、放松管制和财政紧缩政策。新自由主义最初出现在20世纪后半叶，是一种政治和经济意识形态，强调将权力从政府转移到私人市场，并对失业和福利等社会保障进行限制。这种观点从严格的政策性应用，扩展到更广泛的文化信念，相信基于市场的解决方案是解决社会问题的最佳方式。此外，它假定人们自己的社会和经济命运最好留给自由市场内的竞争。[29] 自20世纪70年代末以来，新自由主义已经成为劳动力市场上的一种霸权观点——政治和经济决策的"理性试金石"。[30]

新自由主义的核心信条之一是个人责任论——相信"每个人都要对自己的行为和福祉负责并承担责任。……个人的成功或失败被解释为企业家式的美德或个人的失败"。[31] 在20世纪80年代和90年代，由于新自由主义日益流行，立法者更敢于去削减社会支持计划，如社会保障和失业福利的计划，并系统性地攻击工会组织。[32] 新自由主义关于个人自由和责任的文化诉求，对于美国公众有着广泛的说服力，它将削减社会福利，以及由此导致的收入和财富不平等的扩大，伪装成财务责任问题。[33] 因此，个人责任论既是新自由主义政策的核心原则，也是一种合法的意识形态，确实起到了向公众证明这些政策的作用。

我们有理由怀疑，激情原则可能与个人责任论有关。正如第二章所讨论的，许多受访者认为追求激情对成功至关重要，因为只有激情才能激励成功所需的工作努力。例如，休斯敦大学社会学毕业生瑞恩说："兴趣绝对是（选择职业）最重要的，如果你想做什么，你就会有内在动力去做好它。"（中产阶级白人男性）

我采访的大多数大学生（63%）认为，就职业最早期的成功而言，激情比技能更重要。这些求职者经常解释说，一个人在职业初期是否熟练掌握工作并不重要；激情会提供发展技能所需的耐力。例如，主修心理学和人类学的奥特姆说：

> 我认为从长远来看，兴趣可能比技能更重要，因为我认为，如果你在一个方面不是很强的话，你可以在技能上有所发展……。我想你可以多加练习，那么你也许可以在其中得到提高。而兴趣，如果你一开始就不感兴趣，那就会像一场艰苦的战斗，一切都会很艰难。（中产阶级白人女性）

这有时让人采取一种"奋发图强"（pull yourself up by your

bootstraps）的职业成就观念。正如休斯敦大学的一名音乐专业学生解释的那样：

> 我不在乎它是什么，如果你想做，你就下定决心去做，那么你可以拥有做这件事的技能。技能是可以培养的，……所以如果你喜欢做某件事，但你认为自己不擅长……你可以变得更好；只要你身边有合适的人。（中产阶级白人女性）[174]

这意味着职业成功取决于个人；如果一个人的动力源自他的激情，那么他就更有可能成功。

受访者当然明白，"激情+努力＝成功"的方程式有其边界条件。例如，一名休斯敦大学的学生指出，"不是每个人都能治愈癌症"，不管他们多么有激情。有些人不管他们如何努力也不会打破短跑的世界纪录。即便如此，激情驱动的工作仍被信奉者们理解为大多数职业中多数人通往成功的可靠途径。

受访者经常解释自己的职业成果是个人精神和激情驱动的努力的产物。例如，萨拉把早期作为会计师的成功，归功于应该从事哪些实习和工作的一系列事情的慎重决定。

> 通常，当你获得一个会计学位时……大学里的成功

人士通常会去"四大"会计师事务所，因为当你毕业时，你的想法是，如果你起步在大企业，那么去小企业会比去精品店更容易，然后你的工作方式也更容易。……我想去为一个大公司工作。……我在（一家大型石油公司）的商品交易大厅里实习。……我的表现很出色，所以他们给我提供了一个二次实习机会。……然后，当谈到我（全职职位）的工资和福利时，那里的管理层认为不需要注册会计师（注册公共会计师证书），不认为他们需要为此买单。我告诉他们，我将进入公共会计领域，而在专业领域里，注册会计师资格会受到重视，我可以进一步实现我的个人和职业目标。这就是为什么我选择了公共会计和"四大"的路线。（中产阶级亚裔和白人女性）

萨拉解释说，她的轨迹涉及几个行业的变化（从石油公司到公共会计再到"四大"公司），是一系列有意的选择。然而，她走这条路的能力，并不单单是激情驱动的结果；与第二章中描述的跳板一致，萨拉做出这种选择的机会，是由父母关系所获得的实习机会促成的。

受访者将他们的成功解释为自身选择和努力工作的结果，这并不令人惊讶。更令人吃惊的是，许多在追求激情的道路上遇到绊脚石的人，也把这些绊脚石说成是他们自己决定的结果，即便结构性障碍显而易见。例如，里卡多在一所常春藤盟校攻读博士学位时，他决定离开原来的项目，去一个排名较低的项目中攻读生物工程硕士学位。尽管在采访过程中，他清楚地意识到推动他离开这个项目的主要因素，是缺乏来自自身族裔的导师的支持和资源，但里卡多却把他的离开说成是一个由激情驱动的个人选择。他说，他在博士课程中遇到的麻烦是命中注定的，因为它们为他"打开了一扇门"，让他考虑更多基于激情的职业轨迹。

> 决定离开博士项目是一个艰难的决定。我花了很多时间反思，跟自己进行了很多愤怒的、令人沮丧的谈话，喝了很多酒，并真正弄清楚了这是否是对我最好的一件事。我想如果自己如此挣扎，那我可能不属于这个项目。这为我打开了一扇门，让我真正变得更加自省，知道想要的是什么，什么才是真正能让我快乐的事情。我担心自己已经放弃了一些东西，我让那些支持我去（常春藤盟校）并为我感到高兴而自豪的人失望了。（工人阶级拉美裔男性）

虽然他遇到了明显的结构性障碍，但里卡多把这些挣扎看作他不"属于"这个项目的证据——正如他所描述的那样，这种认识最终推动他向着更符合"真正喜欢"的工作领域目标去发展。

这些信息与珍妮弗·席尔瓦对工人阶级青少年的研究是一致的,他们往往不愿意承认结构性障碍(即使是在经济衰退的情况下)阻碍了他们的成功,而是倾向于为他们在劳动力市场上的失败而责怪自己[34]。这些发现也与欧弗·沙隆[35]对美国失业白领工人的研究以及阿里森·皮尤对被解雇的蓝领白领工人的采访产生了共鸣,这些人经常为失业和无法找到工作而自责,[36]称他们个人与申请的工作不够"匹配"。[37]和这些研究一样,我对激情追寻者的研究显示,求职者经常把在学校或劳动力市场的成败责任放在自己的肩上。即使受访者能够抽象地认识到结构性不平等的存在,他们也不能(或不愿意)看到这些不平等是如何推动或阻碍自己的职业结果的。[38]

那么,激情原则的坚持者是否更有可能相信个人责任的说法?关于激情原则的实际调查的数据证实,受过大学教育和已就业的激情原则信奉者,确实比其他人更有可能相信新自由主义个人责任论的说法。图4.1中的C项显示,在排除教育水平、职业和人口统计学的控制因素后,激情原则的信奉者比激情原则的怀疑者更有可能同意,人们应对自己的社会地位负有个人责任。他们也比怀疑论者更有可能相信,"那些需要帮助的人应学会照顾好自己，而不是依赖他人"（D项）。

与优绩主义的意识形态一样，激情原则和这种个人责任论似乎也是相互支撑的。[39] 新自由主义的个人责任论既加强了激情原则，又强化了个人主义，也增加了对个人追求特立独行的期望。反过来，激情原则规定了要深入挖掘自我，在自己独特的、能自我表达的兴趣中寻找动力，才能获得成功，这也符合新自由主义的观念，即个人努力工作是导向成功的动力。我将在本章后面部分讨论这种相互联系的影响。

激情原则如何"洗白"了职业不平等

上述结果表明，激情原则、相信劳动力市场是公平的（优绩主义意识形态）以及人们对自身社会地位完全负责（新自由主义的个人责任论）的信念交织在一起。但激情原则也可能更贴近那些提倡不平等的信念。具体来说，我认为激情原则可能会帮助"洗白"职业不平等的模式，也会推进一种让个人在足够的激情驱动之下努力工作来克服结构性障碍的假设。我在这里探讨了激情原则是如何将职业隔离个体化的。然后，我还研究了坚持激情原则与这种信念之间的关系——认为女性、有色人种和工人阶级只要愿意努力工作，就能克服性别、种族和经济劣势的信念。

并非特立独行的激情

正如我在第一章中解释的,我在本书中使用的"激情",是一种与职业领域或生产任务领域中自我表达相联系的承诺。我们对什么有激情的概念,取决于自我概念,也就是我们关于自己是谁、喜欢什么而发展并培育出的理论。尽管这些自我概念是由我们所处的文化和结构形成的,但自我概念和基于它们的激情,通常被理解为一个人所产生的特立独行(即个人的而非结构性的)的偏好和价值观。[40] 我所采访的求职者认为,他们的激情从根本上说是个人主义的,与他们持久的个性特征、个人经历和/或深深持有的个人价值观相联系。

然而仔细研究求职者激情的"起源故事",我们可以清楚地看到,强大的结构性过程也促进了他们激情的发展。请看蔡斯是如何叙述自己对物理学产生热情的:

> 我确实一直对(物理学)很感兴趣。……甚至在还是小孩时,我总是对事物的工作原理非常感兴趣……我记得在小学时父母就问我光是如何发亮的。现在回想起来,他们总是告诉我——是的,那个问题很奇怪。……现在我是一个与光打交道的科学家,这很有意义。这是我一直感兴趣的事情。在我高一的时候,我记得有一个科学老

师，他特别特别有趣，总是很投入，很有热情。他把我引向了专业道路，使我意识到，这是我想做的事情。然后在整个高中阶段，我就自然而然地选择了数学和科学课。然后我就自然而然地进入大学。真的没有太多其他想要做的事情了。(上层阶级白人男性)

蔡斯将他的兴趣描述为自己个性当中一个持久的部分。而他的父母培养了这种叙事，让这种兴趣的根源可以一直延伸到他的童年早期。然而，蔡斯身边也碰巧有人鼓励他的这种兴趣。如果没有父母的鼓励和上层阶级高中老师的支持，蔡斯可能会走上一条完全不同的道路。

同样，塔拉解释说，她从小就知道自己想成为一名医生。医学是自我身份的一个重要部分，也是她长期以来的梦想。毫不意外，她的父母都是医生。而父母的职业地位对孩子热情所产生的影响是不可否认的。

我：你认为自己是如何走上医学之路的？

塔拉：这要追溯到很久很久以前了，当我还是个孩子的时候就开始了。……我爸爸经常在邮箱里收到他的医学期刊，而我曾如此沉迷于它们。每次有新期刊，我回到家就会超级兴奋。……如果没有足够的血腥图片，我就会感到失望。从某种意义上说，我对它非常着迷，我会问爸爸所有这些问题，比如发生了什么、为什么会变成这样、你能解决这个问题吗，诸如此类。我的父母……鼓励我去进一步追求……我也知道，我可能会朝这个方向发展。
（上层阶级中东女性）

塔拉的激情之所以被激发，是因为父母的职业带来了资源，而她萌发的好奇心又得到了验证。她有幸早早地接触到医学并得到父母的鼓励，这使她申请到了休斯敦的一所医学高中。这反过来又让她在休斯敦大学本科就读生物专业，后来进入医学院学习。

同样，来自蒙大拿州立大学音乐教育专业的梅丽莎生动地解释了她对音乐的持久热爱："我有记忆开始就一直在音乐中成长，在小的时候就唱歌。……它一直是我生命中的一部分。……这就是我所喜爱的，和人们一起创造音乐。……它给我的生活带来快乐。"（中产阶级白人女性）在进一步的询问中，梅丽莎说，她的父母有能力资助她上钢琴课和参加合唱团。她能够加入学校的音乐剧，这需要长达几个月的紧张准备和排练，而不是像许多高中同学那样去做兼职工作。梅丽莎的父母对她的音乐兴趣做了投资，提供了其他学生可能无法获得的机会。如果没有这样的资源以及对课外音乐活动的持续

268　激情的陷阱：过度工作、理想工人和劳动回报

参与，她对音乐的兴趣可能不会以同样的方式展开。然而，梅丽莎的叙述将她与音乐的联系个人化，忽略了她在青少年时期所能获得的结构性资源。

受访者的社会环境对其激情发展的影响并不总是与特权地位相联系。有时，受访者身处结构性劣势的遭遇，反而有助于塑造他们的兴趣。例如，玛丽亚解释了她对成为社会工作者的兴趣，是如何源于她母亲在童年时所获得的社会服务援助的。

> 我在加州中部的一个家庭中长大。……每个人——他们都是来自移民的农民，很多个家庭的农民，(是)只讲西班牙语。很多孩子在很小的时候就不得不代替他们的父母做些翻译服务。……我们会出去为家庭提供翻译，像在医院、医生办公室，面对学校和校长，任何你能想到的有专业人士提供服务的地方。……在我很小的时候，我就看到了帮助别人的重要性，看到这里面有这么多的好处。我一直觉得自己将与拉美裔人口一起工作，因为我自己就是。(中产阶级拉美裔女性)

玛丽亚在加州中部的童年经历，使她意识到自己的社区多么需要讲西班牙语的社会服务工作者。然而，玛丽亚在谈到她的热情增长时,依据的是她自己的以社会正义为导向的价值体系,而不是依据她所处的结构性环境。

大多数受访者解释说,是他们自己发现了自身的激情所在,激情是他们特立独行的品位和价值观的自然流露。[41] 这些都是回顾性的叙述,受访者通过这些叙述,用现在的价值观和环境来部分地理解他们的过去。[42] 然而,每一个例子都表现得很清楚,这些激情在一定程度上是由特定结构培养或衍生出来的。不同于激情原则支持者典型的非此即彼观念,即便一个人本能地"知道"某个领域是否是他们的激情所在,激情的发展仍高度依赖于个人的制约因素与机会。那么,激情原则这种文化模式的其中部分力量就是使这样的想法永久化,即对职业领域充满的激情,指向的是一个人之所是(is)的那种东西,而不是使一个人成为(becomes)的那种东西。

我在第一章中指出,自我概念是通过性别化、阶级化和种族化的结构和机制建立起来的——这意味着,当人们寻求自我表达的职业道路时,他们往往会帮助再现一种基于阶级、性别和种族之上的职业隔离。[43] 除了强化劳动中实际的职业隔离模式,激情原则还可能帮助个人理解这些模式,从而最大限度地弱化其结构基础。如果一个人相信(他们自己的以及其他人的)兴趣有其个人特异性,那么职业在性别、种族和阶级方面的顽固隔离模式,可能看起来就像是个人追求激情时一种不显眼的或良性的结果。激情原则的坚持者比怀疑者更有可能把职业隔离模式解释为兴趣追随的良性结果。

利用实际调查数据，我研究了激情原则的信奉者是否比激情原则的怀疑者更有可能将职业隔离解释为个人主义选择的结果。总的来说，大约四分之三（75.7%）的样本同意，"不同的人之所以从事各类不同的岗位，最重要的原因是，他们各自感兴趣的事情是不同的"。激情原则的信奉者和怀疑者之间的差异也很明显：85%的信奉者同意，人们从事不同职业是因为兴趣不同，而只有61%的怀疑者表示赞同（见图4.1中的E项）。重要的是，图中的数值控制项为人们是否对自己的工作充满热情，也就是将激情原则作为一种规定性的叙述，而不仅仅是对自己工作经验的反映。

总的来说，对激情原则的坚持，不仅会鼓励个人求职者走上一条自我表达的道路，从而巩固职业隔离的模式（正如我在第一章中所论述的那样）；也会导致他们把职业隔离归结为人们满足其真实个人兴趣的良性结果。通过将激情作为个体特异性的来源，将职业隔离作为个人追求激情的结果，激情原则有助于掩盖这些模式，并将其结构和文化的根源解释为个人蓄意选择之后的集体结果。

激情原则与对职业隔离和结构不平等的理解

181 激情原则可能不只是与人们对职业隔离的解释相联系，它还可能与坚持者如何理解劳动力中关乎阶级、性别和种族障碍的结构性情况有关。在这里，我研究了对激情原则的坚持同受访者是否了解结构性障碍之间的联系。[44]

假设，激情原则的信奉者比激情原则的怀疑者更有可能同意，弱势群体成员可以单纯通过奉献和努力工作来克服结构性的性别、种族和阶层障碍。如果激情原则的信奉者倾向于相信，正是激情驱动了努力工作，而努力工作将导致事业成功，那么他们也可能相信，像性别歧视和种族主义这样的结构性不利因素，最终可以通过足够的个人努力来克服。这样一来，激情原则不仅可以作为一个让信奉者们相信其他人应该如何行动的处置方案，还可以作为一个放大镜，让他们了解结构性障碍以及克服这些障碍的难易程度。

利用实际调查的数据，我研究了坚持激情原则和对弱势人群克服劳动力市场结构性障碍的能力的看法之间的联系。在每项分析中，如上所述，我控制了受访者是否对自己的工作有热情，以及人口统计学和工作特点上的变化。这有助分离掉该模式的规定性特征，而不考虑受访者对自己工作的想法。

首先，我研究了在实际调查中，激情原则的信奉者是否更有可能同意，努力工作和天赋足以克服结构性障碍。在保持受访者自身的性别、种族/族裔、阶级和其他人口统计学因素以及受访者自身对工作的热情程度不变的情况下，我发现，激情原则的信奉者比激情原则的怀疑者更有可能同意，只要有足够的天赋和动力，任何人都可以在他们选择的职业中获得成功，无论他们的性别（F项，图4.1）、种族/族裔（G项）或经济背景（H项）是什么。换句话说，激情原则的信奉者更有可能相信，由激情驱动的努力工作可以克服社会的不平等现象。

与其他学者验证过的人口统计模式相一致的是，尽管性别、种族和经济的障碍始终存在，女性受访者更有可能否定人们可以通过努力工作获得成功。[45] 在实际调查中，黑人和美国原住民受访者比白人受访者更不会认同人们可以通过努力工作克服性别、种族和经济障碍。然而，受访者的性别、种族或阶级背景不同，坚持激情原则与这些结构性障碍措施之间的关系也不尽相同。[46]

接下来，我将使用实际调查数据来研究受访者是否认为，人们选择留在低薪职位是因为他们喜欢自己的工作（这种情绪类似于雪莉说砖匠"一定很喜欢砖头"）。总的来说，这些受过大学教育的劳动者中，有52%的人同意"从事低收入职业的人如果他们愿意，或许就可以找到一份收入更高的工作，但他们仍待在这些岗位上,是因为喜欢"(见 J 项)。激情原则的信奉者和怀疑者在这一衡量标准上的差异很有说服力。在激情原则的信奉者中,超过一半(54%)的人同意这一说法,而只有大约三分之一(35%)的激情原则怀疑者会这么认为。

这些分析进一步表明,那些强烈坚持激情原则的人更有可能相信,只要足够努力,性别、种族和阶级的结构性障碍就可以被克服。强烈的坚持者也更有可能把不同报酬的职业在人口中的分布,论证为个人选择的结果。

最后,我探讨了激情原则是否与受访者否定了结构性不平等有关,而与他们的政治信仰无关。我对图 4.1 中的每个项目进行了回归模型预测,包括对受访者的政治保守主义做了测量和控制。正如预期的那样,我发现,即使在控制了受访者的政治保守主义程度之后,坚持激情原则对否认结构性障碍的影响仍旧显著。换句话说,激情原则对这些结果的影响,不是简单地认为激情原则以某种方式成为政治保守主义的代理人,而是说,激情原则与受访者否定结构性不平等的可能性之间存在着独立关系。

"洗白"

上述结果表明,激情原则与受访者淡化或忽视劳动力中的结构性障碍之间有着密切联系。为这一过程正名，激情原则有助于对结构性的隔离和劣势模式进行"洗白"。这就是雪莉在她对安德烈斯的评论中所做的：她洗刷了砖匠所面临的结构性环境，把他的体力劳动工作说成是他选择做一份自己喜欢的工作。[47] 当然，并不是每一个相信激情原则的人，都会以这种方式来消除结构性障碍，或将成功和失败加以个人化，然而，这些想法在经验上和概念上是纠缠在一起的。

在上述结果中，激情原则的信奉者倾向于选择"洗白"不平等的证据，表现在这几个地方：首先，大多数激情原则的信奉者认为，人们的激情是由他们的独特品位和人格意识有机衍生出来的。然而，自我是由社会建构的，追随一个人的激情，往往是对性别、种族和阶级等社会模式的重新规定而非挑战，这些模式首先有助于创造出这些自我。将寻求激情作为职业决策的理想方法，不仅促进延续了这些路线的隔离，而且有助于将现有职业隔离作为个人寻求激情的良性结果来进行"洗白"。

其次，激情原则的信奉者比怀疑者更有可能相信，像性别、种族和经济背景这样的结构性障碍，可以通过在自己选择的职业中努力工作来克服。这否认了结构性障碍的持续性力量，并将克服这些障碍的责任推给了弱势群体成员个人。[48] 有趣的是，激情原则与这些信念之间的关系在受访者自己的性别或种族/族裔之间几乎没有差异。女性和有色人种按理说不太可能相信结构性障碍可以通过努力工作来克服，但坚持激情原则同样增加了他们相信结构性障碍可以被克服的可能性。[49]

当然，个人层面的努力工作不能解决结构性障碍，如果认为这就是解决之道，那么弱势群体要付出更多努力，而这些努力却不是更有特权的同龄人所需要的。当然，激情也不足以实现职业成功。正如第三章所述，并不是每个人都拥有教育准备、课外实习和社会关系来获得职业上的成功，地位偏见和歧视继续在高等教育和劳动力市场中使未被充分代表的群体处于不利地位。[50] 将激情视为成功的充分条件，掩盖了这些结构和文化上的限制，并将失败的责任完全归咎于求职者个人，认为他们只是没有付出足够的努力。

魔高一丈：个人主义的劳动力市场信念如何助纣为虐地加剧了不平等

在 2015 年的一次媒体采访中，《你的降落伞是什么颜色?》的作者理查德·鲍利斯说：

> 今天的工作本质上是冒险。你永远不知道接下来会发生什么。……你必须在工作这件事上找到工作的满足感。你的自尊心必须来自工作，而不是来自一些希望得到

的晋升、加薪或其他奖励——这些可能永远不会实现。……我真的相信，去除受害者心态，每个人无论其背景、教育或能力如何，都可以在这个动荡的职场为自己开辟一条好的道路。[51]

这一章显示，鲍利斯的信念是，即使面对结构性的障碍，努力工作和激情也能走向成功——这在我研究的许多激情原则的信奉者中是很常见的观点。

前面几章研究了激情原则是一个指导性原则，个人通过它来确定自己职业道路选择的优先次序，并做出决定。在这一章中，我把激情原则作为一个更广泛的意义创造模式来探讨。通过对求职者的访谈和实际调查的数据，我表明，作为一种广泛的文化模式，激情原则不仅深入到信奉者们内心深处的自我感觉（见第二章），而且帮助他们理解劳动力的运作，成为他们认为人们应该如何做出职业决定的规定性说明。我发现，对激情原则的坚持，不仅是一种孤立的文化模式，它与其他关于劳动力的信念同样息息相关。相反，它被嵌入到其他强大的文化信念网络中——这些信念倾向于将职业的成功和失败加以个人化，非但将劳动描述为基本公平的，还将系统性不平等视为可以通过足够努力来克服的障碍。不管受访者对自己的工作是否怀有激情（这可能会影响他们对寻求激情的总体看法),坚持激情原则的受访者都更有可能相信优绩主义的意识形态和个人责任论。

本章所讨论的文化信仰相互交织而成,且以支架式搭建的方式同时展开。激情原则、优绩主义的意识形态以及新自由主义的个人责任论,共同构成了一个关于劳动力参与和晋升的诱人的个人主义故事:人们根据自己的激情自由选择职业道路,激情是努力工作的内在动力,努力工作得到公平的劳动力市场的认可和奖励,人们因此获得成功。在这样的逻辑中,结构性障碍被淡化或被驳回,在劳动力市场上制定自身发展路线,既是个人自由也是个体的负累。只要投入足够的热情,任何人都可以在符合其个人兴趣的领域,"为自己开辟一条好的道路"(鲍利斯语)。

因此,激情原则有助于构建一个特别原子化的、以选择为中心的理解劳动力市场动态和工人命运的方式。激情原则同那种优绩主义的、基于个人责任的劳动力概念相得益彰,在这些概念中,"个人选择的神圣性被提升到最高优先级;成本效益分析提供了行为准则,而个人的不足(是)合理的、功能性的和不可避免的"。[52] 阐明激情原则与优绩主义的意识形态、个人责任论之间的相互联系,可以看出这些信念在相互联系时所具有的修辞力量。

如果不了解激情原则在支撑——以及被支撑——优绩主

义和新自由主义对劳动力市场成功的理解中所发挥的作用，学者们可能会低估所有这三种信念的影响力和说服力。那些对于广泛的社会不平等进程有着进步理解的人看来，激情原则可能使优绩主义和新自由主义的劳动力参与概念更易被接受。那些在其他方面认识到结构性种族主义、性别歧视和经济不平等的人，可能仍然会把寻求激情作为职业决策的最佳方法，从而隐晦地推进这些个人主义的职业成功叙事，甚至是对某些职业隔离模式进行"洗白"。

对不平等的更为广泛的考虑

本章介绍的结果表明，激情原则有三种方式可以使不平等的劳动力市场合法化并加剧其中存在的不平等过程。第一，激情原则有助于"洗白"职业隔离和不平等的模式。激情原则的坚定信奉者更有可能将职业隔离和职业间的薪酬不均，解释为人们遵循其独特兴趣的结果，并且更有可能相信，结构性障碍可以通过个人努力来克服。就像本章开头雪莉对砖匠的评论一样，一旦把职业隔离看作追求激情的结果，就可以解释这些系统性的不平等。这种结果可能在个人层面（影响人们对可能解决不平等问题的政策和行动的评价）和宏观机构层面上运作，影响到公共和私人组织及机构如何看待它们在文化上可行的行动途径。

第二，激情原则有助于构建优绩主义的意识形态和个人责任论的核心信念——这些信念最有效地破坏了劳动者的集体力量，削弱了使劳动力市场机会和结果更加公平的政策及计划背后的公众支持。[53]激情原则是对假定的优绩主义职业发展体系的理想投入，在这种体系中，人们被视为对自己的职业结果负有完全责任。这种机制产生了两种结果：（1）它破坏了寻求解决不平等的现有努力和社会服务（例如福利政策、平权行动、需求志向的奖学金）；（2）它挑战了可能更好解决这些不平等的其他结构和社会变革（例如，更多累进税制）的合法性。

激情原则同优绩主义意识形态、新自由主义的个人责任论相结合，可以讲述一个比优绩主义意识形态或新自由主义更有条理、更诱人的劳动力参与故事。如果激情原则是关乎在教育和劳动力市场中进行职业决策的主流文化叙事，那么在教育者、雇主、机构领导、立法者以及职业追求者的眼中，它可能有助于使职业隔离模式合法化。当这些观点无处不在，可能使决策者和公众难以想象还有其他的选择。[54]

第三，激情原则可能对占主导地位的社会群体有利，因为它允许他们把自己的成功归结为基于激情的选择，以及从激情中有机发展出来的努力工作的结果。在劳动力市场上比其他社会人口群体更有成就的白人富翁，可能会像史蒂夫·乔布斯和埃隆·马斯克那样,把他们的成功归功于充满激情的顽强精神,而不是特权和资源。他们可能很有激情,但并不是只有激情才让他们有了今天。成功,同时将自己的成功归因于自身的激情,就是赢两次:同时赢得了经济上的成功游戏和文化上的合法性游戏。一个成功的人如果达到了他们职业的上层,并声称成功是自身激情的结果,就是激情原则可能被用来证明特权的一种特别有害的表现形式。

当然,并不是所有的激情原则信奉者都会选择去"洗白"职业不平等,或者不加批判地相信优绩主义意识形态和个人责任论。而且,在理解世界的过程中,人们可能会借鉴许多有时相互矛盾的文化叙述。[55] 然而,关于劳动力的信念很重要。如果个人和机构把不平等看成是由系统性结构因素造成的结果,他们就更有可能去支持一些旨在打破不平等机会或结果的政策和计划;如果把不平等归咎于个人失败,则更有可能拒绝此类措施。[56] 激情原则也可能进一步模糊了教育的责任。

总的来说,激情原则与关于劳动力的信念体系纠缠在一起,促进了这一体系的发展。该体系将责任放在个人身上,让他们自力更生,否认职业不平等的存在或降低其严重性。如果安德烈斯做砖头是因为他喜欢砖头,而不是因为他获得手工计件户外劳动以外的工作机会有限,那么政策和实践就没有什么动力去改变他参与劳动的经济结构。

第五章

剥削激情？

雇主为什么更喜欢有激情的劳动者

189 博思·艾伦·汉密尔顿公司的高级项目分析师

（弗吉尼亚州亚历山大市）

你是否热衷于帮助组织了解和实现客户的目标？当你的客户意识到，你刚刚向他们展示了如何改造他们的组织时，你是否为那个"哇哦！"的时刻而活？许多组织知道它们想去哪里，但要实现目标可能是一个挑战。

我们正在寻找你：一个能够确定组织的长期目标并告诉它们如何实现这些目标的战略顾问。

在Capital One负责DevOps工作的高级软件工程师

（弗吉尼亚州维也纳市）

Capital One 工程团队正在寻找一位对 CI/CD（一种编程方法）充满热情的全栈式 DevOps 工程师，并希望其成为团队一员，建立和维护一套集中支持规模化和集成化的工具，使更多的软件工程界人士能够加快高质量软件的开发并促进其自动部署。

FORMA 的施工安全主管，建筑公司
(华盛顿州西雅图市)

你是否对安全和确保每个人在安全的方式与环境下工作充满热情？在 FORMA，我们的指导原则之一是"无人受伤！"。我们目前正在寻找有才能的安全主管，他们创造、支持并将加强我们对安全的承诺。

——Monster.com 的工作广告，检索于 2019 年 5 月 20 日

在浏览网上或商店橱窗里的招聘广告时，很难错过热情（激情）这个形容词。当我在 Monster.com 上搜索"热情"一词时，上面的信息出现在一万五千多个结果的前十个广告中。事实上，各组织在招聘新员工时，经常将激情作为一项标准。[1] 为什么这种对激情的提及如此普遍？对雇主来说只要劳动者把工作做好，为什么要对他们是否在工作中找到个人意义和自我表达的满足感如此感兴趣呢？

本书第一章说明了大多数受过大学教育的求职者和劳动者，都高度重视具有自我表达和意义的工作。第二章则显示，这种评价的部分原因，是相信激情可以促进持续的时间和注意力的投入，而这似乎是职业成功的必要条件。根据这一模式，激情提供了一种近在眼前的内在动力，使人努力工作并保持自我投资，这是金钱或地位都无法提供的动力。

但是，那些雇用热情工作者的人和组织呢？他们是否从求职者对激情的追求中受益，甚至可能对那些充满激情的员工造成损害？本章探索了激情原则的需求面：雇主是否从求职者和雇员对其职业领域的激情中受益，甚至不公平地利用了这种激情。

正如我们所看到的，求职者对激情的追求，往往伴随着一种意愿——甚至期望——以更高的薪酬和工作保障来换取他们"热爱"的工作。更有甚者，充满激情的员工会自愿在工作中付出比预期更多的努力，因此比起那些以薪酬或职业发展为动机的员工，雇主可能会更喜欢他们。[2] 我发现，雇主不仅会从充满激情的员工身上获益，而且拥有招聘权的人也会对充满激情的申请人更感兴趣，因为他们似乎更有可能在不要求额外报酬的情况下，为工作带来额外的承诺和努力。换句话说，雇主可能会有意利用充满激情的员工在工作中的个人投资，而拒绝给付他们相应的补偿。

激情是否是工作剥削的一部分

在探讨激情原则的需求面之前，简要地回顾一下资本主义工作场所的两个基本特征是很有帮助的，这也是这里的核心问题。首先，劳动者必须以某种方式被激励着在工作中付出努力——要么通过间接或直接的胁迫，要么通过对其工作结果的个人投资。其次，资本主义经济中的利润，来自劳动者生产的商品和服务的报酬低于这些商品和服务的市场价值所产生的差额。正如我在下面解释的那样，前者的见解是韦伯现代经济关系思想的一个关键特征；后者是马克思主义关于资本主义和劳动者剥削理论的基石。[3] 雇员对工作的热情可以在这两个过程中发挥作用，其方式可能使雇主受益匪浅，而使热情的劳动者蒙受损失。

在马克斯·韦伯看来，资本主义劳动力市场的核心难题之一是劳动者的激励问题。韦伯认为，要使一个组织的工作效率得到优化，劳动者必须有工作的"倾向性"（inclination）。这种倾向可能来自间接或直接的强迫：劳动者可能为了养家糊口而工作，或为了避免惩罚或羞辱、因为被监督和监视而被迫工作。劳动者"倾向于"去工作的另一种方式，是个人投入到工作行为本身，在这种情况下，"劳动就是绝对目的本身"。[4] 正如第一章所讨论的，新教伦理就是这样一种道德要求，即不管源于间接还是直接的强迫，都要努力工作。新教伦理的宗教根源今天已经让位于"工作奉献"的世俗观念，或者说，人们期望把对努力工作的奉献和对自己组织的承诺作为道德价值的一个指标。[5] 这种努力工作的文化或宗教要求，是让劳动者在工作中投入精力的有效方法，但需要"长期持续的教育和社会化"。[6]

工作的激情是一种诱人的选择，它可以用来替代"为工作而努力工作"（hard work of its own sake）的道德要求。在资本主义经济中，激情有望激发员工努力工作的倾向，而不需要雇主施加广泛的外部强制力，也不需要一种为工作而努力的外部道德要求。当工作是一个人的激情所在时，成为一个勤奋的劳动者会容易得多。正如我在第三章所讨论的那些追求激情的大学毕业生，在他们身上我们可以看到，专心致志的劳动力参与，会让人感觉是一种自我表达和自我实现的行为。与其依靠"道德社会化"的勤奋美德，或相信自己不论做着多么平凡的工作都将有利于更广泛的社会利益，激情本身就能提供激励。[7] 因此，雇主可能会特别重视那些对工作有热情的员工，因为从理论上讲，他们需要更少的强制力、更少的监督和更少的纪律来努力工作。[8]

与韦伯对劳动者动机的兴趣不同，卡尔·马克思关注的是资本主义经济中对劳动者的剥削。马克思解释说，剥削是

"一些人或集团……无偿地占有那些没有或者缺少生产资料的人或集团的剩余劳动和剩余产品"。[9] 劳动者生产的经济价值与工作得到的补偿之间的差额被称为"剩余价值"。对马克思来说，当这种剩余价值被雇主以利润的形式拿走时，就会产生剥削。那些为雇主提供更多剩余价值的人，无论是自愿的还是被迫的，都面临着更大的剥削。重要的是，剥削不仅是个别劳动者和雇主间交易关系的特点，它也嵌入到资本主义自身经济结构的本质之中。[10] 因此，即使个别劳动者没有感觉到他们正在被剥削，剥削也会发生。

其他研究者将马克思对19世纪欧洲产业劳动者的分析中产生的传统剥削概念，延伸到其他人群中。例如，C. 赖特·米尔斯把这种分析扩展到美国的白领和专业工人。尽管白领劳动者的工作条件与马克思笔下的工厂劳动者有本质不同，但他们也会遇到异化和剥削。白领劳动者往往是"权威大链条上可替换的部分，……出卖他们的个性"以及时间。[11] 这种类型的剥削不仅可能发生在营利性公司，也可能发生在公共和非营利性的部门。[12]

劳动者的身体和精神付出并不是唯一可以被剥削的东西。霍克希尔德说明了劳动者的情感劳动——或者说劳动者在与主管、客户和同事的互动过程中对自身情感的调节，也会被不公平地收编。当劳动者提供的劳动被要求以特定的情绪完成时（例如，期望空姐的温暖沟通），这些情绪可以作为该劳动的一部分被占有。[13]霍克希尔德称这一过程为"转化"（transmutation），即私人行为（如微笑和良好的幽默感）落入雇用组织的掌控之中。[14]

我在这里认为，充满激情的劳动者对职业领域中实质性任务的个人乐趣和好奇心，同样可以转化为雇用组织所感兴趣的结果而使后者受益，但员工却没有得到公平的承认或补偿。在第二章中，我们看到，许多求职者相信，与激情有关的工作会让他们更成功，因为激情会提供内在动力，让他们在每周四十小时的标准工作时间之外投入额外的时间和精力。然而，这种由激情驱动的劳动还是为雇主提供了额外的价值——即使它不会让劳动者感到异化——而且雇主可能也很清楚地知道这个事实。

为激情牺牲

激情原则将追求基于激情的工作置于追求高薪或职业声望之上。激情原则的拥护者经常表示，他们愿意为他们认为有成就感的职业领域牺牲薪酬和经济稳定。许多追求激情的学生阐明了他们的期望，意味着如果他们可以做着热爱的工作，他们甚至愿意长时间工作、"吃泡面"、"像一个非常贫穷的20多岁的人一样自在"。斯坦福大学的一名通信专业的学生解释说:"我很久以前就认命了,知道自己只想写作,所以我知道自己不会挣钱。"(工人阶级黑人妇女)同样,在回答关于做出职业决策的糟糕理由这个问题时,工程专业的丽莉指出:

> 老实说,直截了当的回答那就是为了钱。因为即使金钱是生活在这个星球和我们社会中所必需的东西,它也不是或不应该成为你决策的驱动力,因为你可以找到一种方法来使它发挥作用。如果在事业轨道上,可能你的工资赚不到那么多钱,那也是可以的。……如果你在激情中全身心投入,就会成功。(中产阶级亚裔女性)

这种愿意为自己"热爱"的工作做出牺牲的精神,在不同阶层背景的学生中普遍存在。一位来自富裕家庭的斯坦福大学地球系统专业的学生这样说:

> 我是这样认为的,只要它有报酬,我就可以去工作。我想,也许以后随着生活的发展,赚更多的钱会更重要,……当然,当你刚刚开始的时候,你可以非常谨慎地对待消费,如果赚得不多,也不是什么大问题。我认为只要赚的钱足够生活,那就没有问题。(上层阶级白人女性)

一位来自工人阶级家庭的蒙大拿州立大学的生物学学生说，他知道只要喜欢自己的工作，就可以靠微薄的收入生活：

> 我从小就很穷，是每隔一个月从二手店 Goodwill 拿几箱衣服回来的那种穷。所以说实话，我和我爱人一直在谈论这个问题。当我们去商店买 4 美元的面包而不感到内疚时，那我们就会有足够的钱。……我们两个人都习惯了一无所有的生活，所以即使是低级别的收入，对我们来说也会很好。（工人阶级白人男性）

甚至许多追求激情而落得不稳定就业或低薪工作的毕业生，也认为他们的牺牲是值得的。回顾一下，在休斯敦自然历史博物馆做兼职、年薪不到 2 万美元的休斯敦大学毕业生克莱尔说：

> 我不想仅仅因为它是一个非常受欢迎的领域、有很多工作机会就去选它。因为，确实，找到一份工作是非常重要的，但如果完全放弃我的科学、人类学和通识教育背景，只是为了找到一份非常受欢迎的计算机科学工作，这只会伤害我。

克莱尔对自己在稳定性和收入方面的牺牲有清醒的认识，但她解释说："我对财务相当负责，所以在我心里，我想，只要我的收入不比现在少，我就知道能维持自己的生活方式。"[15] 这些回答在 J. 斯图尔特·本德森和杰费里·汤普森对动物园管理员的研究中得到了呼应，他们谈到了自己对工作的承诺和他们愿意做出的牺牲。一位动物园管理员指出："即使没有工资，我也会在这里。"[16]

第二章中使用具有全美代表性的全国劳动力变化调查数据进行的分析表明，对自己的工作充满热情，至少对于增加幸福感有一些好处：与从事类似工作但对工作没有热情的人相比，充满热情的员工比他们的同事压力更小，更不可能有抑郁症状和睡眠问题。其他研究发现，对自己职业领域充满激情的劳动者，比那些没有激情的同龄人对自己的工作和生活更加满意。[17] 因此，至少与那些对工作没有激情的人的经历相比，从事有激情的工作似乎确实对个人有利。[18] 然而，这些好处并不一定意味着基于激情的就业是全面有益的，因为激情驱动的工作可能因伴随着过度工作而导致其他的健康挑战。[19]

简而言之，坚持激情原则的大学生和毕业生们普遍期望，或至少抽象地表示，愿意为他们所热爱的工作做出经济上的牺牲。[20] 这种愿意为激情做出牺牲的意愿，可能更有利于雇主探取底线：像这些受访者一样，那些被激励在工作中找到个人成就感和意义的人，可能会愿意接受薪酬较低或稳定性较差的职位，而这些职位凭他们自己的资历就能获得。但是，充满激情的员工是否在其他方面也能为他们的雇主带来好处？

有激情的员工干活更努力吗？

正如我在第二章中所说的，激情原则的信奉者通常认为，有激情的人会比受金钱激励的人更努力地工作。就韦伯的劳动者激励理论而言，受访者通常认为，与工资相比，激情能提供更有说服力且更有力的个人工作动机。

真是如此吗？与间接或直接的强制性压力相比（例如必须保持一定的工资水平，或担心被经理人训斥），对工作的热情投入是否真的能转化为更好的工作产出？尽管激情和工作投入很可能同时发生——对事业有个人投入的劳动者往往也会参与日常生活的投入，但它们在概念上是不同的。[21] 激情是一个人对其职业领域的个人承诺，它可能伴随着勤奋或自觉地从事日常工作，也可能没有。[22] 一个人可能对实质性的工作领域充满热情，但对同事及工作所涉及的其他大部分任务却非常不感兴趣。例如，克莱尔可能对她的策展工作充满热情，但不喜欢并懈怠于工作中的文书工作部分和行政责任。反过来，一个人可能会因为与同事接触而致力于其组织，但对具体的工作主题并不热衷。

2016年的功绩原则调查中关于联邦雇员的国家级数据显示，对工作有激情的劳动者比没有激情的劳动者更有可能投入工作。图5.1中最上面的一组条形图显示了有激情（占样本的54%）和无激情（占样本的46%）的联邦雇员，在一些参与度相关问题上的平均值。[23] 充满激情的联邦雇员比他们的同事更投入于工作，他们更有可能这样描述自己：他们尝试创新、寻找可能的问题以及寻找帮助和激励他们同事的方法。[24] 这些模式与教育水平、人口统计、工作类型和行业方面的变化密切相关。

2008年全国劳动力变化调查的数据中也有类似的模式：那些认为自己的工作有意义并觉得在工作中可以"做自己"的员工（占样本的49%），明显更有可能认为自己对工作任务负有个人责任，并认为自己是团队中的一员（图5.1中下面一组条形图）。[25] 充满激情的员工比不充满激情的员工更有可能表示在工作中时间过得很快，而且在不工作的时候，也会对自己的工作产生积极的想法，这表明他们对工作有额外的精神和情感投入。这些差异在劳动者的人口统计和工作变化中是强有力的。[26]

功绩原则调查和全国劳动力变化调查的数据显示，对工作有热情的受访者更有可能投入到他们的工作中，也更有可能报告说，他们的所作所为将有助于同事和组织。长期以来，

第五章　剥削激情？　*293*

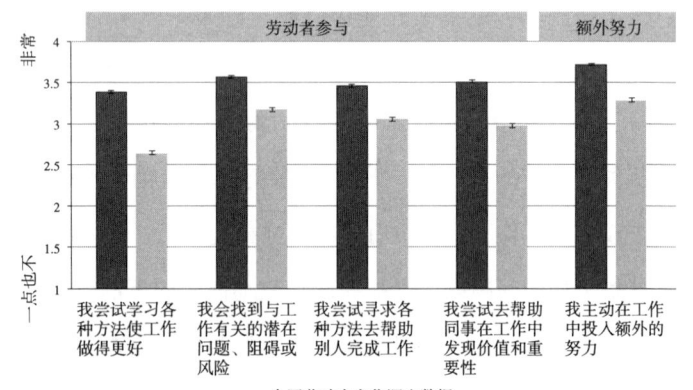

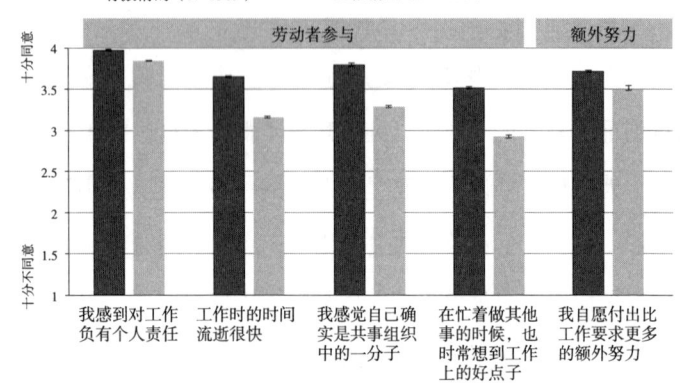

图 5.1 充满激情和不充满激情的美国劳动者的参与度，以及自愿额外努力的平均值（功绩原则调查和全国劳动力变化调查数据）

敬业度一直是与工作效率、劳动者留任相关的一个因素——这两方面都对雇用组织大有裨益。[27] 雇主喜欢投入的员工，因为他们往往更有生产力。[28] 我还发现，充满激情的员工更不可能离开他们的工作——而这对雇主来说是一个昂贵的麻烦。[29] 这些模式在社会心理学研究中得到了印证，研究发现，充满激情的员工比缺乏激情的同龄人更积极主动也更有创业精神。[30]

然而，充满激情的员工不只更有可能投入到他们的工作之中。对两项调查数据的分析进一步表明，这些充满激情的劳动者也比他们的同龄人更有可能显示他们自愿付出超出工作要求的努力（图5.1中最右一组条形图）。在这两组数据中，如果不考虑性别、种族、年龄、行业、就业部门和工作时间等人口统计学方面的差异，这些模式是成立的。

因此，总的来说，充满激情的员工对他们工作的组织来说是特别重要的：他们更有可能比同事更加敬业，也更有可能报告说，他们自愿付出了比工作要求更多的努力。这就为用人单位提供了"额外"的努力——他们那些不太有激情的同事，可能不会为工作付出什么努力。

有激情的员工更受雇主欢迎吗？

雇主显然有动机去雇用那些努力工作的员工。但激情并不是唯一可能让劳动者保持积极性和良好工作状态的个人投资。雇员可能会因为对同事或工作组织的承诺而努力工作，即使他们不喜欢自己所在的特定工作领域。另一些人可能会努力争取晋升，因此加大投入以获得出色的工作表现。为组织奉献和晋升都是个人努力工作的动机，而不需要对工作领域的实质性内容有热情。雇主甚至可能更喜欢组织奉献者和职业攀登者，而不是充满激情的劳动者。许多白领对他们的工作采取了"高绩效、低忠诚"的办法：他们对自己的工作有很强的奉献精神，但如果有机会找到更适合他们的工作，或者更符合他们兴趣的工作，他们对雇用组织就没什么忠诚度可言了。[31]如果激情依附于一个人的实质性职业领域，而不一定依附于他所担任的具体职位或他工作的组织，那么，充满激情的员工在具体工作不能很好地满足他们的激情时，就有可能离开这里到其他地方工作。[32]相比之下，组织奉献者和职业攀登者可能对特定组织更忠诚，因此可能比激情追求者逃离的风险更低。

那么，与那些因其他理由而努力工作的员工相比，雇主是否真的更喜欢有激情的员工？激情原则实验提供了一个探索这个问题的机会。

这项实验的受访者看到了三个虚构劳动者的描述，他们分别具有三种不同的努力工作的个人动机：员工A的动机是薪酬，员工B的动机是对晋升的兴趣，而员工C的动机是对工作的热情。

员工 A 主要受其工作薪水的激励。从事这份工作的主要目的，是支持他在工作之外的生活和爱好。虽然员工 A 得到了老板的好评，但他经常希望工作时间能过得更快。他非常享受周末和假期，并期待着将来退休。虽然他喜欢和他一起工作的同事，但如果他的生活重新来过，他可能不会去从事同样的职业。

员工 B 喜欢他的工作，但不指望五年后还能从事现在的工作。相反，他计划转到公司里更高层次且有着更高地位和更多责任的工作岗位。他对自己的职业生涯发展有几个目标。有时，他的工作似乎是在浪费时间，但他知道，他必须在目前的职位上做得足够好才能获得晋升。对他来说，晋升意味着对工作的认可，是他成功的标志。

员工 C 的工作是他生活中最重要的部分之一。他对自己从事这一行感到非常满意。因为他的工作是自己身份认同的重要组成部分，这也是他最先告诉别人的事情之一。员工 C 对自己的工作感觉很好，因为他喜欢这个工作。他觉得自己的工作内容很有趣，很吸引人。[33]

受访者被问及，在各种衡量标准上，他们更喜欢三类雇员

中的哪一个。图5.2显示了在四种考虑因素中，分别倾向于上述三个虚构雇员的受访者比例：他们最想监督哪个人，他们认为哪个人最勤奋，他们最想雇用哪个人，以及他们认为哪个人最可靠。以晋升为导向的员工（员工B），是否比充满激情的员工（员工C）更受欢迎？并不是。在激情原则实验的受访者中，充满激情的员工比以晋升为目的的员工更受青睐，比例为5∶1。与寻求金钱的劳动者所遭受的普遍文化贬值相一致，充满激情的员工比以薪酬为动力的员工更受青睐，比例超过15∶1。大多数受访者说，热情的员工C是三个人中最努力工作（69%）且最可靠的员工（80%）。绝大多数受访者还表示，与其他两人相比，他们更愿意雇用这位充满激情的员工（79%），并监督他（77%）。

这种模式不仅关乎那些没有任何个人雇用劳动者经验的受访者的偏好问题。当我把样本限制在那些在自己工作中拥有招聘权的受访者（占样本的36%；N=637）时，结果几乎是相同的（图5.2中每一对的右边栏）：招聘经理说，他们雇用有激情的员工（员工C）的意愿，比有晋升动机的员工（员工B）的比例高5倍，比有薪酬动机的员工（员工A）的比例高近23倍。在评估谁是最可靠的员工和最勤奋的员工时，招聘经理们也更喜欢有激情的员工（分别有78%和67%的人更喜欢有激情的员工）。[34]

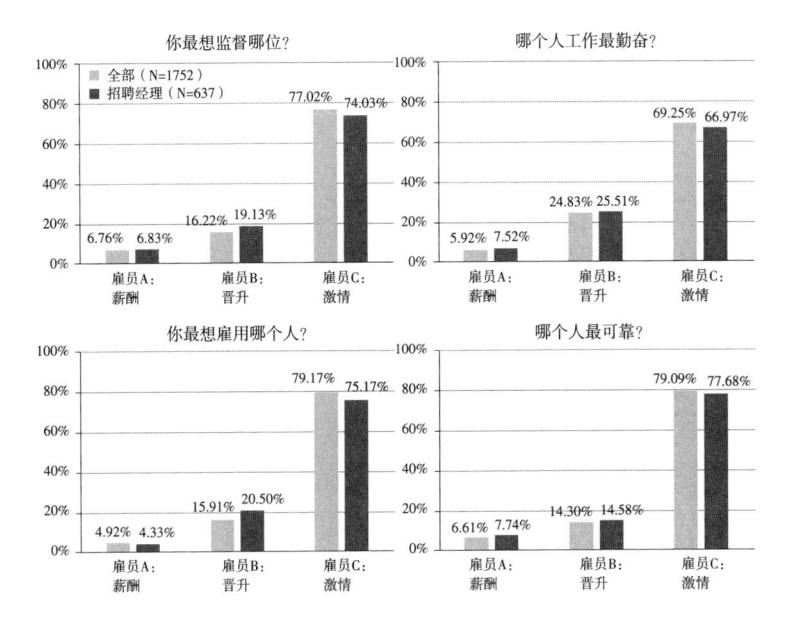

图 5.2 所有受访者（浅色条）和有雇用权的受访者子样本（深色条）中，受过大学教育的劳动者在四种考虑因素上更喜欢员工 A、B 和 C 的比例（激情原则实验数据）

这些小故事揭示了受过大学教育的劳动者对抽象类别雇员的相对评价。然而，这些小故事所描述的员工是人为的原型，对具体组织或实际劳动者的适用性有限。在更现实的情况下，富有激情的员工是否比受其他因素激励的员工更受欢迎？

偏爱有激情的求职者

激情原则实验包含一个测试受访者对随机分配工作申请

组合的反应试验。题干描述让受访者假设他们正在评估一个真实的求职者。受访者得到了以下指示：

说明

作为这项研究的一部分，我们感兴趣的是，劳动者将如何评估不同工作的申请人。我们将向你展示一则招聘广告，然后随机分配一个求职者来审查。我们将向你展示申请人的求职信和履历表。请仔细审查申请材料。在查看完申请材料后，你将被问及你对候选人的看法。

重要说明：

（1）我们对你作为员工的观点很感兴趣；请提供你对申请人最为专业的评估。

（2）你将只有一次机会来审查招聘广告和申请人。之后你将不能再次审查这些材料。请在点击"下一步"前仔细阅读这些文件。

（3）在调查的后面，你会被问到1~3个基于这些申请材料的中等难度的注意力检测问题。

受访者被随机分配到四个不同版本的应用组合中的一个，用于两个不同的职位空缺（4×2设计）。第一份工作是一个虚构的社区非营利组织的青年项目经理职位，我称之为"CommunityThrive"。第二份工作是一个虚构的 IT 公司会计职位,我称之为"TelMark IT"。与青年项目经理职位相比,这份会计工作被设计成似乎不太可能需要激情作为工作技能。[35]（参见附录 C.2 的招聘广告）这两家公司都位于俄亥俄州的哥伦布市。受访者看到了其中一个职位的 Monster.com 式的广告,以及申请人"莱利·威廉姆森"的简历和求职信。[36]

我为莱利·威廉姆森制作了两个版本的履历表,每个工作都有一个版本,列出了适合每个职位的教育和实习经历（见附录 C.5 和 C.6）。然而,求职信在每份工作中都有所不同。它们分别表达了莱利对工作感兴趣的四个不同的理由之一:（1）工资与莱利的期望相称;（2）莱利对工作所在的城市感到兴奋;（3）莱利致力于工作所在的组织;（4）莱利对工作内容充满热情。除了以下句子,每份工作的求职信措辞都是相同的。

"CommunityThrive"青年项目经理职位

·激情条件:"我对儿童发展也充满热情;帮助孩子们的学业,对我来说是令人兴奋和有趣的,我非常喜欢这项工作。"

·公司条件:"我也喜欢这个组织——我很欣赏与这样一个备受尊敬的非营利组织合作。"

・地点条件："我也喜欢这个工作所在的城市。"

・薪资条件："这个职位也符合我的薪水预期。"

"TelMark IT Solutions" 会计职位

・激情条件："我对会计也有热情——管理财务账目对我来说是令人兴奋和有趣的，我非常喜欢这项工作。"

・公司条件："我也喜欢这个组织——我很欣赏与这样一家备受尊敬的 IT 公司合作。"

・地点条件："我也喜欢这个工作所在的城市。"

・薪资条件："这个职位也符合我的薪水预期。"

每位受访者都被分配去审查这八种职位-信件配对中的一种。每封求职信中，唯一不同的是莱利求职信中的一句话，表明莱利为什么对这份工作感兴趣。（见附录 C.3 和 C.4 中每个职位的求职信模板）。

这个实验的目的是观察哪位申请人在不同工作中得到的平均评分最高，进而了解为什么他们的评分最高。因为这个实验设计在不同的动机下保持申请人的其他一切条件不变，包括教育水平、工作经验和平均成绩等，所以可以精确地确定求职信中所表达的不同动机，以及受访者想要雇用其指定求职者的可能影响。

四个版本的求职信——表达对工作地点、组织、工资和工作热情的兴趣——代表了四种不同类型的个人工作动机。这些是关于职业决策文献中不同理论取向的代表。新古典主义经济学家认为，劳动者追求的是终生收入的最大化，他们可能会认为，以薪酬为动机的申请人是最可靠和最受欢迎的，因为这份工作的工资与申请人所期望的报酬是相称的。[37]另一方面，一些劳动和职业领域的学者可能会认为，表达对组织的承诺的申请者，最符合工作奉献和理想劳动者的期望，因为对组织的承诺超过了雇员的个人利益，而这对于劳动者的留存和指向组织利益的工作投入而言至关重要。[38]然而，与本章迄今为止的结果一致，我预计充满激情的求职者将得到最高的评价，而受访者如何评估充满激情的求职者的勤奋程度，将有助于解释这种较高的评价。

与这一预期相一致，我发现，与那些被认为对工作组织、地点或工资感兴趣的申请人相比，那些被设定为有激情的申请人，受访者明显更可能表示有兴趣雇用该人。图5.3显示了在评估针对莱利申请的每个版本之后，受访者中同意自己有兴趣雇用莱利从事广告中的工作的比例。左上方的条形图代表所有看过会计职位申请的受访结果。在这里，82%的人看过了来自热情莱利的申请，并对雇用莱利感兴趣，而看到那些强调莱利对公司的承诺、对地点的兴趣以及对工资的兴趣的求职信的人，分别只有73%、64%和65%的人产生了兴趣。这一模式在对自己工作有招聘权的受访者中也是如此，详见图5.3右上角的一组条形图。

IT公司的会计职位

最终你会雇用这名申请人吗？
（全部受访人N=590）

激情	组织	地点	薪酬
82.4%	73.3%	63.8%	64.6%

最终你会雇用这名申请人吗？
（招聘经理N=186）

激情	组织	地点	薪酬
87.7%	65.2%	68.8%	58.1%

社区非营利组织的青年项目经理职位

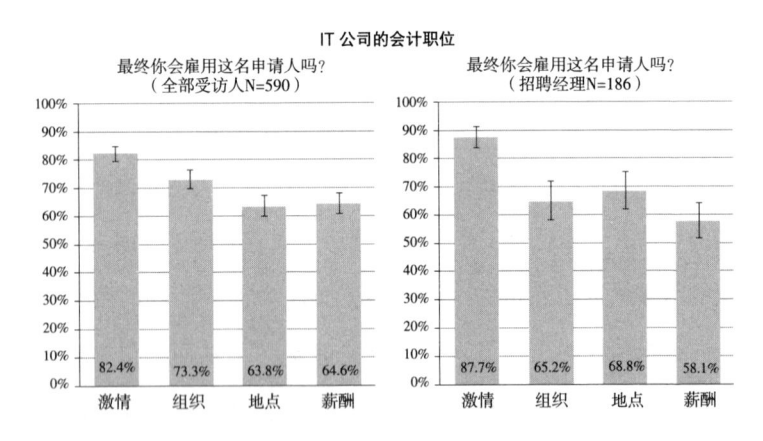

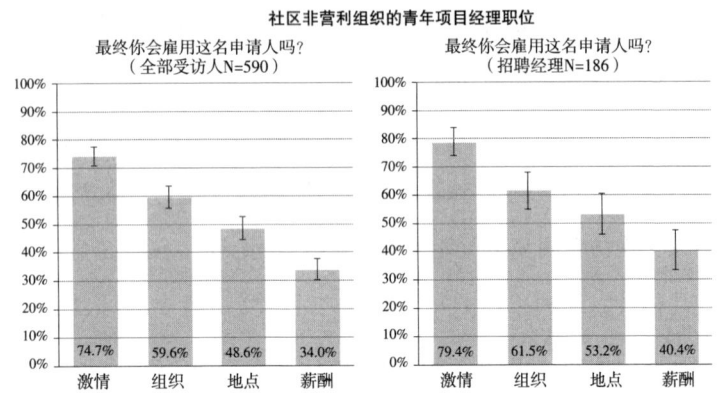

最终你会雇用这名申请人吗？
（全部受访人N=590）

激情	组织	地点	薪酬
74.7%	59.6%	48.6%	34.0%

最终你会雇用这名申请人吗？
（招聘经理N=186）

激情	组织	地点	薪酬
79.4%	61.5%	53.2%	40.4%

图5.3 根据求职信中所强调的内容，有兴趣聘用会计职位（上组）和青年项目经理职位（下组）的应聘者的百分比（激情原则实验数据）

这种模式在被指派去评估青年项目主管职位申请人的受访者中也得到了响应。同样，与那些注重其他求职信版本的受访者相比，所有看到了激情版申请材料的受访者中，对聘用莱利的兴趣比例明显更高。这一点在图5.3的最下面几组条形图中有所体现。

这些申请材料都是相同的，只是求职信中有一行解释了申请人申请该职位的动机。这种模式在青年项目经理和会计职位中都得到了体现。在补充分析中，我发现，不论受访者如何看待莱利的人口特征、行业、教育水平及性别，他们都稳定地对充满激情的求职者给予较高评价。

充满激情的莱利看起来是否比其他版本的申请人更聪明或更有能力？尽管每个职位的简历都是相同的，但在两个职位的条件下，相比其他版本的莱利，充满激情的莱利更有可能被评为"高度熟练的"（见图5.4中的第一组条形图）。对于会计职位，充满激情的莱利被评价为"聪明"的可能性，并不比其他申请版本更高或更低。然而，在青年项目主管的职位上，充满激情的莱利会比那些对地点或工资更感兴趣的莱利更有可能被评价为"聪明"，而对组织有兴趣的莱利却同样有可能被评价为"聪明"。

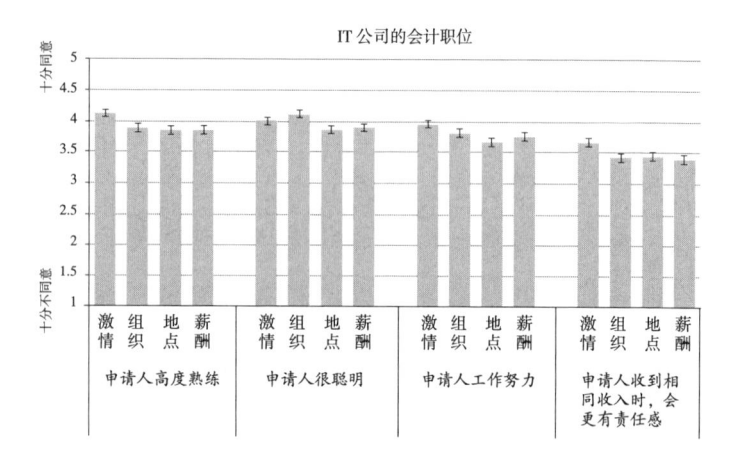

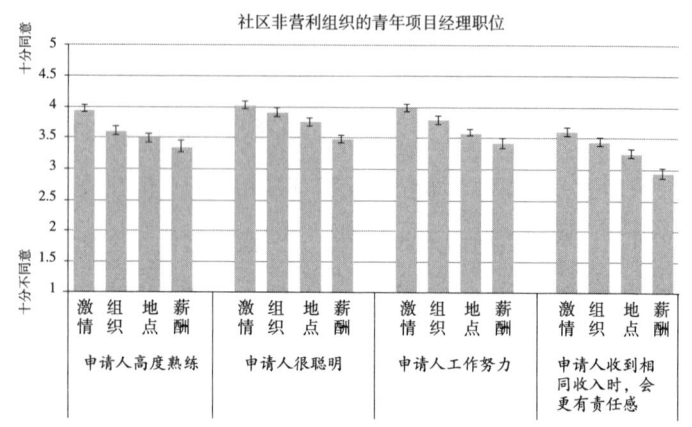

图5.4 受访者对会计工作（上组）和青年项目经理工作（下组）的申请者的平均印象，按求职信的重点划分（激情原则实验数据）

除了对申请人是否聪明或熟练的评估，不同工作动机之间最突出且一致的区别，发生在受访者认为莱利会在工作中投入多少努力的评估上。总的来说,在这两份工作中,充满激情的求职者得到了更高的评价,因为评分者认为,他们会是努力工作的人——他们特定的个人工作动机,会导向更多的参与和投入,而那些把组织、地点或工资兴趣作为动机的人,可能就不会这样。图 5.4 显示,当莱利的求职信表达了激情时,莱利就更有可能被认为是勤奋的。受访者也更有可能认为,充满激情的莱利会愿意在不加薪的情况下承担更多的责任。会计职位和青年项目主管职位都是这种情况。

使用被称为中介分析(mediation analysis)的统计模型技术,我研究了这些对申请人是否勤奋以及是否愿意在不加薪的情况下承担更多责任的不同评价,看看是否有助于解释,与其他三位申请人相比,受访者更热衷于雇用充满激情的申请人的原因。[39] 附录 C 中的表 C.7,列出了动机类型(职业、工资、地点或激情)对受访者评估莱利勤奋与否,以及雇用莱利的可能性的间接影响。这些模型表明,当莱利受到组织、地点或薪酬的激励时,受访者对雇用莱利的热情较低的部分原因是,充满激情的莱利更有可能被评价为勤奋,也更有可能在不加薪的情况下承担更大的责任。这一点对青年项目主管的职位和会计职位都适用。

激情原则实验的受访者明显倾向于有激情的莱利。那么,他们是否愿意为充满激情的求职者提供高薪,以吸引他们为组织工作？实验的结果表明，情况并非如此。那些有兴趣雇用充满激情的莱利的人，所提供的薪水并没有明显高于那些有兴趣雇用以地点、薪酬或组织承诺为动机的申请人。[40] 换句话说，他们相信，充满激情的莱利会是一个勤奋的人和更强的贡献者，但他们不愿意对这种工作进行补偿，或以更高的薪酬来吸引莱利。

这个实验的重点是观察受访者为一份看似现实的工作去雇用虚构申请人时，激情在雇用愿望中所起的作用，以及受访者愿意为这些申请人所提供的薪酬水平。结果表明，充满激情的申请人得到了最高评价，而这种积极评价的部分原因是，评价者推测，充满激情的申请人会努力工作并自愿承担更多的工作，同时却不要求相应的工资增长。

雇用过程和工资报价并不是雇主可能利用劳动者热情的唯一方式。Jae Yun Kim 和他的同事们基于 vignette 的调查研究表明，雇主可能更愿意给有激情的员工分配额外的任务以及不那么愉快的任务，而不是给不那么有激情的员工。[41] 在该研究的受访者中，是否愿意更多地剥削劳动者，与受访者是否认为充满激情的劳动者将工作看成自我回报有关。[42] 该研究结果表明，对激情员工的潜在剥削，不仅体现在这里分析的雇用和薪酬方面，还体现在对激情员工的日常待遇方面。

这些模式并不是孤立于实验环境的。正如我在上面所展示的，在全国劳动力变化调查数据中具有全美代表性的劳动者样本中，那些对工作充满激情的人，会比他们的同事更投入，更有可能在工作中超越自我（见图5.1）。但同样的数据也显示，充满激情的员工并没有比其他类似员工享有更高的薪水（在控制了一系列的人口学特征和工作特征的情况下），尽管平均而言，充满激情的员工会更加投入，更有可能在工作中付出额外的努力（见附录C的表C.8）。

这些结果揭示了效率补偿方面存在着惊人的不公平现象：当员工对工作有热情时，组织会受益更多，但有热情的员工的平均收入并不比没有热情的同行更高。回到传统的马克思主义理论中的剥削术语，剩余价值是员工通过工作产生的价值，但他们并没有得到补偿。热情的员工可能比他们的同事产生更多的剩余价值，但这种额外的价值可能没有得到补偿。[43]例如，一个名叫朱莉的有薪艺术画廊销售员对她的工作充满热情。朱莉在周末花了三四个小时的闲暇时间来阅读自己购买的艺术杂志和书籍。她喜欢这种阅读，这也有助于她了解艺术界的趋势，给画廊客户留下好印象。然而，朱莉并没有比那些没有在工作之外投入这些时间的同事赚更多的钱。她花在阅读上的额外时间使她更好地与画廊的客户合作，并可能使她更快地晋升到下一个职位，但她在周末投入的额外时间是没有报酬的。换句话说，她的雇主受益于她的时间付出，但并没有向她支付报酬。[44]

虽然激情通常不会被概念化为劳动时间，但出于激情所做的工作仍然是劳动。充满激情的员工因为个人兴趣而对工作投入额外的关心和关注，可能会作为剩余价值被占用，雇用机构将从中受益，但个人可能不会得到任何补偿。

重要的是，本章的实验结果表明，雇主在考虑是否雇用有激情的员工时，已经意识到了他们的潜在好处：受访者——包括那些有雇用权的人——更有可能表示，热情的求职者不仅勤奋，而且愿意在没有额外报酬的情况下承担更多责任。这一点在之前 vignette 研究的结论中得到了呼应：大多数受访者更喜欢有激情的员工，而不是以职业发展或以工资为动机的员工，他们认为有激情的员工比以薪酬和晋升为动机的员工更勤奋也更可靠（见图5.2）。这也与硅谷雇主的采访结果相一致，他们发现，雇主有时甚至将激情看得比技能更重要，因为他们认为激情会唤起劳动者的额外努力。[45]

剥削激情

本章的目的是探讨造成职业劣势的可能需求面的基础是否与求职者或劳动者对工作的激情有关。这一探索只是触及了一系列复杂过程的表面。然而，关于雇主如何从充满激情的劳动者那里获益——他们可能认为没有必要补偿劳动者——以及组织可能故意剥削了劳动者从工作中获得的个人成就感，这里的结果试图提出一系列问题。

首先，访谈和调查数据都表明，激情原则的坚持者通常认为，追求激情有时需要牺牲他们本来可以通过证书获得的经济稳定性。而许多有志于职业发展的人，在选择自己的职业道路和工作时，也将激情置于工资或稳定性之上（见第三章）。

当我审视劳动者时，我更普遍地看到雇主是如何从激情中获益的：对工作的实质充满激情的员工，比那些没有那么多激情的同伴更投入地工作，更经常付出超出工作要求的努力。潜在的雇主似乎更喜欢有激情的员工，而不是以职业发展或薪酬为动机的员工——部分原因是他们认为，有激情的员工将更努力地工作。

而这种基于激情的劳动却可能没有得到充分的补偿。实验中虚构出来的充满激情的申请者，并没有得到更高的薪酬；而实际职场中充满激情的劳动者，也没有比那些不太有激情的同龄人获得更高的薪酬。其他社会心理学研究表明，充满激情的劳动者，比没有激情的同事更有可能在工作中遭到剥削待遇。[46]

因此，激情不仅是许多求职者在求职供应方面的首选；激情还可能被求职需求方的雇主不公平地利用。回到上面介绍的社会理论家的关注点，韦伯提出需要去激励劳动者并优化其工作勤奋问题，激情是解决这个问题的另一种方式。韦伯认为，让劳动者工作，要么依靠强迫，要么将之作为个人投资。[47]激情似乎是劳动激励的一种有效手段。而今，所有的环节似乎都已经到位。自我表达和个人主义已经是根深蒂固的社会和道德价值观。与一个人自我表达目标相一致的工作，是优化工作产出的现成基础：充满激情的劳动者可能在工作中长期努力工作，不一定是因为他们觉得有道德义务为工作而努力，而是因为他们认为，这种工作是自我实现和个人成长的手段。

可以肯定的是，那些认为自己的工作有意义、有成就感的劳动者，在日常工作中，可能会比那些把工作仅仅看成谋生手段的劳动者在工作质量上更高。[48]但雇主也会从员工的激情中受益：有激情的员工会更加投入，并自愿付出更多努力。乍看之下这似乎是双赢的，但这也说明了激情是造成劳动者劣势的一个讽刺标记：劳动者可能更喜欢有激情的工作，但雇主可能会从有激情的劳动者身上榨取更多的劳动却不调整补偿。这在技术领域的行业中尤其如此。在这些行业中，过度工作是激情规范性展示的一部分。例如，玛丽安·库珀发现，男性IT专业人士"展示他们的疲惫，以传达（他们）的承诺、耐力和阳刚之气的深度"。她报告说，这种过度工作，是由 IT 专业人士对其工作的个人投资所驱动的，而不是来自他们经理所要求的外部控制。[49]

这些发现给劳动者和学者们提出了一些难题：剥削劳动者的激情，在道德上有问题吗？激情本身就是一种奖励，还是说，在没有额外补偿的情况下，占有这种"爱的劳动"也应该被视为剥削？尽管热爱自己工作的人，他们的日常生活可能比那些认为同样的工作任务不那么令人满意或过于繁重的同事好，但对自己的有偿工作有热情，并不改变该工作的雇佣关系。[50] 正如霍克希尔德认为，情感劳动是将私人的快乐转化为服务于组织的目标和优先事项一样，激情也可以通过类似的"转化"（transmutation）过程而被利用。[51] 即使感受很真实，一个人对有偿工作的热情仍然是对工作组织的一种服务。[52]

除了将一个人真正感受到的激情转化为对组织的益处，某些领域还可能对激情的表达和表现有所期望。在一些职业中——例如小学教育、职业体育、社区组织——劳动者可能被期望对他们的工作表达激情，以作为个人承诺的标志。[53] 在情感劳动中，劳动者要进行特定的情感展示，而无论它是否真实。这种对激情的期望是一种自我表达承诺的强制表现。[54] 雇主可能会把激情的表达看作其自身能力的标志，而员工也会因此受到评判。[55] 对工作的热情表达，实际上可能是一种重要的文化标记，用于将个人分配到工作岗位上，并在组织内做出雇用和晋升的决定。

此外，激情可能因相关求职者或雇员的差异而得到不同的认可和奖励。本章的实验中，求职者的身份保持不变。然而，在真实的组织中，招聘经理和主管可能会根据求职者或雇员的社会人口学特征，对他们的激情有不同的期待。库珀研究的 IT 工作者，对工作承诺的展示是明显男性化的——是一个用蛮力和智力推倒各种"死线"（deadlines）的英雄。这种规范表现激情的方式，使女性 IT 从业人员处于不利地位，在硅谷 IT 公司和其他地方使男性的主导地位得以延续。[56] 同样，在有色人种代表性严重不足的职业中，少数种族/族裔可能被期望对他们的工作表现出强烈的激情，以此来证明他们在自己领域的归属感。[57] 我们需要进行更多的研究，以了解对激情的表达（无论是否感觉到）是如何以不同的期望和利用方式，扩大了现有的不平等现象。

总而言之，即使是满怀激情地打工，有偿劳动仍然是剥削。它可能只是感觉上不那么像剥削。激情原则一个最为核心的讽刺点在于，出于自我表达的原因而去工作，对追求激情的人来说，可能觉得这是逃避资本主义劳动力陷阱的一种方式，但这样做却把一个人的私人快乐和兴奋感导向了雇主的利益。[58] 我在结论和后记中讨论了这一系列发现对社会学理论、对工作和劳动力市场的社会科学学术研究,以及对教育、工作场所政策和对职业决策的公共讨论的影响。

结论

"你长大后想做什么？"一代又一代的孩子都被问过这个问题。然而，这是一个奇怪的问题。询问者想知道的是，"在完成正规教育后，你想全职从事什么样的职业道路？"当然，这假定"长大"需要完成从童年到成年的线性发展，其中，"长大"是完成培训和进入劳动力市场的同义词，或至少是平行的。这个问题还假定了美国梦的核心原则，即孩子想做的任何事情都可以实现。

这个问题还有一些特殊之处。它问的不是听众想做什么，而是他们想成为什么——成为什么，反映的是个人主义的自我意识。这个问题看起来很温和，而且支持年轻人的行动，但它将一个人的身份与工作纠缠在一起——将存在（being）与行动（doing）纠缠在一起。这只是一个例子，说明个人的身份感知与我们对个人有偿劳动的贡献，在文化上是多么深刻地关联在一起。

本书将良好职业决策的共同的文化模式置于中心位置，这种模式也将身份与工作纠缠在一起。本书将激情原则确定为良好职业决策中一种常见但基本未被探索的文化模式，试图研究这种模式的更广泛的影响：希望找到与自己激情相一致的工作的求职者，利用不同的安全网和跳板在劳动力市场上摸爬滚打；基于激情原则的选择，如何"洗白"了现有的职业不平等模式，支撑起了劳动力市场的优绩主义和新自由主义意识形态；以及员工的激情如何不仅被雇用者偏爱，还被其利用。激情原则是一种引人注目的文化模式，它不仅告诉人们如何抽象地思考良好职业决策，还激励他们的（后果不尽相同的）职业道路，之后还作为一种关于劳动力不平等的规定性和解释性叙述，被纳入雇主对优秀劳动者的评估之中。

我利用了一些资料来讲述这个故事：100名大学生的访谈数据以及其中35名大学生的后续访谈、面向24名职业顾问和辅导师的访谈、对受过大学教育的劳动者的独特的田野调查、一个调查实验，以及对美国劳动者的几个代表性样本的二次调查数据集。这种实证方法利用了最适合每个问题的数据来源，来解决本书中提出的理论问题。我的目标是围绕本书的中心概念，从几个不同的理论和经验角度来看待它。

这个总结性章节回顾并扩展了前几章的论点。我首先对这些论点进行简短总结，引出其结构层面和个人层面的意义。

然后，关于这些发现，我讨论了它们对学者、高等教育管理者、政策制定者和正在进行复杂决策过程中的个人求职者可能意味着什么。在本章结尾和后记中，我指出，关于如何在文化上定义好的工作甚至好的生活，这些研究结果提出了一个困难的存在问题。

我以一个看似简单的问题开启本书：求职者和受过大学教育的劳动者，如何将良好的职业决策加以概念化？这个问题在理论上之所以重要，是因为这些信念不仅影响了个人求职者和劳动者如何塑造（或至少是渴望塑造）自己的职业道路，而且告诉了更广泛的公众如何理解，甚至证明资本主义劳动力的现有结构和运作是合理的。对于社会科学家来说，仅仅记录形成经济体系的制度过程是不够的，为了了解求职者和职业参与者的经验和命运，我们还必须关注他们如何理解劳动力市场和他们优先考虑并努力实现的结果是什么。总的来说，这些意义的形成过程也可能在文化上起作用，它们使社会人口学意义上的劳动不平等得以合法化，并使之持续下去。

根据访谈和调查数据，我发现，在受过大学教育的求职者和劳动者中，定义好的工作和好的职业决策的普遍文化模式是激情原则：一种将自我表现、自我满足的工作追求作为职业选择的主要指导原则的共同文化模式。尽管大多数访谈和调查对象解释说，经济稳定和工作安全很重要，但许多人认为，这些考虑与激情相比都是次要的。在我采访的大学生和受过高等教育的劳动者中，分别有超过75%的人和67%的人，在他们的良好职业决策的抽象概念里，对激情相关因素的重要性评价要高于工作保障或薪酬。

记录这种文化模式的显著性本身就是一个重要发现。它反击了新古典经济学、经济社会学和商业界的经典假设，即大学生和受过大学教育的劳动者，在考虑好的工作和好的职业道路时，绝大部分都会优先考虑经济发展。

当涉及自己的职业决定时，求职者和劳动者更"实际"一些；他们也承认工作稳定和薪酬对长期经济安全的重要性。尽管如此，在我采访的大学毕业生中，超过三分之二的人在离开大学后，会寻求与他们的激情相一致的道路，他们往往能容忍就业的不稳定性，牺牲高薪或更稳定的选择，来追求他们认为的有意义的工作。大多数求职者认为，无论他们追求什么样的道路，大学学位将提供一个经济底线使他们不至于跌倒，而在这个底线之上，他们将能够建立一种舒适的中产阶级生活。

此外，当我问起那些受过大学教育的调查对象，在他们自己决定是否接受一份新工作时什么才是重要的，46%的人将对工作的热情和兴趣列为他们的首要选项，而将薪酬和工作保障列为首选的人则分别只有20%和13%。此外，在受过大学教育的劳动者中，说起他们在职业生涯的某个阶段自愿转换路径，近一半的人是为了找到更有意义且更充实的工作，或为了"追寻他们的梦想"才这样做的。因此，虽然求职者和劳动者对不稳定劳动力市场所涉及的风险的理解并不算很天真，也不是每个人都会优先考虑寻求激情，但激情原则不仅是抽象意义上的良好职业决策的主流文化理想，它甚至是许多受过大学教育的求职者和劳动者自我决策的指导原则。

虽然本书的重点是正在上大学和受过大学教育的劳动者，但激情原则在其他劳动者那里也不是没有。在那些没有四年制学位的人当中，他们与那些有学位的人一样重视并优先考虑有意义、有成就感的工作。然而，可能是由于他们在寻找稳定、高薪的工作时所面临的结构性限制，没有大学学位的劳动者在考虑新工作的重要因素时，倾向于优先考虑薪酬和工作保障，而不是与激情有关的因素。因此，更准确的理解是，拥有大学学历的人更有能力获得体面的薪酬、健康保险和其他福利，而没有受过大学教育的人则不会将工作的意义和成就感放在首位。[1] 总而言之，整个劳动力市场上的劳动者都高度重视并渴望能提供自我表达和成就感的工作，但受过大学教育的劳动者在劳动力市场上的相对特权，使他们在考虑下一步职业发展时，可以选择优先考虑这些，而不是经济安全。

这些模式提出了一个明显的后续问题。在就业不确定、劳动力市场不稳定和收入不平等问题日益严重的情况下，[2] 为什么这么多人会认为,激情原则是一个引人注目的职业选择的指导原则?访谈和调查数据显示,激情原则之所以引人注目,主要有两个原因:首先,激情被认为推动了勤劳工作。求职者认识到,白领阶层往往需要超负荷的工作和密集的奉献才能取得成功。他们解释说,激情提供了一种努力工作的动力,而这是金钱所不能提供的;他们认为,真正的个人兴趣才是职业发展所需的工作勤奋的最佳动力。其次,更重要的是,求职者和受过大学教育的劳动者认为,对工作的热情不仅是一份好工作的基石,也是美好生活的基石。他们认识到在有偿工作中可能出现自我异化(self-estrangement),认为激情是对"悲惨生活"的潜在预防——即"每天醒来都恨自己要去上班"的那种生活。大多数求职者都强烈批评白领劳动中特有的过度工作和工作奉献的要求,反过来,他们认为,寻求激情是一种可能的预防措施,用来应对这些工作要求所带来的挫折、无聊或纠结。求职者所处的制度结构和同辈互动,通常也倾向于支持而不是挑战他们对激情的信念。职业咨询专家在为客户提供职业咨询时,通常也会关注他们的自我表达兴趣。

本书的第二部分用批判的眼光来看待这种文化模式:究竟谁能从追随自己的激情中获益,谁的社会地位会因此停滞或恶化?追求激情是否预设了经济、社会和文化资本的储备(第三章)?追求激情既然是做出职业决定的最佳方式,这种信念如何能支撑起一种否认存在系统性不平等的劳动力市场的理解（第四章）？雇主是否受益于求职者和劳动者的激情追求，甚至利用了这种追求（第五章）？这三章最终提出了一个令人担忧的问题：激情原则作为一种职业决策的方法，不仅集中反映了某种特权，而且可能加强了现有的经济和社会权力结构。

回到对求职者的采访，我在第三章对学生受访者中的一部分人进行了跟踪，追随他们一路走出大学，进入劳动力市场。社会经济条件较好的受访者，比条件较差的求职者更有机会在激情中获得稳定的工作。为什么呢？更有特权的受访者往往有机会获得财务安全网，以帮助他们应对寻求激情所带来的不稳定和财务牺牲，并且他们还有跳板——教育、文化和社会资本——帮助他们从大学中获得最大收益并获得稳定的就业。这种安全网和跳板对大学毕业生的影响已经在其他研究中得到了有力证明。这里的新内容是，对于那些优先考虑激情的人而言，这些资源可谓至关重要，因为这些资源帮助他们驾驭了各种挑战和牺牲，而不是简单地优先考虑现有的、经济上可行的工作。

追求激情与社会经济特权便以另一种方式结合起来。特别是，对于来自工人阶级背景的求职者来说，寻求激情的风险往往比那些更有特权的同龄人更大。与那些毕业于同一所大学、拥有类似学位却更有特权的同龄人相比，来自不具备特权的家庭的激情追求者，更有可能在朝不保夕的就业情况下（例如兼职酒吧服务员、亚马逊仓库拣货员）彻底远离自身的专业领域。换句话说，追求激情的人特别有可能跌回到原初的阶级，因为分配给他们的资源如此有限，因此无法经受追求激情的挑战和不稳定性。

然而，激情原则不仅是个人行动的指导原则，它还作为一种规定性和解释性的叙述起到了文化上的功能。扩展研究广角，对激情原则所蕴含的文化信仰网络（the web of cultural beliefs）进行实证研究，我发现，激情原则的信奉者比激情原则的怀疑者更有可能假定劳动力市场是公平的，将成功和失败的结果加以个人化，并将激情视为个人的某种特异性特征（而不是由社会所构造的）。激情原则的拥护者也更有可能同意，那些在性别、种族/族裔和社会经济上处于劣势的人，假如他们在职业道路上有足够的个人投入并愿意努力工作，他们可以克服所有基于性别、种族和阶层的障碍。

这表明，激情原则在强化劳动力市场不平等方面做了两类文化上的工作。首先，它有助于将现有的职业隔离模式和不平等的模式，"洗白"为个人追求激情的良性且综合的结果。其次，它通过为一个可能公平运作的系统输送一套理想，来帮助强化优绩主义的意识形态和个人责任论的观点。优绩主义意识形态的支持者通常认为，劳动力市场是公平的，一个人要在其中获得成功，只需要努力工作和奉献；[3]那些坚持个人责任论的人则强调，个人在没有社会支持和基础设施的帮助下，也要对自己的经济命运负责。[4]激情原则为这些意识形态提供了一个重要的回答：一个驱使个人努力工作的个人主义的、以身份为动力的引擎。充满激情的工人被认为，他们之所以努力工作，是受到一种介于自我与工作之间的个人联系的激励，而努力工作又在公平运作的劳动力市场上将被转化为职业成功。因此，激情原则、优绩主义意识形态和个人责任论，共同讲述了一个关于劳动力的个性化叙事，甚至比每一种信仰所单独讲述的故事还要简洁。这种信念网络也可能促使人们对解决结构性不平等的集体解决方案产生特别强烈的抵触，如扩大社会性的支持服务；它也可能有助于淡化结构性不平等本身的存在感。

最后的经验性章节，我们再次把激情原则作为一种感觉模式，转向将基于激情的工作看成需求方进行剥削的可能场所。具体来说，第五章使用了vignette和实验数据来考虑雇主是否从充满激情的劳动者那里获益，他们是否更喜欢充满激情的劳动者，而不是以职业发展或薪酬为动机的劳动者，甚至他们是否可能不公平地利用了劳动者对工作的激情。充满激情的劳动者的确报告说，他们所付出的努力超出了工作的要求。而受过大学教育的人，即使是那些有招聘权的劳动者，也更喜欢有激情的人，而不是那些以职业发展或薪酬为动机的劳动者。

在一项调查实验中，我发现充满激情的求职者备受青睐，部分原因是，他们会被认为是特别勤奋的人。然而，翻看充满激情的求职者材料的那些人，并没有给他们更高的薪水。与这些实验结果相一致的是，在受过大学教育的劳动力中，充满激情的劳动者的平均薪酬，并不比那些同样受过培训且有经验但不那么有激情的同事更高，即便充满激情的劳动者会更为投入，更愿意为他们的工作付出额外的努力。我认为，这表明劳动者们对工作的热情被转化了，[5] 他们的私人乐趣、兴趣和好奇心被重新利用，以促进他们所在组织的目标。

本书关注的是职业决策经历的一个个缩影：确定专业和规划毕业后道路的大学生、总结他们早期劳动力市场经验并为自己的工作定位的大学毕业后的年轻人、在其职业生涯中的某个时间点的美国劳动者。然而，我怀疑激情原则在个人一生的决策和身份形成过程中都发挥了作用。从小学和初中课堂上关于劳动力的对话，到高中教师和辅导员关于选择职业道路的叙述，激情原则很可能渗透到中小学生所听到的关于职业选择的语言当中。激情原则很可能也延伸到了工作生活中。最近的"二次职业生涯"（encore career）运动，就是围绕着"最终"(finally)能够在接近退休年龄时追随自身激情这一理念展开的。[6]只要有与劳动力参与有关的重大制度和文化决策点（中学后的培训、找工作、换工作、退休等），激情原则就会发挥作用。我们还有很多研究要做，以了解激情原则在生命过程中的这些关键点上是如何被凸显出来的，以及激情原则与根深蒂固的社会差异和劣势模式相联系的其他可能方式。

这项工作对社会科学家也有重要意义。它指出，我们需要更好地了解自我表达机制如何在更广泛的文化和社会不平等过程中得以运作。我认为，在优先考虑自我表达和实现的过程中，寻求激情不仅制约和促成了个人的职业决策，而且与更广泛的文化信念有关——如优绩主义意识形态和新自由主义的个人责任论，同时强化突出了这些颇有问题的信念。此外，激情原则是一个例子，说明关于个人层面对劳动力市场和劳动者在其中位置的意义创造，可能会通过促进劳动者与这些期望产生共谋，使针对白领工人在资本主义劳动力中的剥削性期望得以永久化。这项研究还指出，社会科学家对学术界内外广泛认为可取的事情（例如，告诉学生要追求自己的激情）的关注是非常重要的，因为这可能代表了某种有缺陷的机制。

广义上讲，激情原则是一个具有启发意义的例子，说明在个人层面上，看似具有能动性的自我表达的过程，可以作为不平等再生产的微妙但潜在的强大机制。在自己的职业道路上寻求激情，可能会增加在日常工作生活中从事自我肯定活动的机会，并可能在某种程度上使工人免受有偿劳动的自我异化之苦。然而，激情原则对社会人口特权和劣势的长期持存也存在着潜在的严重影响。

激情原则与不平等的永久化

前几章从不同角度探讨了激情原则，指出这种模式与特定缺陷过程的联系，讨论了激情模式如何加剧了特定劣势过程的延续。将激情作为个人职业决策的指导，可以强化职业追求者的原生社会经济地位。由于追求激情往往需要做出牺牲，追随激情可能是一条通往不稳定工作的道路，特别是对那些缺乏安全网和跳板的工人阶级求职者来说——而他们更有特权的同伴却拥有安全网和跳板。同时，那些将经济优势或就业安全置于其激情之上的人，往往会看到他们的决定在道德上被同龄人和整个流行文化贬低。作为一种意义的创造模式，激情原则与关于劳动力市场的观点纠缠在一起，这些观点将自己的经济命运归咎于个人，并可能助长对扩大社会保障举措的抵制，如社会福利和失业保障。作为一种被广泛接受的理想劳动者特质，激情原则可能会煽动劳动者对其工作做出个人承诺，甚至为剥削劳动提供理由。

在这里，我扩展了前几章的观察，从理论上提出了激情原则可能助推了再造社会人口不平等的其他一些方式。第一，激情原则作为良好职业决策在定义上的突出地位，可能不仅与新自由主义劳动力参与的理想交织在一起，还可能帮助巩固了新自由主义在高等教育和劳动方面的政策。美国高校越来越多地与商业模式接轨，以服务于他们的学生"客户"。[7] 激情原则及其"各取所需"的专业和职业选择理念，在这种大学即商业的模式中得到了很好的体现。它使韦恩州立大学能够宣传自己是一个造就"激情是你的职业道路"的地方（图结.1），尽管学生在获得与激情相一致的稳定、体面工作的机会并不多。一个对体育广播或酒店管理有热情的学生，可以自由选择其中一个作为他的专业。但是，他有责任（而不是大学或其他机构的责任）在仅仅获得学位证书之后，[8] 就能在

图结.1 密歇根州东部公路广告牌（作者拍摄，2017 年秋季）

经济上站稳脚跟。高等教育的新自由主义化，以及它对个人自由和个人责任的强调，与基于激情的大学专业选择和职业发展决定的观点完全同步，并从中得到了相应的支持。

第二，激情原则的信奉者可能会帮助延续白领工作中的理想劳动者准则，或者说，期望员工一心一意投入工作而漠视其他生活责任，工作时间往往远超每周四十小时的标准工作时间。[9]激情原则正好符合这种对理想劳动者的预期（ideal worker expectation）。通过推动个人对工作的投入，激情原则可能会加强而不是挑战工作投入和过度工作的规范。在我的研究中，受访者普遍认识到白领被要求过度工作并批评了这一点。他们认为，对工作的激情会使这些理想劳动者的期望更容易被实现。然而，激情是对那些批评过劳和理想劳动规范（ideal worker norm）的顽固结构性核心问题的一种个人层面的解决方案。个人为应对这些问题而寻求激情，不仅对求职者所抵制的理想劳动者需求没有任何影响，而且实际上可能加剧了这种过程的延续。尽管理想劳动者规范对那些充满工作激情的人来说可能感觉不到压迫，但充满激情的劳动者仍可能自愿为他们的雇主做出更多的贡献，远多于通过工资和福利得到的补偿。

第三，一个人对有偿劳动抱有真正的热情，并愿意为这种热情牺牲金钱和时间，可能会使他们的同事或其他被监督者，不断地被"卷"出理想劳动者的要求。[10] 在一些专业领域，如艺术、教育或科学领域，热情奉献于个人劳动的期望可能是如此根深蒂固，以至于那些把自己工作仅仅视作一种谋生方式的人，可能会被认为工作能力不足。[11] 此外，蓝领工人和服务人员可能会被期望表现得好像真正热爱并投入工作一样，这就进一步加重了在霍克希尔德情感劳动理论基础上发展而来的另一种情感劳动负担。[12] 换句话说，激情原则的消极后果，可能会蔓延到由未受过大学教育的工人主导的领域，在那里，他们反过来被要求执行一种激情的文化标准，而激情不太可能真的存在于那些去技能化和去价值化的工作中。

第四，不同的人的激情所在，本身就是再造职业隔离的重要场所：什么"适合"我们、让我们兴奋并"养活我们的灵魂"并不是随机决定的。正如我在第一章中所论证的，一个人对什么有热情不完全是特异性的。我们的激情是自我概念的一部分，反映的是我们对自身所持有的一套复杂的信念。[13] 尽管这些自我概念在我们看来真实且异于常人，但它们深深地被我们的社会环境塑造——我们所接触到的东西，以及基于我们的行为、能力和兴趣所产生的自我期望。我们的社会经济背景，连同性别和种族/族裔背景，也影响着我们认为自己是谁以及我们想成为什么。因此，当求职者追随他们的激情时，他们往往会强化基于性别、种族和阶级的职业隔离模式。

这在职业的性别隔离问题上体现得尤为明显。矛盾的是，在这几十年里，女性比以往任何时候都更多地被鼓励在职业追求中与男性并驾齐驱，自我表达的职业决策似乎以一种看似性别中立的方式巩固了性别差异化的职业决策。第四章中所讨论的物理学家蔡斯，童年时对光很着迷，相比他的姐姐，父母和老师更可能鼓励他在这方面产生兴趣，但蔡斯的激情和职业道路对他个人来说并没有什么性别差异，感觉纯粹是个人主义的自我表达。即使在过去的二十年里，人们对不符合性别的行为和生活选择的容忍度已经越来越高了。但是当女性试图进入男性占主导地位的领域（如物理学），或者男性试图进入女性占主导地位的领域（如护理学），这些领域却一直因性别差异化的职业决策而在发展上停滞不前。[14]

这种基于激情的导向职业隔离的因素，极难通过政策变化或社会行动来解决。因为它们被铭刻在自我概念中，这些来自性别、种族和阶级的因素，对人们的激情所造成的影响，与产生它们的社会过程有一定的距离。改变这种模式的最有效策略可能同样不令人满意：要破坏性别、种族和阶级对职业及任务领域的接触，需要减少 K-12 教育和高等教育的课程自由。为了更公平地接触和鼓励不同的任务领域，学生需要学习更多的科目，如营养学和物理学、人类发展和民族研究。这种课程的僵化，与家长和学生对中学教育越来越倾向于期望一种与高等教育所提倡的"选择自己去冒险"的模式相悖。然而，即使有了更公平的接触，关于什么样的学生更擅长或更有能力做某事的刻板印象，可能仍然会以性别、阶级和种族的方式塑造个人兴趣的发展。[15]

最后，在最普遍的层面上，激情原则可以作为后工业资本主义本身的堡垒。事实上，受访者对资本主义劳动力的压迫性预期进行了明确的批评，特别是它对工作投入的期待、普遍缺乏的稳定性以及劳动力参与通常带来的自我异化。将追求自我实现的工作作为解决劳动力参与等问题的解药，并将在劳动力市场中找到自我表达的位置，视作个人的责任，激情原则可能会扼杀那些针对资本主义工作结构的批评，而在其他情况下，激情原则可能会扼杀对资本主义工作结构的批判——在其他情况下，这种批判可能会引燃对缩短工时、更公平薪酬或更好的工作与生活整合的集体诉求。[16] 因此，激情原则可能有助于消解求职者面对资本主义对敬业工作者的期望与文化对自我表达的要求之间的张力。

那么，激情原则在许多方面可能都是职业决策的某种霸权文化框架。在唯一的意识形态意义上，它不是霸权主义的，因为就业保障、薪酬和工作-生活平衡是文化上广泛存在的决策指导原则。但在以下意义上，它是霸权主义的，因为它是一个关于生活领域的文化视角，它使最有特权的人受益，并帮助证明现有的不平等社会经济现状是合理且不可避免的。[17] 正如第四章所讨论的，激情原则为劳动力市场上的优绩主义和新自由主义观点提供了支撑，这些观点使极度不平等的劳动力市场被合法化了。激情原则也可能助长经济强人去利用这些充满激情者的劳动。它还可能被用来作为贬低低学历者或机会受限者的选择基础，让他们变得一文不值。

激情原则在剥削中所扮演的角色

因此，讽刺感占据了本书的核心。即激情原则的文化模式，它在个人层面上以自我表达和代理行动为中心，却加剧再造了社会经济的总体缺陷模式。但激情原则也可能是另一种讽刺的基础：追求一个人的激情以避免在资本主义劳动中被自我异化，最终可能助长了在这种经济结构中再造剥削的动力——通过增加个人对有偿工作的投资，以满足对理想劳动者的期望和过度工作。突出激情原则可能会阻碍劳动力参与的其他观点，如优先考虑支持那些自我表达其爱好的工作，允许一个人最大限度地与家人和朋友相处的工作，以及基于社区需求而不是个人利益驱动的工作。

但是，如果人们对自己的工作充满热情，牺牲金钱或时间来做自己喜欢的事情，这有什么关系呢？这真的是剥削吗？流行的（和许多学术界的）剥削概念，倾向于从雇主和雇员之间的离散交易——如薪酬和福利的谈判方面——对此加以考虑。[18] 从这个角度看，如果一个学校教师或动物园管理员，自愿选择这些职业并热爱他们的工作，那么他们的薪酬是否算低呢？然而，这些离散的交易并不是资本主义剥削的唯一方式。它甚至也不是主要的方式。剥削是资本主义经济结构本身的特点："资本家犯了剥削罪，他们从工人身上榨取剩余价值。但更重要的是，值得我们指责的是资本主义而不是特定的资本家。"[19] 一个学校教师或一个动物园管理员，可能自愿甚至兴高采烈地在自己的领域内接受一份报酬低于可生存标准的工作。他们可能对这项工作很有热情，甚至把他们得到的低工资，看作愿意为激情所做的牺牲。[20] 我们绝不能被这里存在的选择方式误导。这些劳动者之所以会被剥削，是因为他们在特定经济结构中劳动，而这种结构低估了他们的贡献，支付给他们的工资远远低于他们增加的组织价值和社会价值，而且几乎没有提供强有力的社会支持，如高质量的健康保险。某人对工作的热情，似乎可以为他们和雇主之间的交易性剥削提供借口，但剥削是一个更深层次的问题。

什么情况下在有偿劳动中追求激情，可能会减少剥削并推进公平？首先，就业稳定的机会需要得到支持，社会福利计划（如失业救济金、医疗保健、家庭休假）也需要得到支持，这些计划降低了劳动力参与的风险。更公平的教育和培训机会、更低的学费、更少的跨职业收入不平等，以及对集体谈判的更多支持，也会在很大程度上减少激情追求的不均衡风险。正如我在上面所论述的，如果一个人的个人兴趣，没有得到额外精力投资和工作投资的回报，那么将个人兴趣转化为工作任务就等于是一个剥削的过程。此外，打破关于什么人应该，或者什么人本就对某种事物充满激情的刻板印象，对于减少人为地限制人们对可能充满激情的事物的探索是很重要的。如果这听起来是一个很高的要求，那确实是。正如我在下面指出的那样，追求激情的价值化所产生的不平等，很大程度上不是追求激情本身的结果，而是追求激情所寓于其中的结构。

关于行动的思考

这里记录的模式对各种群体都有影响，同大学管理委员会、学术管理人员和教师尤其相关。它们强调了大学有必要在毕业生进入劳动力市场时，为他们提供更公平的竞争环境。追求激情有助于再造大学生的社会经济特权或劣势，部分原因是，更有特权的学生背负更少的学生贷款债务——这个问题可以通过更好的财政援助或减少学费来缓解。此外，寻求激情有利于那些拥有最多的安全网和跳板的人，为之在寻找工作时指明方向。虽然学校不能完全弥补学生在进入大学时的文化差异和社会资本水平的差异，但它们肯定可以改善对学生进行劳动力市场教育的方式，并具体化为与校友网络和社区组织的联系，而不是相信学生可以依靠自己的那些应对求职过程的个人知识。

同样重要的是，高等教育机构和作为高校生源种子的中学，应该认真思考它们向学生发出的关于专业选择和职业选择的信息。追求激情可能是许多学生的目标，但它肯定不是每个学生的目标。在过去四十年里，劳动已经变得越来越不稳定。虽然失业率起伏不定，但几乎每一份工作的稳定性和提供给工人的安全感，都有稳步下降的趋势。[21] 几乎没有迹象表明，这种不稳定性将很快得到改善。自动化、外包、合同工作和"零工"经济的趋势似乎并没有放缓，而新冠疫情的经济影响，只是加剧了求职的不确定性。[22] 确保职业咨询和学术指导对学生择业的优先事项持中立态度，可以更好地满足学生在劳动力市场上的未来目标，并减少从文化上贬低那些在职业道路上优先考虑其他因素的学生，如考虑经济稳定、与家人相处的时间或工作的地理位置。

经常与学生打交道的教育工作者，也需要反思自己对寻求激情的那种想当然的假设。这里的研究结果表明，把寻求激情作为职业决策的一刀切的做法是很危险的。那些优先考虑激情的学生，可能会从其他领域的培训中受益，以增加他们在劳动力市场上的选择。例如，人类学的学生可以学习编程，化学专业的学生可以辅修通信课程。此外，重要的是，要鼓励本科生和研究生在有偿劳动之外，培养创造意义和自我表达的机会——无论是通过志愿服务、徒步旅行、绘画、木工、即兴喜剧、友谊、政治参与还是其他努力。在密集的训练中，提醒学生在学校和有偿劳动之外，还有许多地方可以找到自我表达的成就感，这将会使他们受益。

从K-12教育到中学后教育，教师应该帮助学生了解，集体共同努力解决劳动力问题的重要性及其力量所在。劳动力市场——即使是专业人士的劳动力市场——也越来越不符合劳动者的需求。[23] 鼓励求职者寻找并参与集体，而不是寄托于个人化的努力来打破这些困难，不仅可以帮助他们倡导自己的利益，还可以帮助纠正几十年来集体行动力的下降趋势。[24] 此外，高等教育内外的职业顾问和辅导师，需要更多关注他们的客户所面临的结构性不平等问题，并鼓励他们权衡一系列的考虑。

在地区和国家政策层面，这些结果强调了将有偿劳动力问题作为劳动者个人问题进行个别处理的危险性。突出激情原则作为良好职业决策的试金石，可能会进一步为新自由主义的教育和劳动政策壮胆。[25] 以激情为中心的职业成败观，将解决劳动力问题的责任从立法者和工作场所转移到劳动者个人身上。作为一种机构方案和观点，把鼓励个人追求激情作为处理劳动力参与困难的手段,也不利于组织进行持久的变革。

在既不能彻底改变关于好的工作以及优良职业决策的文化观念,也无法改变资本主义劳动结构的情况下,许多减轻激情原则之负面结果的方法,与减轻劳动力参与者普遍面临的脆弱性所需的行动相似。尽管一个人在有偿劳动中寻求自我实现,可能总是有这种激情被剥削的风险,但有很多文化和结构上的转变会带来现状的改变。激情原则是一种有风险的职业决策方式,部分原因是,当稳定、高薪的工作越来越少,有激情且有抱负的劳动参与者,更有可能最终走向报酬不足、没有保险或失业的惨状。[26] 无论人们求职的优先事项和职业目标如何,减轻寻求激情的风险,将帮助到整个劳动力队伍中的弱势劳动者。这些解决方案包括:让大学学费变得更容易负担,让基于需求的财政援助更慷慨,减少收入差异,加强退休、残疾和失业的福利,让获得医疗保健的机会与个人的就业状况脱钩,减少雇用和晋升中的偏见,以及更广泛地扩大福利。随着这些方面的进展,激情原则可能仍然是造就职业中性别、种族和阶级隔离的一种机制,也是雇主剥削的一个潜在来源,但寻求激情(事实上,所有劳动力参与的形式都是如此)的风险总体上会有所降低。

激情与美好生活的文化观念

激情原则是理解职业决策的一种抽象文化模式。即使是它最狂热的追随者，也深陷劳动力市场的复杂性和局限性之中，为了谋求生计，就必须与这些复杂性和局限性做斗争。尽管如此，就像"好公民"或"浪漫爱情"意味着什么的概念定义一样，这些抽象的模式在文化上发挥着重要的作用。[27]正如我所说明的，激情原则可以帮助塑造人们如何优先考虑他们生活中的竞争性因素、他们追求或拒绝什么机会以及他们如何评价别人的成功甚至美德。广义上讲，激情原则提供了一套社会价值的优先事项，以此来指导一个人的职业道路，使他们既能成为经济体系的一部分，又能完成自我表达的优先事项。[28]

由于这种文化模式部分涉及美好生活的含义，而又不仅仅是美好工作的含义，因此我对激情原则模式的实证研究遭遇了更大的存在主义问题。[29]本书的引言描述了吉登斯的"反身性过程"概念———一种关于我们作为个体是"谁"的不断发展的叙事，而我们在一生中都在不断为之努力和反思。[30]吉登斯认为，这种反身性过程已成为后工业化时代晚期资本主义社会中许多个体的核心目标。但是，这种反身性过程的目的是什么呢？在21世纪的美国，对这一问题的回答已不如半个世纪前那么确定。过去，为社区成员提供意义和身份认同的世俗志愿者组织（如基督教青年会、麋鹿俱乐部）在过去几十年中规模萎缩，美国人与信仰团体的联系也不如过去。[31]在一个世俗的、高度个人主义的后工业社会中，"追随你的激情"提供了一个方向、一个矢量，为我们应该在哪里寻找意义以及应该如何生活提供了问题的答案。

将激情原则置于社会学探究的审视之下，并不意味着激情追求作为这些反身性过程的可能载体失效了。它只是提出了关于激情追求的道德权威问题。它总是职业决策的最佳考量吗？我们可以为既实现反身性过程、又不以追求激情为中心的替代选择开辟出怎样的空间？在职业或培训项目（尤其是学术界）中，这种空间可能尤为重要，因为在这些项目中，一个人的身份应该与学科工作联系在一起。正如文化社会学家几十年来所做的那样，仔细观察主导现代意义创造的文化意识形态，可以让我们认识到并有可能打破长期以来定义美好生活的霸权。

作为一种社会结构，有偿劳动既不致力于支持我们寻找自我表达和生活意义，也不是为我们所设计的。它的结构是利用我们的努力，为我们的工作组织所有者、利益相关者和股东谋取利益。有偿劳动的种类多种多样，包括"临时工"、创造性工作、非营利组织的工作，以及试图打破不平等社会结构的工作，但工作仍然是工作，仍然在物质或声誉上滋养着雇主。追求激情的人可能会在工作中或通过工作最大限度地做出实现自我表达的人生决定，但他们仍然在资本主义经济中工作着。我们可以在工作中找到深刻的个人成就感。但我们仍然是工人，仍然是资本主义劳动的参与者。激情原则所原谅的是资本家的剥削行为；它并不能改变的事实是，工人对工作的个人承诺也可能遭受剥削。

尽管研究结果表明，激情原则在美国很普遍，但这并不意味着它是美国资本主义的必然特征。引言中对职业建议书的回顾，显示了过去几十年中主导人们对良好职业的思考方式——将理想工作视为那些触手可及的、能够提供稳定性和经济保障的工作；并认为，无论从事何种工作，都能找到自己感兴趣和好奇的时刻。但是，这些关于职业生涯的观点，是在劳动资本协议的背景下流行起来的，而这种协议在很大程度上已经被削弱（而且只有最优越的社会人口群体才能实现）。如今，很少有人能指望在一家企业找到一份工作后，这家企业会培养他们不断晋升，并努力留住他们度过繁荣与萧条交替的职业周期。那么在现代后工业化国家，还有哪些可供选择的模式？

日本白领的工作时间几乎和美国人一样长，但他们通常不像美国人那样将工作视为实现自我的空间。传统上，日本的专业人士倾向于寻找稳定、收入丰厚的工作来养活自己和家人[32]——在能够提供的经济稳定中寻找意义。西欧工人每周的工作时间往往比美国工人短得多，而且享有更多的休假时间。[33] 例如，许多挪威工人努力提高工作效率，以便在晚上和周末将时间投入到家庭和业余爱好中。[34] 在以色列，研究失业问题的专业人士认为，他们的命运更多地与劳动力市场的结构性现实有关，而不是与他们的个人劣势有关。[35] 工作应该是我们身份的核心部分，这种想法可能并不是美国所特有的，但这种强烈程度可能是美国独有的。

即便如此，激情原则在其他社会中也有其文化基础。特别是在个人自我表达无处不在、高等教育不断扩大、政治和经济劳动力政策转向新自由主义个人责任模式的国家背景下（如英语国家和西欧国家），激情原则可能是一种值得推崇的职业决策方法，尤其是在社会经济特权阶层中。[36] 在美国，激情原则可能有助于固化现有的劳动力市场劣势，并推动将结构性不平等掩盖为一种基于选择的个人主义行为。

全球资本主义的现状使得应对潜在的工作无保障和不稳定成为不可避免的事实。但将个人层面的解决方案作为应对这些安排的核心手段，却并非如此。事实上，"好的"职业决策在文化和历史上不是一成不变的，而且工人集体运动在过去也取得了成功，这意味着我们还有选择。

从广义上讲，激情原则等文化模式为我们在复杂的决策环境中提供了锚点。在任何文化体系中，如果只有少数几个锚点、少数几种建立职业或自我意识的"最佳方式"，那么这种文化体系本身就有局限性。同时，它也从本质上贬低了那些因结构性环境而无法实现这些文化理想的人。这些模式会以强有力的方式限制我们。我希望为那些希望——或必须——找到其他方式来定位职业生涯或建立反身性过程的人，通过将激情原则置于显微镜下，揭示激情原则存在的诸多限制，让它们显露出来，因而也就更容易被克服。

后记

本书为求职者和劳动者提出了在有偿劳动中寻求自我实现的重要问题。这些存在性问题源于前几章中的经验模式，却并不能通过这些模式得到真正的答案。这些结果也没有为职业决策指出一个明确的精神替代品。我在这里为个人职业决策者（以及支持他们的家庭、导师、组织和机构）提供了一些考虑因素，以鼓励更多的反思性、整体性和集体性导向的决策。

正在考虑自己未来的求职者，或正在考虑下一步职业发展的劳动者，应该从中得到什么启发呢？也许我能提供的最重要的信息是，求职者和劳动者——无论是否对自己的工作充满热情——都应该考虑追求激情是否适合自己。这需要做出哪些权衡？最佳选择是将有偿劳动作为实现个人价值的主要途径，还是应该用有偿劳动来支持其他有创造意义的活动？如何通过减少工作时间或强度等方式，来控制有偿劳动可能带来的劳累和自我异化，抑制对工作奉献和过度劳累的期望；而不是全身心地投入到以激情为基础的职业生涯中？

如果求职者和劳动者得出结论，认为优先考虑激情确实是最好的选择，那么我鼓励他们牢记两件事。第一，他们怎样做才能最大限度地减少雇主利用他们的激情？有激情的员工应该要求得到公平的工作报酬，即使他们在工作中获得了极大的快乐。第二，他们如何推动集体行动来向决策者、企业主和管理者施压，以确保充足的社会供给，减少收入不平等，提供可维持生计的薪酬和医疗服务？要求改善劳动者待遇的社会诉求，不应仅由那些对工作不满、与工作脱节或与工作疏远的人来承担。求职者和劳动者中那些对工作充满热情的人，尤其需要考虑他们在更广泛的劳动力市场结构中的嵌入性，而不仅仅是他们个人化的职业道路。

另一个有用的概念策略，是将激情从二元对立的概念转变为连续性概念。与其将整个领域归类为一个人的激情（或非激情），不如考虑这样一种可能性：许多领域都可能包含激发好奇心、乐趣或成就感的工作任务。这种修辞上的转变，可能会降低寻找某种激情的道德价值，为更全面地思考生活、就业等因素之间微妙的相互作用开辟空间。它还可以减少人们对那些优先考虑就业稳定性或工作-生活平衡的人进行文化批判。与其说我们的目标是寻找激情，不如说我们的目标是将有趣的工作与稳定、体面的薪酬结合起来，同时还有时间和资源去寻找工作之外的意义。

我还希望向充满热情的学者、专业人士和学生们提供一份说明。这本书涉及的研究有时会让我感到不舒服。我对激情原则的坚持塑造了我自己的早期职业轨迹。为了追寻对社会学的热情，我离开了收入颇丰、受人尊敬的工程专业。如果我没有被研究生院录取，或在研究生院毕业后没有找到工作，这种职业轨迹可能会让我陷入真正的经济危机。我非常幸运。我有尊重我工作的导师；有鼓励我的伴侣、朋友和家人；还有带薪的研究和助教职位，这使我能够支付生活费用。我的中产阶级文化资本，以及白人、健全人和美国出生的特权，必然有助于我获得博士后和教职。毫无疑问，社会学是我的兴趣所在。而且现在依然如此。在开始这项研究之前，我一直是激情原则的信奉者，并且或多或少是其核心理念的忠实传播者。随着本书每一项发现的成形，我不得不面对自己对激情追求的隐含信念。我想知道，我的身份与我的工作如此紧密地联系在一起究竟意味着什么。读研究生、做博士后、担任助理教授，这些繁忙的工作使我几乎没有时间投入到工作和家庭之外的意义建构与身份建设中去。但我也没有努力去这么做。如果我的工作消失了，我的部门解散了，或者我的学科崩溃了，那么我的反身性过程的核心部分也会随之消失。对我来说，最重要的教训之一是，最好将关乎自我的意义创造的投资组合多样化。就像任何好的投资组合一样，有偿劳动不应该是反身性过程中唯一的意义创造产品。

能够接触到让我全情投入的工作是一种非凡的幸运。但也仅仅是这样而已。这是一种特权。当许多人从事着很少有机会实现自我价值的工作时，学者和白领们有资源去从事他们热爱的工作，如果我们不承认这些资源的存在，那就等于否认了社会学研究的核心问题——权力与特权结构。同样，如果因为学生在面对父母的压力时，不愿意转到他们"真正热爱"的专业，而对他们妄加评论；如果因为学生离开研究生院，去寻找经济上更可行的工作机会，而对他们斥责不已；如果因为同事们在生活中为家庭和爱好留出了空间，而对他们在评价上大打折扣……那么，这些观点就是从那些因为追随激情而获得回报并取得成功的学者们的特权地位中产生出来的。不出意外的话，我希望教育劳动者和导师们能够从本书中受益，并坚定地致力于满足学生们的职业决策需求——相信他们知道什么是最适合自己也最适合自己生活的，并帮助他们联系各种资源，以进一步实现这些目标。

将基于激情的职业决策去中心化并非易事，对于我们这些栖身于充满激情原则的制度环境中的人，或者，对那些已经做出人生选择并努力追求自我表现和充实工作的人而言，更是如此。追求激情是对托尔斯泰提出的问题"我们应该做什么,我们应该如何生活"的一种在文化上行之有效的回答。[1]对于许多受过大学教育的求职者和劳动者来说,这个问题的答案就是在有偿劳动中寻求意义和成就感,甚至不惜牺牲时间、精力和其他潜在的有意义的追求。激情原则作为一种无处不在的良好职业决策的文化模式,向我们建议了如何生活、应该优先考虑什么,却没有告诉我们,为什么这些应该成为我们优先考虑的事项。在一个日益个性化的世界里,我们只能自己去回答"为什么"。

让我们回到"你长大后想做什么"的问题上来。如果在我们的答案中,除了职业之外还有其他内容呢?如果用一个形容词来形容,我想成为的人是——善良、冒险、冷酷无情、古怪、有亲和力、有影响力。如果我们以一系列集体行动为中心呢?我想成为——一名社区组织者、一个热心的朋友、环保活动家。一个人在劳动队伍中的工作,可能会促进这些方面的认同感,也可能只是提供了维持生计的资金。关键是,一个人想要成为什么样的人,答案可以而且应该远远超出个体所参与的有偿劳动的范围。

致谢

假如没有采访和调查对象付出时间，帮助我了解他们的经历，假如没有加州大学出版社出色的编辑团队，这本书是不可能完成的。我感谢娜奥米·施耐德从项目初期就开始关注这个项目，感谢萨默·法拉耐心的和不可或缺的帮助。

与同事们的无数次交谈帮助本书想法得以实现。我非常感谢杰瑞·雅各布斯、埃米利奥·卡斯提拉和谢利·科雷尔在安娜堡和我一起集思广益，讨论如何使我的论点不那么摇摆不定。杰瑞帮助我认识到，我对追求激情的批评是多么"自作多情"，并鼓励我在书稿中更多地表现自己。在关键时刻，埃米利奥对本书采用多种方法的热情使我增强了信心。谢利从一开始就支持这一项目；早在我完全意识到这一调查可能导致的结果之前，她就认识到了对激情原则进行审视的重要性。以她为榜样，谢利教会了我在与强大机构分享一些反传统的社会学见解时，可以做到何种勇敢、甚至有点不敬的程度。

我很感谢马修·巴科、肖娜·戴尔、席德尼·哈里斯、杰夫·洛克哈特和盖比·彼得森在 2019 年与我一起研讨了书稿的早期版本。他们是第一批阅读本书各种观点的人，他们的反馈从根本上塑造了本书的结构。我感谢他们的鼓励，最终这本书既成为一部公共社会学著作，又为不平等问题的学术研究做出了贡献。

240 以下的研究助理为本项目做出了贡献：比利·罗斯维尔、米歇尔·范、埃玻妮·艾伦、玛德琳·多伊奇、布莱特·凯利特、索菲娅·希尔特纳、雷切尔·莱维、莱斯利·鲁阿和麦迪逊·马丁。我希望他们能在这份书稿中看到自己努力的印记。我还要感谢许多人，他们一路上为我的草稿提供了建设性的反馈意见：伊丽莎白·阿姆斯特朗、艾米·宾德、萨拉·达马斯克、伊莎贝尔·弗思、简·琼斯、卡林·马丁、克莉斯汀·蒙茨、林赛·欧康纳、芭芭拉·里斯曼、欧弗·莎隆、帕梅拉·斯默克和阿尔·扬。我还要感谢莱斯大学、华盛顿大学、休斯敦大学、加州大学洛杉矶分校、斯坦福大学、俄亥俄州立大学、达特茅斯大学、哈佛大学、范德堡大学和哥伦比亚大学的听众，感谢他们提出了富有洞察力的问题，使我们的工作更上一层楼。

玛莉娅·查尔斯和玛丽·布莱尔-洛伊的指导，从我在加州大学圣地亚哥分校的最初几天到完成本书的最后冲刺，一直是我的定海神针。她们对初稿的反馈，帮助我纠正了早期论证中的一些错误。她们喜欢对无处不在的文化信仰提出令人不安的问题，这对我自己的学术声音产生了不可磨灭的影响；我很感激有这样杰出的榜样。

如果没有同事们一路上的支持，我不可能完成这本书。慕格·戈西克、罗勃·詹森、格瑞塔·克里普纳、珊迪·莱维斯基、罗伊·利夫涅和玛尔戈·马汉，在午餐、走廊聊天、后院争论和 Zoom 约会时给予我的深情厚谊，"同事"一词根本无法表达他们的情谊。在密歇根州立大学，有亚历山德拉·文森在我身边，我感到特别荣幸。从加州时代周一的卷饼，到密歇根州时期周四的金汤力酒，即使面对我在理论上喋喋不休的毛病，她一直是位坚定的朋友，比任何非血缘关系的人所应承受的时间都长。

我在莱斯大学社会学系的朋友们，尤其是珍妮弗·布拉特、谢尔吉奥·查维兹、吉姆·埃里奥特、布里吉特·戈尔曼、伊丽莎白·朗、罗宾·派吉和罗勃·维尔茨，在项目初期帮助我找到了方向。斯坦福大学克莱曼性别研究所（现为 VMware 女性领导力实验室）的成员们，是学术界童话故事中的知识分子大家庭。此外，由于本书的部分核心内容源自我的论文工作，我还要感谢委员会成员卡罗尔·塞伦、苏珊·西尔比、珍妮·费兰特以及阿珍斯·罗那–塔斯的支持。

本书的大部分内容都是关于求职者的经历，因此，我必须感谢史蒂夫·斯文福德、斯科特·迈尔斯、苏·蒙纳汉和雷切尔·卢夫特对我的鼓励。我在蒙大拿州立大学读书时，他们对我的职业生涯产生了巨大的影响。他们让我相信，无论我最终是否选择了社会学家这条道路，我都可以成为一名社会学家。在与其中一位进行了一次影响特别深远的会面之后，我坐在长椅上，在笔记本上潦草地写道："你？她认为你有一天能写一本书？？"在我的人生旅途中，导师们的善意和支持是这本书存在的原因。

我感谢我的家人——麦格、麦克、莫莉、埃里克、瑞安、莱伊、萨米特和阿特拉斯——对我的支持，即使写书的细枝末节与他们自己的工作经历格格不入。从一开始，他们就推动我阐明这本书中"所以呢"的问题，而不仅仅是深奥的学科问题。

谨以此书献给我的搭档海蒂·谢里克。十五年来，她给我的生活带来了快乐、反思、同情、脆弱、同理心和傻气。在这本书中，她是我最有建设性的批评者，也是我最忠实的粉丝。她甚至让我利用假期进行写作，并在厨房的餐桌旁与我一起阅读全部手稿。海蒂每天都激励我成为更好的人，提醒我如何找到工作之外的意义。总之，她是个了不起的人。

附录 A：研究方法

关于本书所使用的定性和定量数据，附录提供了收集与分析这些数据的详细的方法信息。以下章节介绍了每一项数据收集工作及处理数据的方法。我将有关变量构建、操作和回归系数的信息，包含在首次出现这些信息的章节注释中，以便使这些信息尽可能贴近对结果的叙述。

求职者访谈

2012 年至 2013 年，我对斯坦福大学（35 名学生）、休斯敦大学（30 名学生）和蒙大拿州立大学（35 名学生）总计 100 名学生进行了深度访谈。地点的组合非常有用：这些大学具有地区多样性和差异选择性，包括西海岸的一所大型精英私立院校、南部的一所城市公立大学和北部的一所郊区土地赠予院校。这三所学校都提供全面的人文和科学课程，且具有对职业决策非常重要的其他特点，如职业咨询中心和推迟专业申报时间。与其他私立名校一样，斯坦福大学比蒙大拿州立大学和休斯敦大学拥有更多的资源和更广泛的校友网络，可以帮助学生探索和确保就业（见第三章）。[1]

与全美大学的入学趋势一致,[2] 样本中女性略多于男性（56位女性，44位男性）。少数种族/族裔学生的比例也较高（14%为拉美裔，25%为黑人，14%为亚洲人或亚裔美国人，53%为白人，11%为其他种族/族裔）。受访者就读于不同大学专业，其中一半在STEM领域。我在蒙大拿州立大学和休斯敦大学通过张贴在校园公共区域（如广告牌、午餐桌、宿舍楼）的印刷广告招募参与者。我通过斯坦福大学的在线研究参与者门户网站招募了斯坦福大学的学生。该研究被宣传为一个基于访谈的项目，主题是"学生对职业和社会的看法"。每个学校对研究感兴趣的学生，都填写了一份简短的调查问卷，内容包括他们的专业、在校年级、性别和种族/族裔。我利用这份问卷是为了使样本在这些维度上多样化，以便更有意义地观察可能存在的人口统计学差异，并确保研究结果不代表默认的白人中产阶级学生的观点。具体来说，我选择了一个有色人种和来自非中产阶级家庭的学生比例较高的访谈样本，并将样本在STEM专业和非STEM专业之间大致平均分配。

访谈持续了45~120分钟，并且只有在受访者同意我校人类学研究委员会批准的同意书后才进行。我在每个校区的空办公室或会议室里进行了面对面的访谈，并为每位受访者的参与提供了15美元的报酬。访谈指南如下。

首先，我向学生们提出了一系列问题，包括他们选择专业的原因、毕业后的打算以及在做出这些决定时会考虑的因素。然后，我请他们阐述他们认为职业决策的"好理由"和"坏理由"，以及"好的工作"对他们的意义。这个问题顺序非常重要。我预判，在学生自己的决策中，财务因素在职业决策的文化图式中会更为突出；如果我首先询问他们关于良好职业决策的文化图式，学生在报告自己的决策时可能会淡化财务因素。

此外，我还询问了学生在大学专业和毕业后职业规划方面的决策情况。这些文化图式在多大程度上架构起了受访者的职业决策，这取决于受访者是在近期还是在更遥远的未来体验到这些决策的影响。学生所主修的专业与他们最终选择的职业道路之间也常常存在不协调。[3]

我对访谈进行了录音和专业誊写。我在 Atlas.ti 中使用双通道策略对访谈数据进行了编码和分析。[4] 在第一阶段，我根据访谈指南中归纳出的中心主题对访谈记录进行编码，这些主题涉及受访者关于专业和职业决策的文化模式、他们选择专业的理由以及他们在毕业后规划权衡的因素。在第二阶段，我提炼出了更具体的主题，这些主题涉及为什么受访者认为不同模式令人信服、这些指导原则在道德上的适当性以及遵循不同指导原则的后果。除非另有说明，各章节中的引文均为讨论主题的范例。

在访谈的最后，我询问了受访者的性别和种族/族裔身份。我通过询问受访者上高中时家庭的"经济状况"来确定受访者的社会经济地位——例如，"不太富裕"、"非常富裕"或"介于两者之间"。如果学生表示在成长过程中遇到了经济困难，或者他们表示自己的家庭"不太富裕"，我就将其归类为工人阶级；如果学生说他们的家庭情况介于"不太富裕和非常富裕"之间，我就将他们归为中产阶级；如果学生说他们的家庭情况"非常富裕"，我就将他们归为上层阶级。我将学生对其社会经济地位的自我评估与社会经济地位的标准社会学指标（如学生对其父母工作和教育水平的描述、对经济困难的描述以及家庭假期的描述）进行核对。

在数据收集过程中，作为一名先做博士后、随后做助理教授的无残疾的白人同性恋女性，我的地位可能影响了学生的回答。如果"激情原则"在学生的机构背景中占主导地位（白人、有特权的），那么受访者在叙述中可能会过分强调自我表达,而淡化对金钱和工作保障的考虑。正如我在第一章中所描述的,我试图在访谈中通过几种方式来减轻社会期望压力。这种社会期望可能说明了这种模式的突出性:那些在访谈中热衷于用激情来描述自己职业选择的受访者,很可能在面对同学和教授时也这样做。然而,相比于与生活中熟悉的人进行职业规划谈话,受访者可能会对我更加诚实。相比于与他们的朋友和同学(他们可能会对其进行评判)、教授和顾问(他们可能会对其决定产生影响)或家庭成员(他们可能会对其选择进行经济和情感上的投资)进行的谈话,这些访谈为他们提供了一个相对低风险的环境,让他们对自己的职业决策信念做出诚实的评论。以下对大学生调查数据的补充分析,与受访者对追求激情的高度重视,以及不同社会人口背景下结果的普遍一致性相呼应。

访谈指南:斯坦福大学、休斯敦大学和蒙大拿州立大学

首先,我想问一些关于你专业的问题:

你是如何进入你的专业的?

对你而言,什么是专业里最重要的东西?

如果他们表示喜欢、乐在其中和/或对该专业充满热情:

为什么你说自己喜欢它/对它有激情?你喜欢/对它有激情的是哪些方面?

为什么喜欢它/对它有激情对你来说很重要?

你在经济方面、职场稳定和技术技能方面有何考虑?

选择专业时候的"好"理由是什么?"坏"理由又是什么?

"好的工作"对你而言意味着什么？

接下来，我想问你一些关于职业生涯的问题，比如你毕业后打算做什么。具体来说，我想了解你决定职业道路的过程（或者，如果你还不知道，谈谈你在做决定时是如何权衡的）。

你在毕业后打算做什么？什么因素影响了你的决定？

在你毕业后选择的专业中，最重要的因素是什么？

如果他们表示喜欢、享受和/或对职业道路充满热情：

为什么你说自己喜欢/对它有激情？你喜欢/对它有激情的是哪些方面？

为什么喜欢它/对它有激情对你来说很重要？

你对经济和就业稳定的考虑是怎样的？

你认为，什么是选择职业时的坏理由？

你认为，什么是选择职业时的好理由？

你的朋友是如何谈论选择专业和职业的？他们又如何谈论自己的选择？

你的父母如何谈论你对专业和职业的选择？在他们看来什么最重要？

你对自己选择的专业或未来要从事的事情，有没有感到过这样或那样的压力？

最后，我还有一些基本的人口学问题：

你如何描述自己的性别？

你是否认同自己属于某一个或多个种族/族裔？你的性别身份是

什么？

你的政治倾向是什么？

请阐述，当你在读高中时，你会如何描述自己家庭的经济情况：是非常富裕、不太富裕还是介于两者之间？

你在哪里长大？读的是哪一所高中？

在这些话题中，还有什么是我们没有谈到的，你认为我有必要知道或了解的？

求职者的后续访谈

使用上一轮访谈中提供的电子邮件地址，我试图在2018年下半年与最初的100名受访者中的每一位取得联系。原始样本中约有三分之一的人的电子邮件无法使用，我也无法通过LinkedIn或其他社交网站找到他们。在我有工作联系信息的受访者中，有一半人（62人中的35人）回复了我的电子邮件邀请，同意参加后续访谈（接受率为56%）。2名前受访者拒绝参加，其他人没有回复。

与原始访谈样本相比，后续访谈样本的女性比例略高，少数种族/族裔受访者的比例更高（35名受访者中有21名为非白人）。后续样本中来自三所学校的学生比例大致相同，并反映了原始样本的阶级分类。在后续访谈的受访者中，14人是STEM专业的学生，19人是非STEM专业的学生。2名学生在毕业前离开了大学。后续访谈的选择（例如，参与意愿和时间以及联系信息的可获得性）可能会使样本偏向于那些在职业生涯中更"成功"或认为自己更"成功"的人。然而，许多受访者公开描述了他们在大学毕业后的职业生涯中所经历的失败、挫折或失望。

我通过在线视频会议平台（通常是 Skype 或 BlueJeans）进行了后续访谈，受访者可获得 25 美元的礼品卡。我向受访者宣读了一份同意书，只有在受访者同意后，我们才能继续。访谈平均持续 65 分钟，内容包括受访者在大学毕业时和离开大学后的生活轨迹，以及他们对未来职业道路的期望。

与最初的访谈一样，我在 Atlas.ti 中使用了双通道编码策略，首先收集有关大学毕业后出路的广泛主题，然后捕捉有关他们在大学和劳动力市场的经历，以及他们对更广泛的劳动力市场的看法中那些更细微的意义。我还在分析第一轮访谈的同时分析了这些访谈，评估了受访者之间的纵向模式以及后续访谈参与者之间的横向差异。

访谈指南：后续访谈

首先，我想问你一些关于我们谈话后发生的事情：
你曾就读于＿＿大学＿＿专业。
你从高校毕业了吗？
你毕业时的专业是什么？
你现在的工作状态如何？
你能告诉我大学毕业后的职业生涯吗？
有没有什么巨大的人生事件？

有关当前职业位置的问题：
你认为，是什么因素将你引向了这条特殊的职业轨道？你是怎么走到这一步的？
在你为职业道路选择进行决策时，最重要的因素是什么？为什么这些因素重要?

如果他们表示因为自己喜欢、享受和/或对此充满激情:
为什么说自己喜欢/对它有激情?
为什么你喜欢它/对它有激情对你来说很重要?
你对经济和就业稳定的考虑是怎样的?
你是否认为自己的职业道路很适合自己?你是怎么知道的?

当考虑未来的职业前景时:
你是否考虑过其他职业,什么因素在你做决策时最为重要?
你希望自己的职业走上什么道路?你最重要的考虑是什么?
你有没有想过彻底切换职业轨迹?你是怎么考虑的?
你的父母/家庭如何谈及你的职业道路?
你有没有为了职业道路感受到这样或那样的压力?
估计一下,你现在工作时长是一周多少小时?
毕业后有这样的发展,是否是你所认为的应有的发展?
发生了什么意料之外的事情(阻碍,或未曾预见到的机会)吗?
你是否在毕业后从家庭成员那边获得了指导或帮助?例如,帮助你搬家、转型、支付租金、联系工作、讨论你的简历、介绍社会关系给你?
在毕业后,你对家庭有没有经济上或其他的贡献?

有关大学的内务/背景问题:
你在上学时就工作了吗?做什么工作?每周工作多少小时?
你与职业咨询或辅导师接触过吗?

你得到过实习工作吗？是什么实习？有薪还是无薪？

估计一下你的学生贷款还有多少负债？

在我第一次进行这些采访时，激情是学生选择专业和毕业后职业规划的最常见考虑。

你如何看待将激情视为职业决策中的动机？

对这一问题的理解，在你毕业之后发生变化了吗？

最后，我有一些基本的人口统计问题：

你现在过得如何？

估计一下你的收入（按小时、周或年度计算）？

你还有其他的经济支持吗？

你的政治倾向如何？

还有什么是我们没有谈到的，你认为我需要知道或了解的？

职业咨询师和辅导师的访谈

职业咨询和职业辅导行业声称有权向客户提供有关职业决策的建议。咨询师和辅导师在提供此类建议时所使用的文化框架可能会对客户的决策产生巨大影响。[5] 为了了解他们的观点和方法如何放大或替代了激情原则，我分析了对24位职业咨询专业人士的深入访谈。其中7位是为斯坦福大学、蒙大拿州立大学和休斯敦大学的学生服务的职业咨询师；7位是为其他学术机构工作的职业咨询师；10位是底特律和休斯敦地区面向专业客户的私人职业指导师，他们在正式的大学环境之外工作。我的研究助理对底特律地区的私人职业指导师进行了4次访谈。我主持了其余 20 次访谈。利用各大学职业咨询处网站上的联系信息，我于 2018 年向蒙大拿州立大学、休斯敦大学和斯坦福大学的每位职业顾问发送了电子邮件。由于当时发生了多起备受瞩目的大学招生丑闻，蒙大拿州立大学和斯坦福大学的几位职业咨询顾问犹豫是否要参加这个无关联研究者发起的咨询实践访谈。因此，我寻求与我目前或曾经担任教职的机构以及与我有个人联系的机构（密歇根州立大学、莱斯大学和休斯敦社区学院）的职业指导专业人士进行补充访谈。

通过网络搜索和职业顾问目录，我找到休斯敦和底特律地区的私人职业咨询从业者。这些职业指导师的工作对象，既包括在校生和刚毕业的大学生，也包括在职时间较长的专业人士。

与职业指导专业人士的访谈是在受访者同意接受访谈后，当面或通过在线视频会议软件进行的。访谈平均持续 50 分钟，内容包括职业咨询的一般理念、指导新客户的方法以及帮助客户协商冲突目标或期望的策略。与之前一样，我采用了双通道策略对数据进行编码和分析。

访谈指南：职业咨询专家

首先，跟我谈谈你的工作吧。你是如何进入职业咨询行业的？

你如何定义职业咨询或职业辅导的角色？你会怎样阐述这个工作所提供的价值，这种价值与人们从其他地方获得职业咨询的不同之处在哪儿？

你的客户在遇到何种问题后开启了他们的咨询需求？你倾向于为客户工作多长时间？

你应对新客户的常用策略是什么？

你是否在咨询工作中使用一些特定工具（例如，斯特朗兴趣量表)？你使用这些工具用来做什么？

你觉得，什么样的理由是做出职业决策时的好理由？什么是坏理由？

你的客户在理解职业决策的好理由或坏理由方面，与你一致的地方是什么？不同的地方是什么？

我将给你提供一些假设情形，或许你会在工作中遇到，或许不会。请告诉我，你将如何应对这些情形：

有位客户，纠结于应该选择一份报酬丰厚的工作，还是应该选择一份怀有激情的工作。

有位客户，对某份工作有极大的兴趣与激情，但不善于从事这个职业。

有位客户，对某个收益甚微的行业充满兴趣，但同时他还需要供养自己的家庭。

为了更好地了解你所从事的职业咨询工作、你关于职业决策的理念，还有什么其他你认为我需要去知道的事情？

访谈以人口统计问题结束。

关于激情原则的实际调查

在项目初期，我们就清楚地认识到，不仅要从求职者的角度，而且要从更广泛的受过大学教育的工作者角度来理解激情原则，这一点至关重要。现有的调查数据都没有提供足够多的问题来推进分析所需的细微衡量标准。因此，我选择自己进行调查。2020 年 10 月，我通过调查平台 Qualtrics 对 1750 名美国大学教育工作者进行了关于激情原则的实际调查。[6] 根据性别、种族/族裔、年龄组别和十四类职业代码（见附录 C 中的职业列表，图 C.1），该样本在美国受过大学教育的劳动者中具有一定比例的代表性。之前的研究发现，Qualtrics 的全美抽样程序，在各种人口和态度因素上普遍反映了美国人口：即使没有我使用的配额抽样，Qualtrics 产生的样本在收入和婚姻状况等因素上，与美国人口相应的平均值也在 7% 以内。[7]

实际调查被宣传为"蒙大拿州立大学就业大学毕业生调查"，包括二十多个关于劳动者对职业决策和劳动力态度的问题，允许对与激情原则、"洗白"和其他过程有关的模式进行统计分析，同时考虑受访者的人口统计和工作特征的差异。为了提高所得数据的质量和可靠性，调查包括了四个注意力过滤器。[8]

尽管实际调查数据不是一个严格意义上的代表性样本，但我可以利用专门为此目的设计的精确措辞的问题来评估激情原则。我通过计件工作网站 MTurk（N = 502）对受过大学教育的劳动者进行了调查，从而预先检验了重点指标的可操作性和测量可靠性。

实际调查量表和操作方法

我在注释中描述了激情原则量表的操作方法和重点依赖的测量指标。除非另有说明，本书中使用实际调查数据的图表都是在性别身份（女性、男性）[9]、种族/族裔（黑人、拉美裔、亚裔、美洲原住民和亚太岛民、白人）、年龄（按十位数划分：20 多岁、30 多岁、40 多岁）、最高学历（学士、硕士或博士/专业学位）、移民身份（是否在美国出生）、阶级背景（工人阶级、中产阶级、上层阶级）、就业部门（七类衡量标准）和职业（十四类；见附录 C，图 C.1）保持不变的情况下，对激情原则坚持程度低的人和坚持程度高的人（即激情原则的信奉者和怀疑者，见第二章，注释37）的预测均值。在条形图中呈现这些预测均值而非原始均值，可以使我在其他人口统计维度可能存在的差异保持不变的情况下，通过坚持激情原则直观地表现焦点变量的差异。我通过Stata中的margins命令，利用普通最小二乘法（OLS）的回归模型得出了预测均值，并对上述人口和工作特征进行了控制。在适当的情况下，我还报告了这些回归模型的非标准化系数的估计值（B值）和统计显著性（P值）。为简化实证结果的表述，这些系数估计值将在注释中给出。

2018年与2020年的实际调查比较

2018年的实际调查是我在2018年进行的一项几乎相同的调查的第二次迭代。2018年调查提出的问题与第一章至第四章讨论的问题相同，并包括下文所述的调查实验。2018年调查采用了与2020年调查相同的比例代表抽样策略。就在我完成本书时，新冠病毒袭击了美国。短短几周内，大衰退以来十年取得的经济成就几乎烟消云散。数百万人失业，还有数百万人的工作和家庭生活被打乱。作为一名对再造不平等的文化机制感兴趣的社会学家，我把目光投向了我认为的那些对社会、政治和经济变革具有相当持久性影响的文化信仰和习俗。虽然我假定激情原则的文化模式一般都能抵御这些不确定性，但经济危机和其他干扰，可能改变了求职者和受过大学教育的劳动者的思考方式，即他们在自己的生活中会优先考虑怎样的职业决策，以及他们会给别人什么建议。因此，我决定在2020年10月重新做关于激情原则的实际调查。[10]

比较2018年和2020年调查的结果，两次调查模式非常相似。图

A.1 显示了两次调查中焦点指标的平均值。尽管我发现了与 2020 年经济和就业压力增大相一致的细微差别——2020 年的经济/稳定性量表的平均值略高于 2018 年（4.06 对 3.89），而在他们对良好职业决策的抽象概念中，将激情优先于经济考虑的受访者比例略低（2020 年为 67%，2018 年为 72%）——但结果却惊人一致。图 A.1 显示，在 2018 年和 2020 年，受过大学教育的劳动者对激情原则的平均遵守情况没有显著差异（条形图最左边的一对），在第二章和第四章分析的重点指标上也没有显著差异。

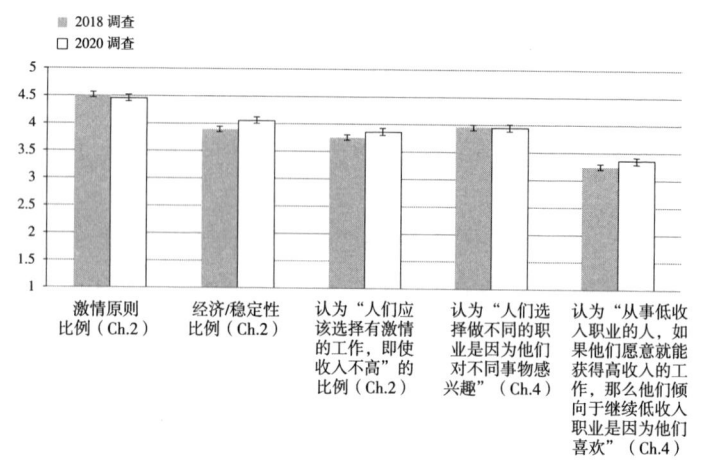

图 A.1 2018 年和 2020 年实际调查波次中焦点指标的平均值（2018 年，N=1752；2020 年，N=1750）。柱形代表 95% 的置信区间

2018 年和 2020 年调查结果模式的一致性表明，即使在经济和劳动力市场动荡的情况下，受过大学教育的劳动者仍然普遍重视激情原则，并将其视为自己决策的核心考虑因素。将 2020 年的数据与 2018 年的趋势进行比较，我们确信，本书中讨论的实际调查结果并不是围绕新

366　激情的陷阱：过度工作、理想工人和劳动回报

冠疫情产生的经济和社会动荡的遗留物，随着经济环境恢复到更典型的状态，这些结果可能会继续突出。

激情原则实验

2018年关于激情原则的实际调查在调查的最后加入了一项实验，以探索激情原则的"需求方"。受访者被随机分配审查四份虚构求职申请中的一份，一份是IT公司的会计工作，另一份是社区非营利组织的青年项目经理工作（4×2设计）。应聘者的求职信只有一句话的差别，其中一封求职信表达了对工作的热情，另外三封表达了对城市、组织或薪水的兴趣。通过这种设计，我可以确定对工作充满热情的求职者，他们的平均评分是否高于其他求职者，以及这些偏好是否因为人们相信，对工作充满热情的求职者将会尤为勤奋。我使用MTurk对所有实验材料进行了预先测试（N=502）。实验材料见附录C.2至C.8。

全国劳动力变化调查

2008年全国劳动力变化调查是由家庭与工作研究所（Families and Work Institute）发起的一项具有全美代表性的调查，调查对象为普通劳动力中的成年非制度化劳动者。这一调查的受访者在调查时年满18周岁，居住在美国48个州。受访者是通过区域分层的非聚集随机概率样本选取的，该样本由随机数字拨号生成。原始样本约有3500名受访者。除非另有说明，我从这一调查中抽取了1002名拥有四年制大学学位的受访者数据。在这些分析中，我只使用了受雇于他人的受访者数据，因为自营职业的受访者对自己的工作有更多控制权。我使用多重估算（Stata中的连锁命令，共20次估算）处理了独立测量指标的缺失数据；估算变量的缺失率不超过 6%。我在这一调查的数据分析中使用了因变量和重点自变量的操作化方法，请参见首次出现的章节注释。

除非另有说明，本书中使用这一调查的数据的数字均为预测均值，并控制了各种人口因素：是否为 18 岁以下儿童的父母（1 = 是，0 = 否）、是否有照顾老人的责任（1 = 是，0 = 否）、是否为移民（1 = 是，0 = 否）以及是否已婚或有伴侣（1 = 是，0 = 否）。模型控制了性别（男性、女性）、种族/族裔（非裔美国人、白人、其他非白人）、年龄、工作年限、每周平均工作时间和教育水平（高中或以下学历、部分大专、大专或以上学历）。它们还包括了对以下工作特征的控制：职业类别（专业或技术、销售、行政、服务、生产和运营或管理）、就业部门（公共、非营利、私营）、机构规模以及年薪的自然对数。

我使用有序逻辑回归来检验受访者在决定接受新工作时，对有工作意义、薪资和工作保障的重视程度在人口统计学上的差异（第一章），并使用带 MI 的 OLS 回归来检验受访者对工作的热情程度差异在薪资上的体现（第五章）。所有回归模型均包含上述控制因素，并使用这一调查提供的权重进行加权，同时使用 Stata 中的 SVY 命令对复杂的抽样设计进行了调整。

功绩原则调查

2016 年功绩原则调查是对美国联邦雇员进行的一项具有全美代表性的调查。受雇于 25 个联邦机构的 14 473 名员工完成了这一调查（2015）。美国人事管理办公室（OPM）每隔一年进行一次该项调查。2016 年的功绩原则调查以电子方式对代表所有主要部门和独立机构的联邦机构中具有代表性的长期、非季节性雇员进行了抽样调查，回复率为 38.7%。

除非另有说明,使用功绩原则调查数据的图表均为预测均值,并控制了各种人口统计指标:教育程度(1＝低于副学士学位,2＝副学士学位或学士学位,3＝研究生学位)、受访者是否在40岁以下(1＝是,0＝否)、担任联邦公务员的时间(中心编码值范围如下:0~3年,4年或以上)、在当前机构的任期(0~3年,4~11年,12~19年,20~31年,32年或以上)、主管身份(1＝非主管,2＝团队领导,3＝主管,4＝经理,5＝行政人员)、受访者目前是否符合退休条件(0＝否,1＝是)、是否受雇于所在机构总部而非外勤地点(1＝是,0＝否)以及他们的薪资水平(中心编码值范围如下:低于7.5万美元至15万美元或以上)。我还控制了他们是否是工会的缴费会员(1＝是,0＝否)。在功绩原则调查数据分析中使用的因变量和重点自变量的操作方法也包含在首次出现的章节注释中。

一般社会调查

一般社会调查是芝加哥大学NORC每隔一年对美国成年人进行的一项有代表性的调查。一般社会调查包含了定期重复的模块。在1989年、1998年、2006年和2016年的调查浪潮中,一般社会调查提出了一组问题,探究有趣的工作和高薪对受访者的重要性。具体来说,受访者被问到"以下列表中列出了工作的各个方面。请圈出一个数字,表示您个人认为它在工作中的重要程度":"有趣的工作"和"薪酬"(1＝完全不重要,5＝非常重要;变量INTJOB)。第二章中的图2.2显示了四个调查波次里的每个波次中该变量的加权平均值,并按三种教育水平进行了区分:受访者是否拥有高中或以下学历,是否接受部分大学教育但未获学位,是否拥有大学或以上学历。

资金和土地确认

斯坦福大学米歇尔·R. 克莱曼性别研究所（Michelle R. Clayman Institute for Gender Research）、莱斯大学社会学系（Department of Sociology at Rice University）、密歇根州立大学的社会学系和人口研究中心（Department of Sociology and the Population Studies Center at the University of Michigan）为数据收集和分析提供了慷慨资助。本书中表述的任何观点、发现、结论或建议仅代表我个人的观点，并不一定代表这些机构的观点。

与美国大多数大学一样，在进行这项研究时，我学习过和工作过的学术机构，其土地是通过殖民统治获得的。几千年来，这些土地一直是克罗族（the Crow）、黑脚族人（Blackfeet）、库梅亚伊人（Kumeyaay）、阿科基萨人（Akokisa）、奇佩瓦人（Chippewa）、渥太华人（Ottawa）和波塔瓦托米人（Potawatomi）传统土地的一部分。我对曾生活和工作过的这片土地表示尊重。

附录 B：2020 年大学生调查的补充分析

本书使用的求职者访谈样本相对较大，包括在三所大学具备人口和地区多样性的大学学生。然而，这并不能代表其他类型院校学生的观点，也不能很好地评估不同学生之间细微的人口统计相似性或差异性。

为了评估激情原则在更多不同院校样本中的相关性，我于 2020 年 6 月通过 MTurk 虚拟工作平台对大学生进行了补充调查。虽然 MTurk 并不代表美国大学生群体，但研究人员经常使用它通过其他分析程序确定的一般描述性模式来进行三角测量。[1] 先前的研究发现，MTurk 调查大致反映了美国的各种人口统计和态度维度，所产生的样本与美国人口相应值的平均值在 9% 以内。[2]

该调查向大学生提出了一系列问题，涉及他们在决定学术专业时的优先考虑事项、毕业后的规划、人口统计、院校类型和学术专业。以下报告的调查结果旨在为正文中的结论提供支持。在不同的时间点，通过不同的实证方法得出的类似描述模式，有助于证明，学生访谈数据中发现的坚持激情原则的模式，不仅仅是实证方法的产物。此外，这项调查是在新冠疫情中的经济和社会影响下进行的。鉴于调查对象所面临的不确定的教育和经济环境，这些调查结果很可能是对激情原则在这一时期前后在学生中流行程度的一种较为保守的估计。

数据与方法

受访者受邀通过 MTurk 参与调查。符合筛选标准的受访者（美国大学在读本科生）将被引导至通过 Qualtrics 进行调查。按照在线样本的惯例，调查包括五项速度和注意力检查。

该样本中，按种族/族裔和性别分类的学生比例，与美国四年制大学在校生的人口普查数据基本一致：拉美裔百分比（调查：12.1%；美国：16.4%）；黑人百分比（调查：10%；美国：13.8%）；亚裔百分比（调查：11.1%；美国：10.2%）；白人百分比（调查：73.9%；美国：71.6%）；女性百分比（调查：52.2%；美国：55.3%）。调查样本还反映了按院校类型划分的广泛入学模式：71.9%的调查样本就读于公立四年制院校（美国为77.2%），19.8%就读于私立非营利院校（美国为21.3%）。

在下面的图表中，我提出了几个问题来反映受访者对激情原则的遵守情况，因为这与他们的抽象职业决策信念以及在自己的专业和大学毕业后的职业道路上会优先考虑的因素有关。学生们被问到的问题与实际调查中的激情原则坚持量表相同（见第一章图1.1）。第二组问题评估了受访者在自己的职业决策中与激情相关的优先考虑因素。其中一个问题询问受访者在多大程度上同意"追求个人兴趣或激情是我选择大学专业的最重要因素"（从1=非常不同意，到5=非常同意）。图B.1显示了所有受访者在这一指标上的平均值，以及在所有其他控制因素不变的情况下，按人口统计类别分别得出的平均值。我通过Stata中的OLS回归模型和每个重点人口统计类别的边际命令得出了预测均值（保持所有其他指标的均值不变）。

为了更好地了解受访者在大学毕业后的职业道路上对各种因素的相对优先排序情况，调查中加入了一个强制排序问题，要求受访者对其毕业后职业道路决策中的一系列因素从最重要到最不重要进行排序（5＝最重要，1＝最不重要）。图B.2显示了每个因素的平均优先级。

最后，调查询问受访者在大学期间是否更换过专业（31.8%的受访者更换过专业）。调查询问那些曾经更换过专业的受访者，以下哪些因素是"你决定更换专业的最重要原因"。他们可以从与激情、工作机会、薪资潜力、福利和工作–生活平衡相关的原因中进行选择。

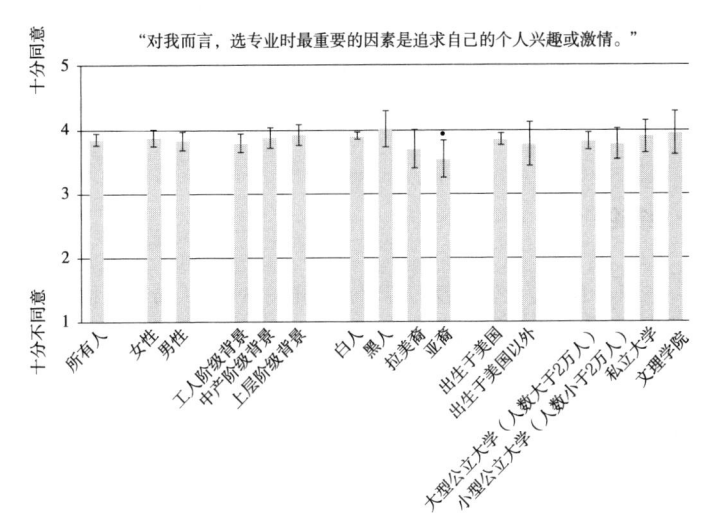

图B.1 大学生同意追求激情是选择大学专业时最重要的因素（N＝522）

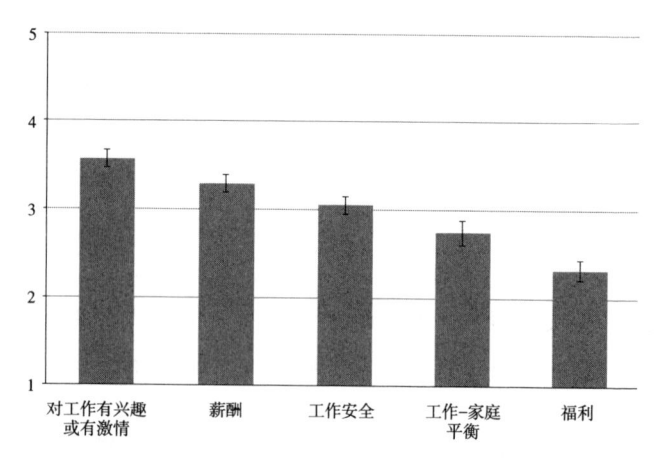

图 B.2　五个因素在大学生毕业后职业规划中重要性的平均排序（N=522），数值越大，表示平均排名越高（5=评分最高，1=评分最低）

结论

与调查中受过大学教育的劳动者一样，76%的人将与激情有关的因素平均评为"有点重要"到"非常重要"之间。67%的人对这些激情相关因素的平均评价明显高于他们对经济和就业因素的评价。这反映了在访谈数据中的普遍发现：尽管学生们并没有忽视工资和工作保障方面的限制，但他们倾向于认为，与激情相关的因素在专业和职业决策中应该更加重要。同样与访谈数据相一致的是，在控制了上述人口统计指标的 OLS 回归模型中，我发现在对良好职业决策的评估中，亚裔学生比白人学生更有可能重视工作保障和薪水，工人阶级学生比富裕阶层学生更有可能重视工作保障和薪水。

关于受访者自己的决策，总体而言，70.1%的受访者在某种程度上非常同意激情和兴趣是其职业决策中最重要的考虑因素。为了评估在专业选择中将激情放在首位的人口统计学差异，图B.1列出了各人口统计学群体在这一问题上的预测平均值，同时所有其他指标保持其差异不变。亚裔学生在专业选择中优先考虑激情的可能性明显低于白人学生。然而，调查并未显示其他种族/族裔差异。而且，与访谈数据一样，在学生选择专业时优先考虑激情的可能性方面，性别、阶级背景、美国出生身份或院校类型也没有明显差异。

另一个问题是让学生对其毕业后职业决定中最重要到最不重要的一系列因素进行排序。图B.2显示了每个因素由高到低的平均优先级。如图所示，与激情相关的因素被平均列为最优先考虑的因素，其次是薪酬，然后是工作保障。此外，受访者将"兴趣或激情"列为最优先考虑因素的可能性，是薪酬或工作保障的两倍多。OLS回归模型显示，在这些评价中没有明显的性别、种族/族裔或机构类型差异。

最后一组问题是询问那些表示在大学某个阶段曾改变过专业的学生为什么要这样做。在这里，学生们给出的最常见的理由是将自己的专业改为"更感兴趣或更有热情"的学科：42%的学生是为了找到自己更热衷的专业，而只有22%和17%的学生是为了寻求更多的工作机会或薪资潜力。这表明，许多学生愿意改变自己的学业轨迹，以便转到自己更感兴趣的专业，而且这种转换相比能提供更好就业机会和更高薪酬的专业更常见。11%的学生说，他们改学了一个他们认为在学业上更成功的专业，8%的学生改到了一个他们认为能更好平衡工作与生活的专业。

这些调查结果不能代表所有大学生，也不能与访谈样本直接比较。不过，它们显示了类似的总体模式：大学生在抽象评估良好的职业决策时，以及在他们自己决定专业和未来职业的优先事项时，倾向于重视与激情相关的因素。与访谈数据相同,这种追求激情的优先次序在样本的不同人口群体和机构类型中基本一致。未来的研究需要使用具有代表性的大型纵向样本来进一步探索这些过程。

附录C：支持数据

附录C介绍了第一章（附录C.1）和第五章（附录C.3～C.8）的补充图、表和其他信息。

附录C.1：不同领域对激情原则的遵守情况

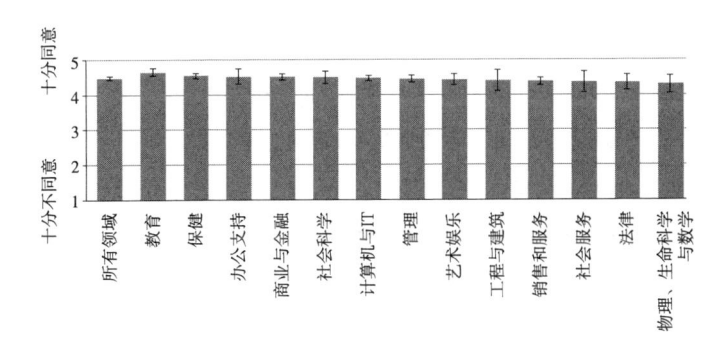

图C.1 按领域分列的受过大学教育的劳动者对激情原则的遵守情况（关于激情原则的实际调查数据）

附录C.2：招聘广告

青年项目经理职位摘要

关于机构：

CommunityThrive

500S. State St.

俄亥俄州哥伦布市

三十多年来，CommunityThrive 一直为俄亥俄州大哥伦布地区的儿童和家庭提供支持。我们的使命是确保所有儿童都有机会在学校、家庭和生活中获得成功。为此，我们为该地区的 7000 多名儿童和家长提供辅导、教育和支持。CommunityThrive 建立了重要的社区合作伙伴关系，从而提供了高质量的服务，最大限度地利用了稀缺资源，并对儿童的成长产生了巨大的影响。

对青年项目经理的工作要求：

每年为年龄在 5~12 岁的儿童设计 7~10 个青年项目。

为已有的暑期夏令营系列"CommunityKIDS"做督导，包括：

招聘和监管青少年夏令营的辅导员；

管理签到程序；

在恶劣天气下安排多种活动。

协助资助及社区筹款事宜。

与本地企业建立伙伴关系并寻求潜在的合作。

青年项目经理的招聘条件：

有儿童发展或相关领域的学士学位，或同等工作经历；

有社区项目经验者优先；

有青年组织经验者优先。

薪资待遇：
薪酬区间为3.2万美元~5.5万美元。

会计师职位摘要

关于公司：

TelMark IT Solutions

500S. State St. 703室

俄亥俄州哥伦布市

二十五年来，TelMark IT Solutions 一直是先进组织和决策管理解决方案的地区供应商。我们以客户为中心的做事方式和服务使 TelMark 的客户增加价值，同时为特定业务目标提供灵活、可扩展的解决方案。TelMark 的网络分布在俄亥俄州哥伦布地区的三个世界级数据中心，提供无与伦比的安全性和灵活性。

对会计师的工作要求：

编制月度日记账分录，包括应计客户回扣；

确定预算问题的可能解决方案，并采取行动加以解决；

良好的沟通能力——能够与其他财务团队开展跨职能合作；

解决资产负债表项目的经验；

协助处理符合公司规定的会计事务；

根据公司会计政策、内部控制和财务信息系统，协助执行会计实务。

工作人员会计资格：

相关专业的学士学位，或同等工作经验；

有 SAP 和大型 ERP 经验者优先录用；

熟练使用 Excel 软件。

薪资待遇：

薪酬区间为 3.2 万美元~5.5 万美元。

附录 C.3：青年项目经理职位求职信

CommunityThrive 人力资源处 收

500 S. State St.

俄亥俄州哥伦布市

莱利·威廉姆森 寄

1638 N. Avers Ave.

伊利诺伊州芝加哥 60647

贵司人事处执事先生尊鉴：

我有意申请本月初在 Monster.com 上发布的 CommunityThrive 青年项目经理职位。

我对这个职位特别感兴趣，因为它能促进我的职业发展。我对儿童发展也充满热情；促进孩子们的学习对我来说是一件令人兴奋和有趣的事情，我非常喜欢这份工作。

我拥有深厚的学术背景，并在课堂内外积累了丰富的儿童发展经验，非常适合 CommunityThrive 的工作。

此致

敬礼

莱利·威廉姆森

2017 年 9 月 21 日

附录 C.4：会计师职位求职信

TelMark IT Solutions

人力资源处 收

500 S. State St，Suite 703

俄亥俄州哥伦布市

莱利·威廉姆森 寄

1638 N. Avers Ave.

伊利诺伊州芝加哥 60647

贵司人事处执事先生尊鉴：

  我有意申请本月初在 Monster.com 上发布的 TelMark IT Solutions 会计职位。

  我对这个职位特别感兴趣，因为它能促进我的职业发展。我还热衷于会计工作——管理财务账目让我感到兴奋和有趣，我非常喜欢这份工作。

  我拥有深厚的学术背景，并在课堂内外积累了丰富的会计经验，我相信我会非常适合贵公司。

此致

敬礼

莱利·威廉姆森

2017 年 9 月 21 日

附录 C.5：青年项目经理职位申请简历

莱利·威廉姆森

1638N. Avers Ave., Chicago, IL 60647

riley. k. williamson@ gmail. com

求职目标

应届毕业生，寻求儿童发展和青年相同相关的职位

教育

印第安纳大学布卢明顿分校

2017 年——心理学理学士

GPA：3.3/4.0

技能认证

证书及培训

·接受过急救与心肺复苏培训（2017 年 6 月）

·熟练掌握所有微软软件应用（Excel，Word，Powerpoint，Outlook）

·熟练掌握 Asana（项目管理软件）

沟通

·优秀的沟通能力，具备深入浅出的能力

相关经验

实习，男孩女孩俱乐部（芝加哥，伊利诺伊州）

·为期 8 周的夏季实习

·跟随高级别的项目管理者、协助撰写赠款（校对、排版）

·协助面试，为小学生筛选中学导师

·为三、四年级学生策划并实施为期一周的体育夏令营活动

心理学本科生协会印第安纳纳大学分会副主席

·当选为 2015—2016 学年主席团成员

·负责为分会月度会议组织外部演讲者

·协调分会年度筹款活动

附录 C.6：会计师职位申请简历

莱利·威廉姆森

1638N. Avers Ave., Chicago, IL 60647

riley.k.williamson@gmail.com

求职目标

应届毕业生，寻求会计或类似职位

教育

印第安纳大学布卢明顿分校

2017 年——会计学理学士

GPA：3.3/4.0

技能认证

证书

·注册会计师（2017 年 7 月）

软件

·熟练掌握所有微软软件应用（Excel，Word，Powerpoint，Outlook）

·接受过甲骨文和思爱普软件的培训

·精通 QuickBooks Pro 和 QuickBooks Online

沟通

·优秀的沟通能力，具备深入浅出的能力

相关经验

实习，Siegel Dunbar & Company（芝加哥，伊利诺伊州）

·为期 8 周的实习

·跟班高级会计师，协助处理月度日记账和资产负债表

·协助研究和执行预算决议

管理会计师协会学生分会副主席

·当选为 2015—2016 学年主席团成员

·负责为分会月度会议组织外部演讲者

·协调分会年度筹款活动

附录 C.7：建议聘用申请人的可能性

表 C.7 按求职信条件，预测受过大学教育的劳动者推荐雇用求职者的可能性的结构方程模型的间接效应，以对求职者"勤奋工作"和"愿意在不增加薪酬的情况下承担额外责任"的评价为中介（激情原则实验数据）

	青年项目经理岗 间接效应 系数	青年项目经理岗 间接效应 标准误差	会计岗 间接效应 系数	会计岗 间接效应 标准误差
中间项：莱利工作努力				
喜欢组织—努力工作—有兴趣雇用莱利	-0.097^{***}	0.024	$-0.036+$	0.021
喜欢薪酬—努力工作—有兴趣雇用莱利	-0.048^{**}	0.022	-0.049^{*}	0.020
喜欢地点—努力工作—有兴趣雇用莱利	-0.164^{***}	0.028	-0.071^{**}	0.021
中间项：莱利在不加薪的情况下会承担更多职责				
喜欢组织—承担更多职责—有兴趣雇用莱利	$-0.028+$	0.018	-0.030^{*}	0.012
喜欢薪酬—承担更多职责—有兴趣雇用莱利	-0.109^{***}	0.023	-0.032^{**}	0.013
喜欢地点—承担更多职责—有兴趣雇用莱利	-0.059^{**}	0.018	-0.027^{*}	0.012

注：每个受访者都查看了一份青年项目经理或会计职位的申请。显著的间接效应表明，受访者对莱利勤奋工作的评价（上组）和对莱利愿意承担额外责任的评价（下组）在一定程度上说明了查看该版本求职信（与查看基于激情的版本相比）对受访者雇用莱利的兴趣的影响。参见第五章注释中的问题措辞和操作方法。

$^{***}p<0.001, ^{**}p<0.01, ^{*}p<0.05, +p<0.10$.

附录 C.8：预测受访者的薪酬

表 C.8 预测受访者薪资（对数值）的 OLS 回归模型，包含工作热情和控制因素（所有劳动者；全国社会工作委员会数据）

	记录薪资		
	系数	标准误差	
受访人对工作有激情	0.039	0.038	
女性	-0.134	0.035	***
教育	0.253	0.018	***
18 岁以下儿童	0.035	0.038	
老年护理指标	0.012	0.002	***
已婚/已育	-0.057	0.037	
黑人	0.116	0.039	**
其他种族	-0.202	0.065	**
工作时长	-0.067	0.059	
年龄	0.012	0.002	***
政府部门	0.006	0.002	***
公共部门	-0.086	0.041	*
非营利部门	-0.055	0.056	
专业或技术职业	0.064	0.041	
既定规模	0.054	0.016	**
常量	1.413	0.108	***

注："工作有激情"是一个量表，是两个变量的平均值："我的工作对我来说很有意义"和"我觉得在工作中我能真正做自己"（1 = 非常不同意，5 = 非常同意）。

*** $p<0.001$, ** $p<0.01$, * $p<0.05$.

译后记
朝不保夕的个体与自作多情的激情

美国社会学家埃琳·A. 契克于 2021 年推出了这本探讨当代美国求职困境的著作。这是一本切中时弊的书。作为一部典型的社会科学著作,本书聚焦于当代美国人求职过程中最重要的文化图式"激情原则",实证地揭示了以"爱好""兴趣"等激情驱动为中心的主流求职理念存在着的弊病——或许,本书副书名把这个问题说得更直接:身处当代这个越来越不乐观的劳动力市场,对职场抱有一腔热血的求职者,最终只会不受自身所控地沦陷进社会不平等的泥潭之中。

本书是一部本色当行的社会科学研究,延续了作者一直以来对文化和不平等问题的思考。用作者自己的话说,这项研究以 100 名大学生的访谈数据为基础,辅助以对 35 名大学生的后续访谈、面向 24 名职业顾问和辅导师的访谈、针对受过大学教育的劳动者的田野调查、一个调查实验以及代表了美国劳动者样本的两次调查数据集作为资料。这项研究的各个章节采用了不尽相同的研究方法，方法和视角的迁移，非但使每一章各有看点，甚至在不同章节之间，还构成了微妙的"对话"关系。

正如本书作者所言，本书的整体论述基调乃至阅读感受，都是充满讽刺意味的。一方面，每个曾经或正经历求职过程的人，每个在劳动力市场上经受过挫折的人，都能或多或少从学生访谈案例中看到自己的影子：一开始不少人或许会相信，在大学毕业之后，仅仅通过自己的能力，就可以找到一份既喜欢又能养活自己的工作；最终大多数人都会在无情且反复的现实打击中，被迫认清自己求职定位中的偏差。而调整求职期待的过程，又通常伴随着反复确认目标和调整自我认知的"切肤之痛"。另一方面，看到书中所呈现的劳动力需求方，恐怕多少也会涌上一种"一言难尽"的感受。因为研究表明，那些拥有雇用权的人和机构，通常并不珍惜个体在工作中的激情投入，而只是希望以最小的经济代价，尽其所能地剥削人们在工作中的激情。所以职场现实经常让求职者陷入自我认知的反讽境地。也就是说，带有个人自我表达和自我确认意味的个体激情或个人投入，与一个人在职场中能否收获经济补偿或其他方面的收益，非但没有直接关系，甚至这种将个人与职业进行"捆绑"的论证方式，很可能也只是一个美好的职场愿景或故事，却远非现实。

讽刺感或许还不限于个人在求职和工作过程中的点点滴滴。因为本书将个体陷入讽刺求职境地的根源，追溯到美国社会各个层面存在着的不平等问题。书中论证说，出身良好家庭的大学生，不仅他们的家庭可以提供求职所需的"跳板"，良好的家境还可以为孩子们编织各种形式的"安全网"，为追求激情所连带的风险兜底。在经济资源以外，上层阶级家庭还能为追寻激情的孩子们提供大量中下层家庭所缺乏的社会和文化资本——这一点同样是全社会范围内不断诱发求职机遇分化的重要因素。

受到这一机制的影响，激情原则进而深刻蒙蔽了人们理解自我、他人和世界的方式。正如本书第四章开头所讲述的那个故事，一位白人游客"相信"墨西哥砖头工人是因为"热爱"而选择去从事艰苦的制砖工作。将职业与个体自我高度捆绑的激情原则，倾向于把职业结果完全归结为个体责任，在激情原则的叙事中，不仅漠视家庭出身、阶层和种族等背景所带来的个体化差异，甚至因为激情原则过于强调并突出个人主义话语，人们也会倾向于理所当然地忽视人与人之间高度不对等的求职机遇。

即便对那些在职场中成功追逐激情的人，这项研究也不那么让人感觉舒适。在这本书的序言、后记等部分，契克多次十分坦诚地谈论起自己的学术生涯。毫无疑问，她本人就曾是一名忠实的激情追求者，也是一名是激情原则受益者。因为在本科阶段选修了社会学课程，并受到当时任课教师的鼓励，契克果断选择从相对收入较高的工科领域"跳"进了社会学的"深坑"。就这样，在顺利地完成学术训练后，契克成为一名专业的社会学家。恰恰是本书这项研究使她意识到，自己的职业生涯从一开始或许就占据了相当多的特权，可并不是所有人都拥有与之类似的幸运——这或许也不是一个运气的问题，因为很多人根本就不具备追寻激情的同等机遇和条件。

但身处这个时代的人们，好像习惯了将职场成功论证为个人奋斗的"爽文"，与这种"走向成功"的叙事互为表里的另一面，则是将个人在职场中的失败完全归咎于个人的无能或无作为。这确实是一种特别有美国特色且十分"有毒"的职场文化。这种关于职业和职场的"单向度"的叙事方式，连同这种叙事所折射出来的社会普遍认知，同样映照出当代美国意识形态中极为偏颇的一面：在职场中追寻激情而碰壁，真的是自身能力不及的反映吗？会否可能恰恰是不公平的社会结构施加在个体身上的结果呢？本书如是追问道。同样，在职场中顺利地寻找到满足自身激情的职业，固然离不开个人的努力奋斗，但在所谓"越努力，越幸运"的普遍信仰背后，起到支配性作用的究竟是无限投入自我的个体努力，还是许多寄托于各种特权而被不断运转起来的"幸运"？——在漫漫职场之路上，相信每个人都有着不尽相同的感受，对这一问题的回答显然也是差异化的。

于是从写作立场而言，本书尝试将"求职"一事放置在更为确定的社会结构和话语中进行全面审视。一旦从更为宏观的尺度去观察求职和打工的我们自己，至少能将工作/劳动这件事从彻底的个人主义话语中"拯救"出来——不是从个体单打独斗的角度去解释这个"吃人"的职场，而是从不愉快的职业境况中，发现属于更大群体范围的集体困境。只有将分析问题的视角从"个人"转变为"集体"，才能从中认真检讨当代美国职场中存在着的结构性缺失，才有可能重塑或探及这个时代解决劳动力困境的集体行动方案。

就当代美国职场这个研究对象而言，本书固然是一项非常"接地气"的研究。作者出入于各类数据图表和大量访谈材料之中，最终为我们编织起一张围绕"激情原则"搭建起来的认知图景。本书最为深刻的洞察，莫过于证明了：哪怕仅仅将激情原则理解为一种流行的社会观念或文化偏好，它也从来不是横空出世之物；相反，求职领域的激情原则主张，深深奠基于近几十年来占据美国社会主流的优绩主义意识形态和新自由主义个人责任论。作者认为，这两种意识形态观念，共同造就了美国职场中蔓延着的"激情至上"风气。在这个意义上，本书将应对当代美国求职困境的处方从"个体"回归到"社会"，将强调激情的个人主义话语，提升为一套可供集体行动的前提方案，意在重新强调劳动力问题背后始终存在着的社会责任。

问题好像没有这么简单。关注集体困境，以及寻求职场不平等问题的集体解决方案，很有可能顶多算是观念层面的纠偏之举。因为只消仔细看一下本书所提供的大量访谈资讯，便不难注意到谈论职场和劳动力问题的复杂性。至少从这项研究所聚焦的大量个体案例来看，处于求职状态或身处职场的个体，是否真的从行动到认知都那样"脆弱"不堪，本身就非常微妙。绝大多数接受访谈的美国大学生，如作者所言，对职场的认知从来都不"天真"。美国的求职者很多时候不是出于"单纯"或盲目才选择了寻求激情，与之相反，激情的追寻通常表现为应对恶劣职场环境的自愿选择。不少人提到，如果注定要面对一种普遍缺乏保障且艰辛过劳的职场生涯，不如从一开始就选择一份能给自己提供情绪价值的职业，最起码可以让自己的人生不那么令人难以忍受。

由此看来，激情从来就不是一种同质化的情感和态度。至少存在着两种截然不同的职场激情：积极的激情，是将一个人喜欢、爱好什么作为个体特异性和自我标榜的一部分，正如各类职场励志书籍中鼓吹的那样；而消极的激情却是无可奈何心态下的产物，是人们在工作和职业中寻求一丝可能始终不过是虚妄的"热爱"，仿佛自我安慰般地面对大概率如苦役一样的职场人生。当然，不管是积极的、充满理想主义色彩的激情，还是带有自我保护和宽慰意味的、不无消极色彩的激情，从本书所揭示的追求激情的后果来看，大概率还是会把个体带入高度分化的不平等职场环境之中，并且事实上也很难用激情所伴随的情绪价值，一股脑地抵消职业不平等和职场剥削对劳动者造成的伤害。

但真正的问题或许不是简单地透过"激情"去探讨一种老生常谈的社会不平等结构（如本书反复谈到的种族/族裔、性别、阶级等既有框架），而是必须看到，在世界范围内遭遇"未有之大变局"的今天，尤其是全球经历新冠疫情的打击之后，追求职场激情——很大程度上可以看成过去经济高速发展时代的职场文化副产品——为何在今天的社会流行思想中仍有极大的市场？这种观念与经济发展并不合拍的"韧性"反而更耐人寻味。

从这一点说开去，可以看到，尽管本书在探讨激情所带来的职业剥削问题时，经常追溯到马克思剩余价值理论对劳动剥削问题的深刻见解，但激情和劳动这个主题，反而更容易让人联想到韦伯对于劳动问题的经典分析。也就是说，现代劳动从来就不只是劳动本身，反而劳动很容易成为一种自我论证的中间物。不管这种自我论证、自我表达是否只是自作多情，一种与"自我"高度联动的想象、理解劳动的认知方式，始终是内在于现代劳动的特质。然而本书却似乎有意绕开了这一点，这样也就拒绝了从韦伯思想的延长线上去重新审视劳动。

这种研究策略并非难以理解。因为在当下过分残酷的劳动力市场中，激情原则更容易显得像是一种自作多情的想象游戏。本书用多个角度来阐明，基于激情原则的求职策略，终将导向不平等的职场后果；书中进而也谈到，如果将激情视为应对自我异化的方案，个体仍将不可避免地沦陷进异化劳动的讽刺结局中。可问题在于，作为具有反讽色彩的劳动事实，"在工作中寻求激情"恰恰折射出当下已经沦为职场弱者的劳动者，只能以指向个体自我的"内求"方式去主动"选择"激情，以此作为某种应对恶劣职场现实的脆弱抵抗。这项研究最终期待社会从外部改善职场环境，也呼唤一种更为宽松和包容的求职文化，却很少深入到个人层面去关心和探讨，劳动者应该如何看待并安放这种常见的职业激情。或许这是无解的。很有可能无论如何改善整体的职场环境，对职业激情的追求以及与此如影随形的个体挫败，本身就不是这项研究所能彻底覆盖的内容。

所以阅读这部著作仍需注意以下两个问题。

首先，身为求职者或已经步入职场的"打工人"，可能很难从本书中寻求到个人应对职场困难的具体回答，因为本书志不在此。可对于那些难以辨识职场困境的人，本书的意义或许在于：它能让人收获一份"清醒"，以及学会用更加"现实主义"的态度去思考自我与职场的关系。

其次，必须注意美国职场与中国的巨大差异。正如书中提到的大量亚裔案例在求职时会更重视薪酬和社会流动。在中国职场文化中，即便很难说突出自我实现的求职文化就真的全无市场，激情也很少被视作求职的至高原则。在中国，求职者通常会抱有一种目标导向的求职心态，与此同时，求职者对于理想职业的认知又高度同质化。最终，大部分求职者会为了某个理想职业，很早进行大量个人投资——这个过程往往过度漠视个人激情和个体的主观爱好。除此之外，中国式的理想职业背后，又通常捆绑了大量来自家庭的需求和期待。于是在职业环境持续恶化的今天，"打工人"时常表现出强烈的"自我工具人"倾向，而职场中则不断弥散着"空心化"和无意义感。

上述观察或许未见得准确，但我们仍有必要提示本书的预期读者：与本书所揭示的美国社会和美国职场相比，在激情劳动的问题上，中国显然代表了一种相当不同的现实语境。但是，不管怎么说，将这本书视作当下批判优绩主义意识形态的一剂猛药，倒也未尝不可。因为我们正在经历的就是一个"优绩"日渐不等同于"优秀"、"优秀"也很难继续兑换"优越"的时代。人们正不断意识到，"优秀"的自我论证，并不意味着个体必须去迎合各种外在化的优绩规范；而已经身处优越地位的群体，不仅可以持续巩固既有的优越地位，这种表征了不平等的"优越"，进而还能"制造"出"优秀"的个体。考虑到这点，本书将个体的职业困境同社会不平等问题联系起来，仍旧是相当值得关注的分析路径。

中译本采用了通俗化的书名，恰如其分地描述了书中记录下的大量激情追求者们，在真实的美国职场中所经历的冷酷现实。我们选择了这样一种不无自嘲色彩的通俗译法，无非是希望，在这个职场环境不断恶化的时代里，能够唤醒一种更加"现实主义"的劳动心态。但我们也不希望将"激情"这种情感元素完全从职场中剥离——既然工作时间的无限延长已经是事实，生活被工作所吞噬可能也是无法避免的结果，那么对工作情绪价值和切身感觉的强调，对于朝不保夕的打工者而言，又算什么大不了的错误呢？——换句话说，哪怕激情只是甜味素，起码它让我们的职业生涯尝起来不那么"苦"。

写给所有在"比烂"的职业选项中反复犹豫挣扎着的人们。

金方廷

2024 年 2 月

注释、索引

(扫码查阅。读者邮箱：tzyypress@sina.com)

The Trouble with Passion: How Searching for Fulfillment at Work Fosters Inequality
by Erin A. Cech
Copyright © 2021 by Erin A. Cech
Published by arrangement with University of California Press
Simplified Chinese translation copyright © 2024
by Tao Zhi Yao Yao Culture Co., Ltd.
ALL RIGHTS RESERVED

北京市版权局著作权合同登记 图字：01-2024-5125

图书在版编目（CIP）数据

激情的陷阱：过度工作、理想工人和劳动回报 /（美）埃琳·A. 契克（Erin A. Cech）著；金方廷译. 北京：中国科学技术出版社, 2025.1.（2025.3 重印）-- ISBN 978-7-5236-1197-5

Ⅰ. C913.2

中国国家版本馆 CIP 数据核字第 202403QK40 号

执行策划	雅理	责任编辑	刘畅
特约编辑	张阳	策划编辑	刘畅　宋竹青
版式设计	韩雪	责任印制	李晓霖
封面设计	众己·设计		

出　　版	中国科学技术出版社
发　　行	中国科学技术出版社有限公司
地　　址	北京市海淀区中关村南大街 16 号
邮　　编	100081
发行电话	010-62173865
传　　真	010-62173081
网　　址	http://www.cspbooks.com.cn

开　　本	889mm×1194mm 1/32
字　　数	230 千字
印　　张	12.875
版　　次	2025 年 1 月第 1 版
印　　次	2025 年 3 月第 2 次印刷
印　　刷	大厂回族自治县彩虹印刷有限公司
书　　号	ISBN 978-7-5236-1197-5/C·274
定　　价	79.00 元

（凡购买本社图书，如有缺页、倒页、脱页者，本社销售中心负责调换）